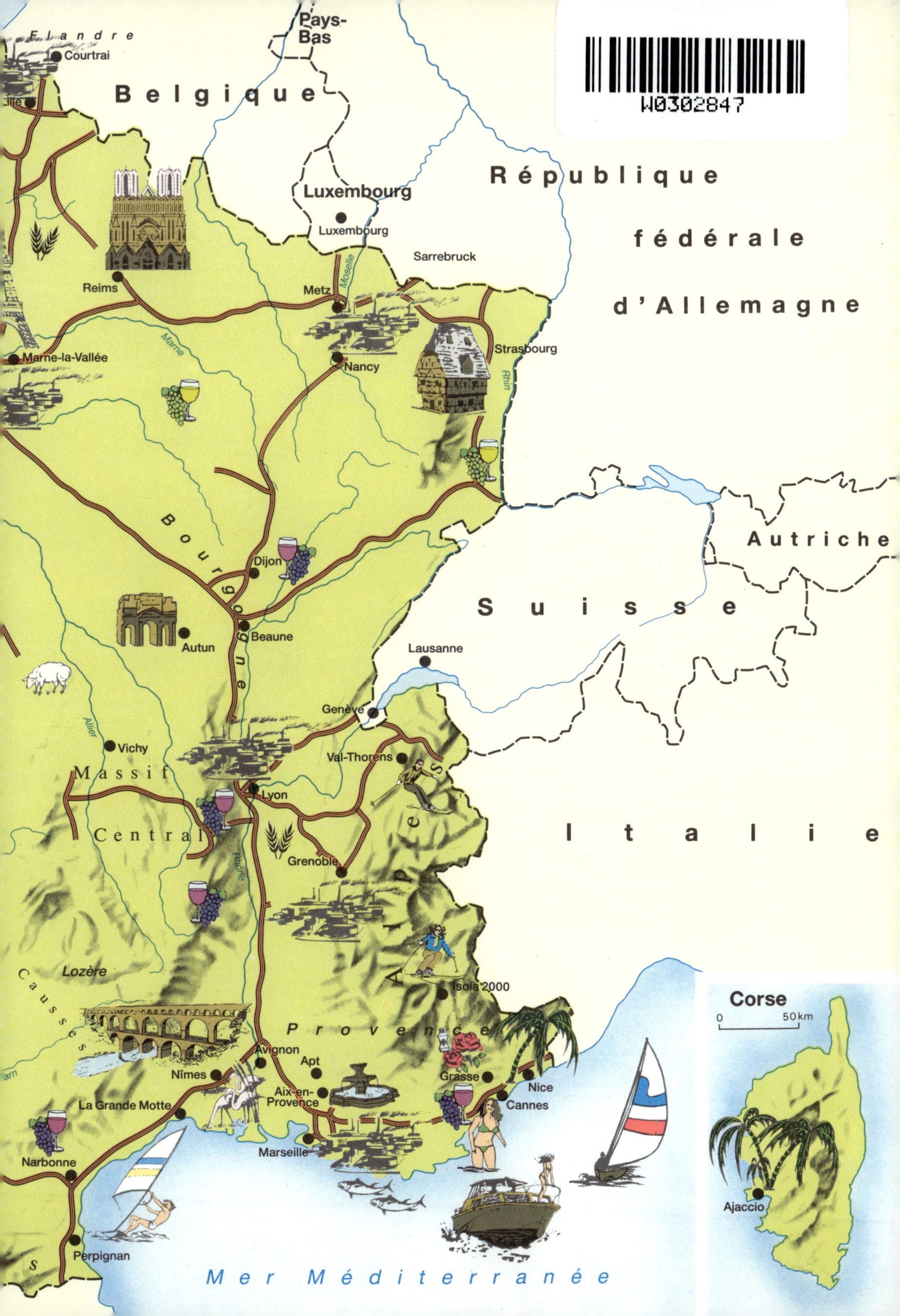
Flandre
Courtrai
Lille
Belgique
Pays-Bas
Luxembourg
Luxembourg
République fédérale d'Allemagne
Sarrebruck
Reims
Metz
Moselle
Strasbourg
Rhin
Marne-la-Vallée
Marne
Nancy
Bourgogne
Dijon
Beaune
Autun
Autriche
Suisse
Lausanne
Genève
Allier
Vichy
Massif Central
Val-Thorens
Lyon
Alpes
Italie
Grenoble
Rhône
Lozère
Causses
Isola 2000
Provence
Avignon
Apt
Nîmes
Aix-en-Provence
Grasse
Nice
Cannes
La Grande Motte
Marseille
Narbonne
Perpignan
Mer Méditerranée
Corse
0
50 km
Ajaccio

Etudes Françaises – Echanges

Cours Intensif 1

für den schulischen Französischunterricht

von

Walter Hornung,

Léo Koesten,

Monique und Reinhard Lamp

Ernst Klett Schulbuchverlag

Stuttgart Düsseldorf Berlin Leipzig

Etudes Françaises - Echanges

Cours Intensif 1

von

Walter Hornung, Münster;
Léo Koesten, Bonn–Bad Godesberg;
Monique und Reinhard Lamp, Hamburg;

Weitere Mitarbeit:

Dr. Norbert Becker, Mainz; Elisabeth Bossung, Wiesbaden; Dr. Günter Freitag, Münster; Dr. Alfred Göller, Stuttgart; Dr. Friedholt Heftrich, Freiburg; Gerhard Herber, Pforzheim; Lothar Kaup, Germering/München; Frauke Klesczewski, Kaarst; Ulrike Kunert und Dieter Kunert, Uelzen; Karl-Heinz Neumann, Würzburg; Hermann Rolinger, Neuhäusel; Helga Zoch, Pforzheim.

Sprachcassetten

Zur Verbesserung der Aussprache empfiehlt es sich, die Begleitcassetten zu diesem Lehrwerk zu verwenden.

- *1 Compact-Cassette* für Schüler und Lehrer mit Lektionstexten, Gedichten und Liedern. Beide Seiten besprochen, Klettnummer 53005.
  Lieferung durch jede Buchhandlung oder, wo dies auf Schwierigkeiten stößt, zuzüglich Portokosten per Nachnahme vom Ernst Klett Verlag, Postfach 1170, 7054 Korb.
- *1 Compact-Cassette* für Lehrer mit Hörverstehenstexten. Beide Seiten besprochen, Klettnummer 530051. Lieferung direkt an Lehrer, Schulstempel erforderlich.

Gedruckt auf Papier aus chlorfrei gebleichtem Zellstoff, säurefrei.

2. Auflage 2 16 15 14 13 | 2001 2000 99 98

Alle Drucke dieser Auflage können im Unterricht nebeneinander benutzt werden, sie sind untereinander unverändert. Die letzte Zahl bezeichnet das Jahr dieses Druckes.

(Die 1. und die 2. Auflage sind identisch bis auf die Seite 162.
Grund der Änderungen ist die Vereinigung Deutschlands.)

Internetadresse: http://www.klett.de

Redaktion: Gérard Hérin, Dr. Rudolf Hildebrandt, Verlagsredakteure

Umschlag: Dieter Gebhardt, Asperg
Illustrationen: Herbert Horn, München
Druck: SCHNITZER DRUCK GmbH, 71404 Korb. Printed in Germany.
Das Foto des Einbands zeigt die „Géode“: ein Kino, das sich in der „Cité des Sciences et de l'Industrie“ befindet.
ISBN 3-12-530010-X

Inhaltsverzeichnis

* Es werden bei jeder Lektion nur diejenigen kommunikativen Ziele der Texte aufgeführt, die in den Übungen wiederaufgegriffen werden. Das Lehrerbuch (Klettnummer 53002) gibt eine vollständige Übersicht und nennt die entsprechenden Redemittel.

** Das Perfectionnement bietet Materialien zur Auswahl an. Es führt keine neuen sprachlichen Inhalte (Redemittel, Wortschatz, Grammatik) ein, die in den folgenden Lektionen vorausgesetzt werden.

Zeichenerklärung

- ⟨N⟩ Es empfiehlt sich, diese Übersichten vor Durchnahme der Übungen zu besprechen.
- ✎ Es empfiehlt sich, die Übung auch schriftlich durchzunehmen.
- § § Die bei den Übungen genannten Paragraphen verweisen auf das Grammatische Beiheft (Klettnummer 53004).
- | Der senkrechte Strich steht in den Übungen vor alternativen Ausdrucksmöglichkeiten.
- [ ] Die Übungen in rechteckigen Klammern sind fakultativ.
- [S] Auf der Schülercassette (Klettnummer 53005) verfügbare Stücke.
- [L] Auf der Lehrercassette (Klettnummer 530051) verfügbare Stücke.
(Die Hörverstehenstexte sind auch im Lehrerbuch, Klettnummer 53002, abgedruckt.)

Leçon 1

A Le Tarn

1

1. Voilà quatre jeunes: deux filles et deux garçons. Les filles, ce sont Florence Leroux et Martine Morel. Les garçons, ce sont Jean-Luc Lassalle et Olivier Leroux. Olivier est le frère de Florence, et c'est un ami de Jean-Luc. Florence, la sœur d'Olivier, est une amie de Martine. Martine est l'amie de Jean-Luc. Les quatre jeunes sont en vacances.

2. Voilà les amis avec deux canoës. Ils sont sur le Tarn. Max, le chien de Florence, est là aussi. Il est avec Olivier. Jean-Luc est derrière Olivier. Et les filles … elles sont dans l'eau! Le Tarn, c'est super!

Le Tarn

A

N

Lisez les questions… *et les réponses.*

- **Qui sont** les filles? – Les filles, ce sont Florence Leroux et Martine Morel.
- **Qui est** Florence? / Florence, **qui est-ce?** – Florence est / C'est une amie de Martine.

- **Où sont** les garçons? – Ils sont dans les canoës.
- **Où est** Martine? – Elle est dans l'eau.

1. Qui est-ce? (§§ 1, 4, 7)

a) *Dans le centre de canoë.*

– La fille, là, **qui est-ce?**
– **C'est** Martine, Martine Morel.
Continuez.

b) *A vous. En classe.*

Le garçon, là, **qui est-ce?**
– **C'est** (Bernd), (Bernd Bischoff).

2. Qui est…?/Qui est-ce? (§§ 1, 2, 7)

– **Qui est** Martine? / Martine, **qui est-ce?**
– **Martine est** / **C'est** l'amie de Jean-Luc.
Et c'est une amie de Florence.

1. Martine
2. Florence
3. Jean-Luc
4. Olivier
5. Max

3. Où est…?/Où sont…? (§§ 1, 5, 7)

Regardez le dessin.

a) – **Où est** Florence?
– Dans le canoë.

b) – Où est **Florence?**
– **Elle** est dans le canoë.

Où est…/Où sont…?
1. Florence (canoë)
2. filles (canoës)
3. Martine (Florence)
4. garçons (eau)
5. Jean-Luc (Olivier)
6. canoës (Tarn)
7. chien (Florence)
8. rivière (en France)

4. Vacances

Complétez.

1. Voilà quatre jeunes.
   … sont … vacances
   dans un centre … canoë.
2. Les deux garçons, … sont
   Jean-Luc … Olivier.
3. … filles, ce … Florence
   … Martine.
4. Là, … sont dans les
   canoës, … une rivière.
5. La rivière, … est le Tarn.
6. Martine est … Florence.
7. Max est … Florence.
8. Et les garçons?
   … sont … le Tarn.
9. Les vacances, … est super!

B Retour à Autun

1. Madame Leroux et Sandrine sont dans la salle de séjour. Mme Leroux est la mère de Sandrine. Le père, monsieur Leroux, est dans la cuisine.

2. Voilà Olivier, Florence, et derrière, Jean-Luc et Martine.
Florence: Bonjour, maman. Salut, Sandrine. Nous sommes de retour!
Mme Leroux: Ah! Florence, Olivier, bonjour! … André!
M. Leroux: Oui? … Oh! Vous êtes de retour! Ça va?
Olivier: Oui, super! Et vous?
Mme Leroux: Nous, ça va bien, merci.

3. *Florence:* C'est Martine, c'est Jean-Luc. Ce sont des amis.
Jean-Luc: Bonjour, monsieur. Madame.
Martine: Bonjour, madame. Bonjour, monsieur.
M. Leroux: Bonjour, mademoiselle. Vous êtes aussi d'Autun?
Martine: Non, non. Je suis de Beaune.
Mme Leroux: Et vous, Jean-Luc?
Jean-Luc: Moi, je suis d'Autun … Et toi, tu es Sandrine?
Sandrine: Oui. Salut, Jean-Luc. Salut, Martine.
…

4. *Mme Leroux:* Sandrine, voilà des assiettes et des verres!
Sandrine: Oui, maman … Mais où est Max?
Florence: Il est dans la cuisine. Max!! … Oh! Max avec une côtelette! Ah non!

B **1. Reparlons du texte.**

Répondez.

- Qui est Max?
- **C**'est le chien de Florence.
- Où est Max?
- **Il** est dans la cuisine.

Page 13, lignes 1 – 5:
1. Où sont Mme Leroux et Sandrine?
2. Et M. Leroux?
3. Sandrine, qui est-ce? C'est l'amie de Florence?
4. Qui est Mme Leroux?
5. Et M. Leroux?

Page 13, lignes 17 – 29:
6. Qui sont Jean-Luc et Martine?
7. Il est d'où, Jean-Luc?
8. Martine aussi?

2. Bonjour/Salut. Ça va?

a) *Florence:* Bonjour, papa. Ça va?
M. Leroux: Bonjour, Florence. Oui, ça va. Et toi?
Florence: Moi, ça va bien, merci.

1. Florence → M. Leroux
2. Olivier → Mme Leroux
3. Florence et Olivier → Sandrine
4. Sandrine → Jean-Luc
5. M. et Mme Morel → Martine
6. Jean-Luc → Mme Lassalle

b) *A vous. En classe.* Salut, (Bernd). Ça va?

3. Tu es d'où? (§§ 4, 6, 9)

a) *Regardez la carte de France (transparent n° 1).*

- Où est Paris?
- Paris, c'est là. / C'est là. / Voilà Paris.

1. Paris
2. Orléans
3. Strasbourg
4. Autun
5. Beaune
6. Lyon
7. Bordeaux
8. Avignon

b) *Dans le centre de canoë.*

[A] *Martine:* Philippe, tu es d'où? → [B] *Philippe:* Je suis de ... Et toi? → [A] *Martine:* Moi, je suis de ...

[A]		[B]	
Martine	(Beaune)	Philippe	(Strasbourg)
Mlle Rivière	(Paris)	Mme Tavan	(Beaune)
Olivier et Florence	(Autun)	Pascal et Nicole	(Orléans)
Annie et Christine	(Lyon)	Marc	(Bordeaux)
M. et Mme Simon	(Avignon)	M. Laval	(Paris)

c) *A vous. En classe.*
Et toi, (Bernd),
tu es d'où?
tu es de (Bochum/Münster/...)?
tu es aussi de (Bochum/Münster/...)?

4. Dans la cuisine (§§ 1, 2, 3, 4)

① Voilà **une** cuisine.
C'est **la** cuisine
de Mme et de M. Leroux.

② Voilà **des** ...
Ce sont **les** ...
de M. Leroux.
③ ... Florence
④ ... Mme Leroux
⑤ ... Florence
⑥ ... M. Leroux
⑦ ... Max
⑧ ... Olivier et de Florence

5. En français – Faites le dialogue.

Stellen Sie sich vor, daß Sie in Autun sind.
Sie wollen einen neuen Freund besuchen. Er heißt André Tavan.
Sie klingeln an seiner Tür. Ein Mann öffnet.

1. Sie begrüßen den Mann.
(Bonjour, ...)
2. Sie sagen, wer Sie sind und daß Sie ein Freund/eine Freundin von André sind.
3. Der Mann begrüßt Sie.
4. Sie fragen, ob er Andrés Vater sei.
5. Der Mann sagt, ja, er sei M. Tavan.
6. Sie fragen, ob André da sei.
7. Nein, antwortet der Mann, André sei mit Freunden in Ferien, in einem Kanusportzentrum.
8. Sie bedanken und verabschieden sich.
(Au revoir, ...)

Jean-Luc

Florence

Sandrine

Olivier

Martine

Savoir se débrouiller

1. Je suis.../Je m'appelle.../Je suis de...

– Salut.	Je suis Je m'appelle	André. Et toi?			
– Moi,	c'est je suis je m'appelle	Nicole.	Tu es d'où? Tu es de Beaune? Tu es aussi de Beaune?	→ →	– Je suis d'Autun. Et toi? – Oui, je suis de Beaune. – Non, je suis de Paris.

A vous. En classe.
Stellen Sie sich gegenseitig vor. Sagen Sie, woher Sie sind.

2. Bonjour,.../Salut,...

–	Salut, Bonjour,	Annie.	Ça va? Ça va bien? Comment ça va?

–	Ça va, Ça va bien, Moi, ça va, Très bien,	merci. Et toi?	→	–	Moi aussi, ça va. Pas mal, merci. Comme ci, comme ça.

A vous. En classe.
Begrüßen Sie sich untereinander.

Centre d'intérêt – En classe

a) *Regardez le dessin et lisez les mots.*

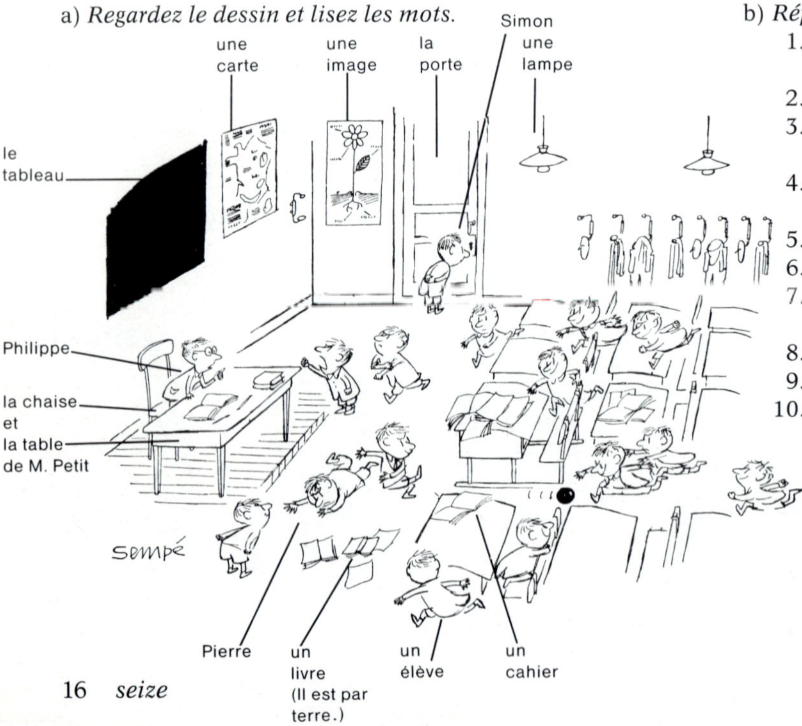

b) *Répondez.*
1. Qui est dans la classe?
2. Ce sont des filles?
3. Où sont les livres et les cahiers?
4. La carte, c'est une carte de Paris?
5. Qui est à la porte?
6. Où est Pierre?
7. Qui est le professeur? Philippe?
8. Qui est Philippe?
9. Où est Philippe?
10. Où est le tableau?

Leçon 2

A Habiter et travailler à Autun

1. Les Leroux habitent à Autun.
   Ils habitent dans la cité
   «La Croix-Verte».
   Autun est en Bourgogne.

2. Sandrine et Olivier sont des élèves.
   Voilà le collège de Sandrine.
   C'est le collège «Le Vallon».
   Olivier est au lycée Bonaparte.

3. Florence arrive à la maison.
   Elle regarde les annonces
   dans le journal.
   Elle cherche un travail.

4. M. Leroux travaille chez Neyrat.
   Chez Neyrat, on fabrique des parapluies.
   M. Leroux est programmeur.
   Là, il est devant un ordinateur.

5. Mme Leroux travaille à l'office de
   tourisme. Elle donne des informations
   aux touristes. Sur la photo, elle montre
   un prospectus à un monsieur.

*Sous les Romains,
Autun, c'est Augustodunum.*

*La porte d'Arroux
et la porte Saint-André
sont de l'époque des Romains.*

Mais Autun, c'est ça aussi.

*Un autre monument d'Autun:
la cathédrale Saint-Lazare,* •••

• *sur la place Saint-Louis.*

V*oilà le lycée Bonaparte,*
et des élèves.

e marché à Autun

U*ne fête à Autun*

2

A 1. Reparlons du texte.

> 1. Les Leroux habitent à Autun, en Bourgogne.

1. Les Leroux habitent	(a) au lycée Bonaparte.
2. Sandrine est	(b) chez Neyrat.
3. Olivier est	(c) programmeur.
4. Florence arrive	(d) au collège «Le Vallon».
5. Elle regarde	(e) un prospectus à un touriste.
6. M. Leroux travaille	(f) à l'office de tourisme.
7. Il est	(g) à Autun, en Bourgogne.
8. Mme Leroux travaille	(h) à la maison.
9. Elle montre	(i) des annonces.

2. En vacances (§ 10)

Complétez.

1. Voilà Annie. Elle ... le Tarn.	*regarder*
2. Olivier ... Max. 3. Un canoë	*chercher*
... 4. Ce sont Christine et Martine.	*arriver*
Elles ... au centre de canoë.	*arriver*
5. Florence et Jean-Luc ... dans	*être*
la cuisine. 6. Ils ... 7. Florence	*travailler*
... un verre à Jean-Luc.	*donner*
8. Et voilà M. et Mme Simon.	
Ils ... au centre de canoë. 9. Là, ils	*habiter*
... le centre à des garçons et à des	*montrer*
filles. 10. Ils ... des informations	*donner*
aux jeunes. 11. Les garçons et les	
filles ... la maison, le Tarn et	*regarder*
les canoës. 12. Le monsieur,	
devant la maison, c' ... M. Laval.	*être*
13. Il ... un canoë.	*réparer*

3. On travaille ... (§ 10)

> M. Leroux **travaille chez** Neyrat.
> Chez Neyrat, **on fabrique** des parapluies.

neyrat
AUTUN

1. M. Leroux neyrat	2. M. Laval datec	3. Mme Tavan CANOSPORT
4. M. Martin Cristal	5. Mme Laval PROSPECTUS offset	6. Mme Leroux ? A L'OFFICE DE TOURISME

4. La machine à phrases (§§ 10, 12, 13, 14, 15)

Faites des phrases.

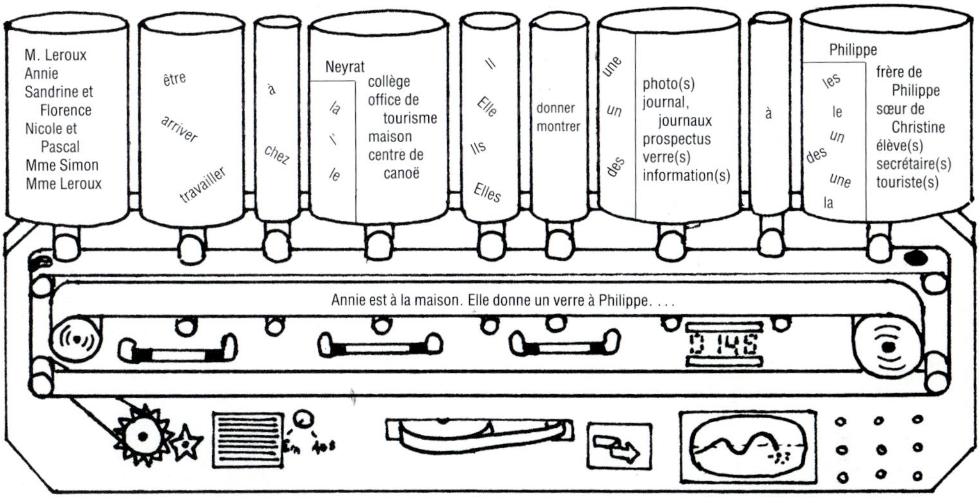

[5. Traduisez en français.]

1. Martins wohnen in Frankreich, in Avignon. 2. Herr Martin arbeitet bei „Cristal“. 3. Bei „Cristal“ stellt man Gläser her. 4. Frau Martin arbeitet beim Verkehrsamt von Avignon. 5. Christine, die Tochter *(la fille)* von Herrn und (von)* Frau Martin, ist Schülerin. 6. Herr Martin kommt nach Hause. 7. Frau Martin ist im Wohnzimmer. 8. Herr Martin: „Wo ist Christine? In der Schule *(collège)*?“ 9. Frau Martin: „Nein. Sie ist bei *(chez)* Freunden.“ 10. Frau Martin gibt Herrn Martin die Zeitung. 11. „Marc, Christine ist in der Zeitung!“ 12. Herr Martin: „Ach, ja?“ 13. Frau Martin zeigt Herrn Martin das Photo: „Das ist *(voilà)* Christine mit Schülern aus Wetzlar.“ 14. Sie zeigt den Jugendlichen die Brücke *(le pont)* von Avignon.

Avignon: le Palais des Papes et le pont St-Bénézet

* Deutsche Wörter in runden Klammern sind zu übersetzen

C'est la rentrée.

1. C'est le 8 septembre. Aujourd'hui, c'est la rentrée. Les élèves retournent à l'école.

2. Nous sommes chez les Leroux, à Autun.
Il est 7 heures.
Mme Leroux entre dans la chambre d'Olivier.
Mme Leroux: Debout, Olivier!
Olivier: ... Oui ... Oui ...
Mme Leroux: Ecoute. Il est 7 heures. Tu oublies la rentrée!
Olivier: Oh! La barbe! ... Est-ce que Sandrine est encore dans la salle de bains?
Mme Leroux: Oui.
Olivier: Alors, je reste au lit.

3. 7 heures et quart.
Olivier est devant la salle de bains.
Olivier: Sandrine, ouvre. Il est 7 heures et quart.
Sandrine: Oui, minute!
Olivier: Sandrine!
Sandrine: Oui, j'ouvre tout de suite!

4. 7 heures et demie.
M. et Mme Leroux sont dans la cuisine.
M. Leroux: Que font les enfants? Il est 7 heures et demie!
Mme Leroux: Olivier est dans la salle de bains, et Sandrine ... Ah! Elle arrive.
M. Leroux: Alors, Sandrine, ça va?
Sandrine: Bof!
M. Leroux: Que fait Florence aujourd'hui?
Mme Leroux: A 11 heures, elle est au Creusot, pour une place de secrétaire.

5. 8 heures moins le quart. M. Leroux, Olivier et Sandrine quittent l'appartement.
Mme Leroux: Vous rentrez à quelle heure?
Olivier: Aujourd'hui, je rentre à midi.
Sandrine: Moi aussi. Nous rentrons ensemble.
Mme Leroux: Alors, apportez deux baguettes, s'il vous plaît.
Olivier: D'accord ... Est-ce qu'on apporte aussi le journal?
Mme Leroux: Oui, oui. Alors, au revoir ... Eh! Max! Toi, tu restes à la maison.

B 1. Reparlons du texte.

Complétez les questions par
– Où est …?/– Où sont …?
– Que fait …?/– Que font …?
Complétez aussi les réponses.

1. – C'est le 8 septembre.
   … les élèves?
   – Ils *(retourner)* …
2. – Il est 7 heures.
   … Mme Leroux?
   – Elle *(entrer)* …
3. – … Olivier?
   – Il *(être)* …
4. – Il est 7 heures et quart. … Sandrine?
   – Elle *(être)* …
5. – Il est 7 heures et demie. … M. et Mme Leroux?
   Ils *(être)* …
6. – Il est 8 heures moins le quart.
   … M. Leroux, Olivier et Sandrine?
   – Ils *(quitter)* …
7. – Il est 11 heures. … Florence?
   – Elle *(être)* …
8. – Il est midi. … Olivier et Sandrine?
   – Ils *(rentrer à la maison)*

2. L'heure (§§ 17, 18)

a) – Quelle heure est-il?
– Il est une heure et quart.

b) Annie raconte:
«A huit heures, je quitte l'appartement. …»

c) Sylvie, la sœur d'Annie, raconte: «A huit heures, Annie et moi, nous quittons l'appartement. Nous …»

1. 8:00 *(quitter)* l'appartement
2. 8:15 *(arriver)* au collège
3. *(travailler)* en classe de 8:30 à 11:30
4. 11:45 *(arriver)* à la maison et *(apporter)* des baguettes
5. 13:45 *(retourner)* au collège
6. *(rester)* au collège de 14:00 à 17:00
7. 17:15 *(rentrer)* à la maison
8. *(travailler)* de 17:30 à 19:30
9. 19:45 *(écouter)* la radio

d) *A vous. Racontez.* A … heures, je quitte …

3. Dans le centre de canoë (§§ 6, 8, 10, 16)

a) – Mlle Rivière, **vous habitez** à Autun?
– Non, **j'habite** à Paris.

b) – **Est-ce que Mlle Rivière habite** à Autun?
– Non, **elle habite** à Paris.

1. Mlle Rivière
2. M. et Mme Simon
3. Olivier et Florence
4. Annie et Christine
5. Martine
6. M. et Mme Tavan
7. Philippe
8. Marc
9. M. Laval

être de
habiter à
travailler à

~~Autun~~	– Paris
~~Bordeaux~~	– Avignon
~~Lyon~~	– Autun
~~Strasbourg~~	– Lyon
~~Paris~~	– Beaune
~~Orléans~~	– Beaune
~~Beaune~~	– Strasbourg
~~Paris~~	– Bordeaux
~~Avignon~~	– Paris

4. A la maison (§§ 10, 11)

Mme Leroux:
Olivier,
tu apportes la baguette, s'il te plaît?
apporte la baguette, s'il te plaît.
Olivier: Elle est où, la baguette?
Mme Leroux: Sur le journal.

1. Olivier
   (apporter)
   la baguette
2. Sandrine
   (donner)
   le journal à Florence
3. Florence et Sandrine
   (montrer)
   les photos à papa
4. André
   (regarder)
   le prospectus sur Autun
5. Sandrine et Florence
   (apporter)
   les assiettes
6. Olivier et André
   (montrer)
   les annonces
   à Florence

5. Jean-Luc chez les Leroux

Complétez.

Jean-Luc (J.-L.) arrive … les Leroux.
Olivier (O.) ouvre.
J.-L.: Salut, Olivier. …?
O.: Oui, ça va. …?
J.-L.: Moi, ça va bien, merci. … là?
O.: Florence? Oui, … est là.
Elle est dans la salle de séjour … Monique.
J.-L.: Monique, …?
O.: C'est une amie … Florence.
Jean-Luc … dans la salle de séjour.
J.-L.: Salut, Florence. Salut, Monique.
… travaillez?
F.: Non, nous … les annonces dans le … .
J.-L.: Tu … aussi un travail, Monique?
M.: Oui, Florence et moi, … cherche
une place de secrétaire.
J.-L.: Tu … à Autun, Monique?
M.: Non, j'habite … Creusot.
F.: Regarde, Monique, … annonce de
«Datec».
M.: «Datec»?
J.-L.: Oui, «Datec»! … «Datec»,
on … des ordinateurs.
M.: … le journal, Florence. Merci.
Ah oui! Voilà l'annonce … «Datec».
Ils cherchent … secrétaires.
F.: «Datec», c' … où?
J.-L.: … Paris.
F.: … Paris? Ah non!
Moi, je reste … Bourgogne.
M.: … aussi.

6. Le 9 septembre, chez les Leroux *Racontez.*

Lecture

Au «Café des écoles»

Il est une heure.
M. Dablanc entre au «Café des écoles».
– Juliette, un café, s'il vous plaît!
Raymond Dablanc regarde la salle, les tables, les verres. Dans la cuisine, Paul, le mari de Juliette, fait une omelette pour des touristes.
– Voilà, monsieur Raymond! Avec deux sucres, comme toujours. Ça va bien, aujourd'hui?
– Oui, ça va, Juliette. Où est le journal?
Juliette donne le journal à M. Dablanc et retourne au bar.
M. Dablanc aime le «Café des écoles». Il écoute les clients. Il regarde. Et puis, Juliette et Paul sont des amis: on est bien, au «Café des écoles»!
Mais où sont les élèves? Depuis deux mois, ils sont en vacances. Et depuis deux mois, les clients, ce sont les touristes.
M. Dablanc ouvre le journal: on annonce la rentrée.
– Juliette, demain, c'est la rentrée!
La rentrée! …
A la rentrée, les jeunes retournent au collège et au lycée; ils retournent aussi au «Café des écoles». Ils saluent toujours M. Dablanc.
– Bonjour, m'sieur Raymond!
M. Dablanc est à la retraite.

a) *Répondez.*
1. Que fait M. Dablanc au «Café des écoles»?
2. Que font Paul et Juliette?
3. Est-ce que M. Dablanc aime le «Café des écoles»? *Donnez trois raisons.*

b) *Cherchez, dans le texte, les mots pour:*
– ein Kaffee, ein Omelett, der Zucker, ein Tourist
– a table, to return, a bar, to announce
[– hora, schola, maritus, amare, salutare]

Compréhension orale

Devant le lycée Bonaparte

C'est la rentrée. Il est 8 heures.
Olivier Leroux et Gilles Cartier sont devant le lycée Bonaparte.
Gilles habite à Autun depuis le 2 septembre.

a) *Lisez:* un prof = un professeur: ein Lehrer; les parents: die Eltern

b) *Ecoutez le texte.*

c) *Juste ou faux?*

1. Gilles est …
   a) d'Autun.
   b) de Paris.
   c) de Beaune.

2. On montre le lycée Bonaparte …
   a) aux touristes.
   b) aux professeurs.
   c) aux élèves.

3. Les parents de Gilles habitent …
   a) dans la cité «La Croix-Verte».
   b) dans le centre d'Autun.
   c) à Paris.

Leçon 3

A Les Morvandiaux, qui est-ce?

LES MORVANDIAUX, C'EST NOUS!

Vous avez des questions? — Nous avons les réponses.

- Qui sont les Morvandiaux?
  – Nous sommes un groupe folklorique d'Autun.
- Que font les Morvandiaux?
  – Nous dansons et nous chantons.
- Qu'est-ce que vous faites comme danses? Et qu'est-ce que c'est comme musique?
  – Les danses et la musique du Morvan et du centre de la France.
- Pourquoi est-ce que vous faites de la danse folklorique?
  – Parce que nous aimons les traditions de la Bourgogne. Mais nous faisons aussi de la danse moderne.

- Les Morvandiaux, est-ce que c'est un groupe d'adultes ou est-ce que la danse folklorique intéresse aussi les jeunes?
  – La danse folklorique, c'est le plaisir des jeunes et des adultes.
- Il y a combien de personnes dans le groupe?
  – Dans le groupe, il y a trente cinq personnes.
- Quel âge est-ce qu'elles ont?
  – Ça va de l'enfant de dix ans au grand-père de soixante-neuf ans.

Maintenant, nous aussi,
nous avons des questions.

– Vous aimez danser?
– Vous aimez faire de la musique?
– Vous cherchez des amis?

Oui?
Alors, contactez M. Marchand,
21, rue des Cités.

A 1. Pourquoi? – Parce que! (§ 19)

Posez des questions et donnez les réponses.

Max est dans le canoë.
Il aime être avec Florence.

Question:
– **Pourquoi est-ce que** Max est dans le canoë?

Réponse:
– **Parce qu**'il aime être avec Florence.
Il est dans le canoë **parce qu**'il aime être avec Florence.

Leçon 1:
1. Max est dans le canoë.
   Il aime être avec Florence.
2. Max est dans la cuisine.
   Sandrine cherche Max.
3. Max est dans la cuisine.
   Il aime les côtelettes.

Leçon 2:
4. Florence cherche un travail.
   Elle regarde les annonces.
5. Le 8 septembre, les élèves retournent à l'école.
   C'est la rentrée.
6. Sandrine est encore dans la salle de bains.
   Olivier reste au lit.

Leçon 3:
7. Les Morvandiaux font de la danse folklorique.
   Ils aiment les traditions de la Bourgogne.
8. M. Marchand donne des informations sur le groupe.
   Des jeunes contactent M. Marchand.

2. En allemand (§ 19)

Sandrine fait un exercice d'allemand.
Elle pose des questions à Olivier.

– «Une question», **qu'est-ce que c'est en** allemand?
– «Une question», c'est «eine Frage».

1. eine Frage
2. eine Antwort
3. eine Gruppe
4. singen
5. der Tanz
6. das Vergnügen
7. jdn. lieben
8. jdn. interessieren
9. ein Erwachsener
10. ein Kind
11. jetzt
12. … ☞ *A vous.*

3. Chez les Leroux, Nicole pose des questions. (§ 19)

Posez les questions de Nicole et donnez les réponses.

– Florence, **qu'est-ce que** tu aimes **comme** musique?
– Le rock.

1. Florence – *aimer* – musique
2. Florence – *faire* – sport
3. M. Leroux – *faire* – travail
4. «Le Vallon» – *être* – école
5. Les Morvandiaux – *être* – groupe
6. Les Morvandiaux – *faire* – danses

4. Autun (§ 21)

Complétez par est, sont *ou* il y a.

1. Autun … en Bourgogne. 2. A Autun, … une rivière. 3. C' … l'Arroux. 4. La porte d'Arroux et la porte St-André … de l'époque des Romains. 5. A Autun, … aussi une cathédrale. 6. C' … la cathédrale St-Lazare. 7. Elle … sur la place St-Louis. 8. Le lycée Bonaparte … dans le centre d'Autun. 9. Là, … aussi l'office de tourisme. 10. A l'office de tourisme, … des prospectus sur le Morvan. 11. Qu'est-ce qu' … dans le Morvan? 12. Dans le Morvan, … des forêts, des rivières et des lacs.

5. Dans une auberge de jeunesse (§ 22)

– Alors, vous êtes le groupe de Lyon? Vous êtes combien de jeunes?
– Nous sommes six garçons et quatre filles.
– Six et quatre, ça fait dix. Dix jeunes, alors. Et combien d'adultes?
– Deux adultes.
– Vous êtes douze personnes, alors. Ça va. Entrez.

	Lyon	*Dijon*	*Avignon*	*Beaune*	*Bordeaux*
garçons	6	8	3	13	4
filles	4	10	12	5	11
adultes	2	3	4	6	1

	Orléans	*Paris*	*Strasbourg*	*Düsseldorf*	*Dortmund*
garçons	12	16	29	32	35
filles	2	15	21	25	17
adultes	8	9	5	7	10

6. Des photos (§ 24)

a) *Complétez le texte par* de (+ article).
1. Aujourd'hui, la sœur … Mme Lassalle est à Beaune. 2. Jean-Luc montre … photos … Bourgogne. 3. Jean-Luc: «Voilà une photo … Arroux. 4. Derrière l'[illegible]. Il y a une porte … époque … Romains. 5. Voilà une photo … Morvandiaux. 6. C'est un groupe folklorique … Autun. 7. Ils aiment les traditions … Morvan, … Bourgogne et … centre … France. 8. La danse folklorique, c'est le plaisir … jeunes et … adultes, … enfant et … grand-père.»

b) *Complétez le texte par* de (+ article) *ou* à (+ article).
1. Jean-Luc: «Et voilà une photo … Leroux. 2. … centre … groupe, sous le parapluie … M. Leroux, c'est la grand-mère. 3. Ça, c'est une photo … cité de la Croix-Verte, … Autun. 4. Et là, ce sont … photos … appartement … Leroux. 5. Voilà la chambre … Olivier, et ça, c'est la chambre … filles. 6. Voilà M. Leroux dans la salle … séjour. 7. Il montre la photo … un ordinateur … enfants. 8. Ça, c'est Florence. Là, elle donne une assiette … chien … Leroux. 9. Voilà Mme Leroux … travail. 10. Elle travaille … office de tourisme. 11. Là, elle donne … informations … des touristes. 12. Et là, Sandrine et Olivier arrivent … maison. 13. Sandrine rentre … collège. 14. Elle est élève … collège du Vallon. 15. Olivier est … lycée Bonaparte.

B Un coup de téléphone

Le téléphone sonne chez les Leroux.

Florence (Fl.): Allô?

Jean-Luc (J.-L.): Florence? … C'est moi, Jean-Luc.

Fl.: Salut, Jean-Luc. Ça va?

J.-L.: Oui, ça va bien, merci. Ecoute, nous préparons des danses pour la Foire du Meuble.

Fl.: Nous? Qui est-ce? Les Morvandiaux?

J.-L.: Oui. Et on a un problème. Christine est malade: elle a la grippe. Alors, on cherche une fille.

Fl.: A qui est-ce que vous pensez? A moi? Ah non, Jean-Luc! Pas moi!

J.-L.: Pourquoi pas?

Fl.: Parce que je ne danse pas bien.

J.-L.: Mais si, mais si!

Fl.: Et puis, je n'aime pas danser devant les gens. J'aime mieux regarder.

J.-L.: Oh, les gens! On danse, et on oublie les gens!

Fl.: Et le costume alors? Je n'ai pas de costume.

J.-L.: Il n'y a pas de problème. On a des costumes.

Fl.: Hum … Et toi, qu'est-ce que tu fais dans le groupe? Tu danses aussi?

J.-L.: Non. Moi, je ne danse pas. Je joue d'un instrument. J'ai une vielle.

Fl.: Tu joues de la vielle, toi? La vielle et la danse folklorique, ce n'est pas très moderne!

J.-L.: Alors là, je ne suis pas d'accord! J'aime les traditions de la Bourgogne. Et puis, nous faisons aussi des danses d'aujourd'hui. Et on fait des excursions; dans le Morvan, par exemple. Nous sommes très amis dans le groupe.

Fl.: Ah, c'est bien, ça!

J.-L.: Ecoute, Florence, est-ce que tu as le temps demain?

Fl.: Je travaille.

J.-L.: Ah bon? Tu travailles?

Fl.: Oui, je suis secrétaire au Creusot.

J.-L.: Ah oui? Formidable! Quand est-ce que tu rentres?

Fl.: A six heures.

J.-L.: Alors, je suis chez toi à sept heures et demie. D'accord?

Fl.: Hum …

J.-L.: Oh, Florence! …

Fl.: Bon, d'accord. Et où est-ce que c'est?

J.-L.: Nous avons une salle au lycée Bonaparte. Bon. Alors, à demain, Florence!

Fl.: A demain! Au revoir, Jean-Luc.

Le Creusot

B

1. Reparlons du texte. (§§ 19, 20)

Complétez les questions et répondez. Exemples:

1. – Est-ce que le téléphone sonne chez les Morel?
   – Non. / Mais non!
   – Alors, chez qui est-ce que le téléphone sonne?
   – Chez les Leroux.
2. – Est-ce que Jean-Luc téléphone à Florence?
   – Oui. / Oui, c'est ça.

1. ... le téléphone sonne chez les Morel?
2. ... Jean-Luc téléphone à Florence?
3. ... les Morvandiaux préparent un journal pour la Foire du Meuble?
4. ... les Morvandiaux ont un problème parce que M. Marchand est malade?
5. Les Morvandiaux cherchent une fille: ... Jean-Luc pense à Sandrine?
6. ... Jean-Luc fait de la danse?
7. ... les Morvandiaux ont une salle au collège du Vallon?
8. ... Florence travaille à Autun?
9. ... elle travaille comme secrétaire?
10. ... elle rentre du travail à 4 heures?

2. Que fait ...?/Où est ...? (§ 19)

a) – **Que fait** Jean-Luc?
– Il répare une vielle.
– Et **où est-ce qu'il** est?
– Dans la salle de séjour.

b) – **Où est** Jean-Luc?
– Dans la salle de séjour.
– Et **qu'est-ce qu'il fait?**
– Il répare une vielle.

1. Jean-Luc – *réparer* une vielle – dans la salle de séjour
2. Olivier et Florence – *regarder* le journal – dans la chambre d'Olivier
3. Sandrine – *chercher* l'assiette de Max – dans la cuisine
4. papa et maman – *écouter* la radio – dans la salle de séjour
5. M. Marchand – *préparer* une excursion – à l'office de tourisme
6. Christine – *téléphoner* à M. Marchand – au lit

3. Au téléphone (§§ 25, 26)

Complétez le texte par avoir *et* faire.
Pensez aux apostrophes.

a) *Le téléphone sonne chez M. Marchand.*

M. Marchand (M. M.): Allô?
Christine (Chr.): M. Marchand? C'est moi, Christine.
M. M.: Salut, Christine. Ça va?
Chr.: Non. Pas bien.
M. M.: Qu'est-ce qu'il y ...?
Chr.: Je ... la grippe.
M. M.: Et qu'est-ce que tu ...?
Chr.: Je reste au lit.
M. M.: C'est bien. Mais alors, pour la danse de la Foire du Meuble, nous ... un problème: qu'est-ce qu'on ...?
Chr.: Il y a Nicole. ... la danse avec Nicole, par exemple.
M. M.: Nicole? Elle est malade aussi.
Chr.: Mais vous ... encore le temps de trouver quelqu'un.
M. M.: Oui, je pense. Bien. Au revoir, Christine. Et bon rétablissement!

---

b) *Le téléphone sonne chez les Lassalle.*

Jean-Luc (J.-L.): Allô, oui?
M. M.: Salut, Jean-Luc. C'est Michel. Ecoute, les Morvandiaux ... un problème. Christine ... la grippe.
J.-L.: Qu'est-ce que nous ... alors?
M. M.: Est-ce que tu ... le temps de chercher quelqu'un?
J.-L.: Je ... quelqu'un. Je pense à une amie. Euh, quand est-ce que tu ... le texte d'information pour l'office de tourisme?
M. M.: Je ... le texte maintenant.
J.-L.: Alors, à demain, au lycée Bonaparte!
M. M.: A demain! Et n'oublie pas la fille.

4. Quel âge …? (§ 22)

a) – Tu as quel âge?
– J'ai treize ans. Et toi?
– J'ai dix-sept ans.

b) – Quel âge est-ce que vous avez?
– J'ai soixante-deux ans. Et vous?
– J'ai cinquante-quatre ans.

13	18	15	11	16	19	5	10
17	14	9	7	15	20	12	6

62	66	38	44	31	69	25	28
54	47	45	41	35	65	29	32

A vous. En classe. Tu as quel âge, (Bernd)?

5. Oui./Non./Si. (§§ 27, 29) *Tu poses des questions à Jean-Luc.*

1. – Tu es un ami de Florence?
– **Oui.**
2. – Les Leroux n'habitent pas à la Croix-Verte?
– **Si.** (Ils habitent à …)
3. – Mme Leroux ne travaille pas chez Neyrat?
– **Non,** elle travaille à l'office de tourisme.

1. tu – *être* un ami de Florence?
2. les Leroux – *ne pas habiter* à la Croix-Verte?
3. Mme Leroux – *ne pas travailler* chez Neyrat?
4. M. Leroux – *ne pas être* programmeur?
5. Florence – *aimer* le sport?
6. Florence – *ne pas être* la sœur d'Olivier et de Sandrine?
7. Olivier – *ne pas aimer* faire du canoë?
8. Sandrine – *ne pas être* au lycée Bonaparte?
9. Mais Olivier – *être* au lycée Bonaparte?
10. Max, ce – *ne pas être* le chien des Leroux?

6. A vous. En classe. Posez des questions. (§§ 27, 28)

a) 1. – Est-ce que vous avez **un** chien?
– Non, nous **n'**avons **pas de** chien.
Oui, nous avons un chien.
2. – Est-ce que tu aimes **les** chiens?
– Non, je **n'**aime **pas les** chiens.
Oui, j'aime les chiens.

b) – Est-ce que tu aimes danser?
– Oui, j'aime danser. (Mais j'aime encore mieux chanter.)
Non, je n'aime pas danser, j'aime mieux chanter.

1. vous – *avoir* un chien?
2. tu – *aimer* les chiens?
3. tu – *avoir* des frères?
4. tu – *avoir* des sœurs?
5. vous – *avoir* le téléphone?
6. tu – *aimer* la danse folklorique?
7. tu – *avoir* un instrument de musique?
8. tu – *jouer* de la vielle?
9. tu – *avoir* un canoë?
10. tu – *avoir* un ordinateur?
11. tu – *écouter* la radio dans la salle de bains?
12. vous – *regarder* la télévision dans la cuisine?
13. tu – *avoir* le temps d'écouter la radio, demain à midi?

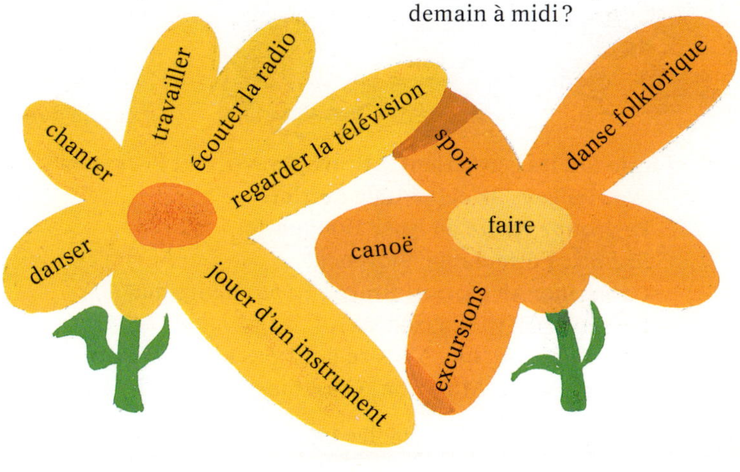

C Florence danse.

1. A 8 heures moins le quart, Florence et Jean-Luc entrent dans la salle. Trois filles et trois garçons dansent déjà. Quelqu'un joue de la vielle. Ah! Mais c'est M. Marchand. Il a un magasin de journaux dans la rue des Cités.
Florence regarde et écoute. Une des filles, Catherine, quitte alors le groupe avec un garçon, Patrick. Ils dansent devant Florence. Puis Florence danse avec Patrick. Et les trois jeunes retournent dans le groupe.
Florence a des problèmes. Oh oui, c'est un sport, la danse folklorique! Mais c'est un plaisir de danser en groupe! Et à la fin, elle danse déjà bien.

2. Aujourd'hui, la Foire du Meuble ouvre. La danse des Morvandiaux est à seize heures trente.
Sur la place, devant la cathédrale, il y a déjà des gens. Les Morvandiaux arrivent, en costume folklorique.
Catherine cherche Florence:
Catherine: Ça va, toi?
Florence: Hum … J'ai peur, Catherine.
Catherine: Mais non! Tu danses bien. Ne regarde pas les gens!

3. Et voilà, ça commence.
Les vielles jouent …
Et Florence danse, danse; elle oublie les gens, elle oublie la peur.
Mais là, qu'est-ce que c'est?
Devant Florence, il y a une caméra.
C'est la télévision.
Oh non!
Florence glisse et tombe.
Mais elle retourne tout de suite dans le groupe …
et elle danse. Et très bien!

4. A la fin, les gens crient: «Bravo, bravo!» Et la caméra filme les Morvandiaux, la place avec les gens, la cathédrale derrière …
Le groupe rentre au lycée Bonaparte.
Patrick: Formidable, Florence!
Catherine: Ah ça, oui! Bravo! Tu as encore mal?
Florence: Ça va. La caméra …
Jean-Luc: Oui, oui. Mais ce n'est pas un problème. Hein, Michel?
M. Marchand: Mais non! C'est bien d'avoir Florence dans le groupe!

Dix-neuf heures quinze: les Leroux regardent Florence à la télévision.

C 1. Reparlons du texte. (§§ 19, 20)

Relisez le texte C 1.
Dans la rue.
Martine *(M.)* écoute Jean-Luc *(J.-L.)*.
Mais elle a des problèmes.
Posez les questions.

J.-L.: moins vingt, j'arrive avec Florence au lycée Bonaparte.
M.: **A quelle heure est-ce que** vous arrivez?
J.-L.: A huit heures moins vingt. Et nous entrons .
M.: . . . ?
J.-L.: Dans la salle des Morvandiaux. jeunes dansent déjà.
M.: . . . ?
J.-L.: Six. Et joue de la vielle.
M.: . . . ?
J.-L.: M. Marchand. Florence ne danse pas. Elle écoute .
M.: . . . ?

J.-L.: La musique. Puis Patrick et Florence .
M.: . . . ?
J.-L.: Ils dansent. Mais Florence a des problèmes parce qu'elle .
M.: . . . ?
J.-L.: Parce qu'elle ne danse pas bien. Oh oui, la danse folklorique, c'est .
M.: . . . ?
J.-L.: Un sport. Mais Martine, tu n'écoutes pas?!
M.: Si. Mais j'ai .
J.-L.: . . . ?
M.: Des problèmes. Et toi aussi!

2. A l'office de tourisme (§§ 27, 28, 29)

Un touriste pose des questions à Mme Leroux:

1. – **Il n'y a pas de** cathédrale à Autun?
   – Si. (Il y a une cathédrale.)
2. – **Ce n'est pas la** cathédrale St-André?
   – Non, c'est la cathédrale St-Lazare.
3. – L'office de tourisme **ne fait pas d'**excursions?
   – Si, nous faisons des excursions.

1. *il y a* – cathédrale à Autun?
2. *être* – cathédrale St-André?
3. office de tourisme – *faire* des excursions?
4. *il y a* – monuments à Autun?
5. *être* – monuments de l'époque des Romains?
6. *être* – la porte du Vallon et la porte St-Louis?
7. *il y a* – rivière à Autun?
8. *être* – la Saône?
9. les Morvandiaux – *être* un groupe folklorique?
10. les Morvandiaux – *préparer* des danses pour la Foire du Meuble?

3. L'heure. (§ 23)

16 h 30 / 19 h 15 / 21 h 17 / 11 h 51 / 19 h 55 / 12 h 37 / 23 h 45 / 0 h 20

a) A la maison:
– Il est quelle heure, s'il te plaît, papa/ . . . ?
– Quatre heures et demie.

b) Dans la rue:
– Vous avez l'heure, / Quelle heure est-il, s'il vous plaît, madame/ . . . ?
– Il est quatre heures et demie.

c)

– Alors, Olivier, il est quelle heure?
– Quatre heures et demie.

4. Ne crie pas. Chante. (§§ 11, 27)

Dans la salle des Morvandiaux.
M. Marchand:

a) **Ne restez pas** devant la porte. **Entrez.**
b) **Ne restons pas** devant la porte. **Entrons.**
c) **Ne reste pas** devant la porte. **Entre.**

1. *rester* devant la porte – *entrer*
2. *danser* – *écouter* la musique
3. *crier* – *chanter*
4. *penser* aux gens – *penser* à la danse
5. *quitter* la salle – *rester*
6. *ouvrir* la porte – *ouvrir* la fenêtre
7. *rentrer* à la maison – *faire* encore une danse

5. Faites l'interprète: Un reporter à Autun

17 heures 30. Les Morvandiaux retournent au lycée Bonaparte. Un monsieur et un jeune arrivent alors.

Le garçon: S'il vous plaît, monsieur, papa et moi, nous avons une ou deux questions.

M. Marchand (M. M.): Oui? Qu'est-ce que c'est?

Le monsieur: Wir sind Wagners. Wir sind in Ferien in Burgund. Wir sind aus Stuttgart. Ich bin Reporter beim Fernsehen. Übersetz das doch bitte mal, Michael.

Mich.: …

Herr Wagner (H. W.): Haben Sie Zeit?

Mich.: …

M. M.: Qu'est-ce que vous pensez, Catherine, Jean-Luc? On a bien une minute pour M. Wagner et Michael. La télé montre la danse à quelle heure? A 19 heures 30, c'est bien ça?

Cath.: Oui, oui. On a encore le temps.

Mich.: …

H. W.: Großartig, der Tanz vor der Kathedrale! Was sind das für Tänze?

Mich.: …

Jean-Luc: Ce sont des danses du Morvan et du centre de la France.

Mich.: …

H. W.: Wer macht die Trachten? Stellt man die Trachten in Autun her?

Mich.: …

Cath.: Nous faisons les costumes à la maison. C'est très compliqué comme travail.

Mich.: …

H. W.: Die Gruppe tanzt in Autun. Und wo noch?

La statue de Vercingétorix à Alésia

Mich.: …

Jean-Luc: Nous dansons à Beaune, à Dijon et sur le Mont Beuvray.

Mich.: …

H. W.: Beuvray? Ach, ist das vielleicht Bibracte? Da hat doch Vercingétorix die gallischen Fürsten gegen Rom versammelt.

Cath.: Ja, genau. Und man feiert das hier alle zwei Jahre.

Mich.: Oh Mensch, du sprichst ja deutsch!

Vercingétorix dans «Astérix»

Centre d'intérêt – Les sports, les jeux et les instruments de musique

le tennis

jouer au …
faire du …

le foot(ball)

jouer au …
faire du …

la pétanque

jouer à la …

les dés

jouer aux …

la flûte

jouer de la …

la natation

faire de la …

le vélo

faire du …

les échecs

jouer aux …

les cartes

jouer aux …

le piano

jouer du …

l'athlétisme

faire de l' …

le ski

faire du …

le scrabble

jouer au …

la guitare

jouer de la …

l'accordéon

jouer de l' …

☞ *A vous. En classe. Faites les dialogues.*

a) – (Bernd), qu'est-ce que tu fais comme sport? → – Je fais … Et toi?
qu'est-ce que tu aimes comme jeu? → – J'aime jouer … Et toi?
est-ce que tu joues d'un instrument? → – Oui, je joue … Et toi?
Non, je ne joue pas d'un instrument. Et toi?

b) – (Michaela), tu aimes le tennis/…?
tu aimes jouer au tennis/…?
tu aimes faire du tennis/…?
tu aimes jouer aux échecs/…?
tu aimes le piano/…?
tu aimes jouer du piano/…?

→ – Oui, j'aime (bien). / j'aime ça. / c'est formidable. / c'est super. / c'est (très) bien.
→ – Oui, c'est pas mal. Mais j'aime mieux … / Ça va. Mais j'aime mieux … / Bof!
→ – Non, je n'aime pas (ça). / ce n'est pas bien. / c'est la barbe! / Ah non, alors!

Et toi?

Compréhension orale

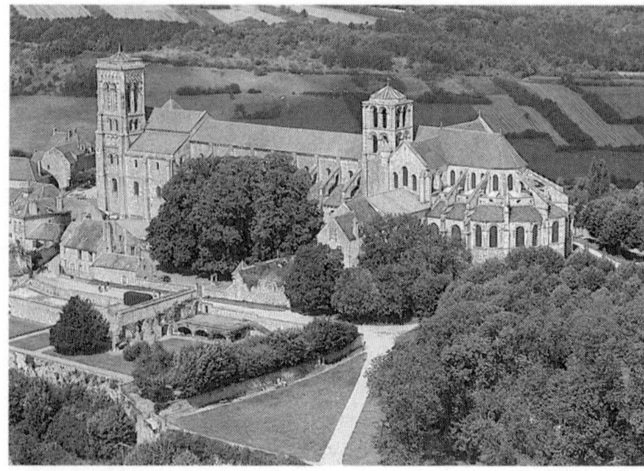

Basilique de Vézelay

Chez les Leroux

a) *Lisez:* Vézelay: *Ort in Burgund*
un groupe d'Allemands: eine Gruppe Deutscher;
samedi: Samstag;
un car: ein (Reise)Bus;
complet: (voll)besetzt.

b) *Ecoutez le texte.*

c) *Répondez aux questions.*
1. A quelle heure est-ce que Sandrine rentre?
2. Pourquoi est-ce qu'elle est déjà là?
3. Les «Youpies», qui est-ce?
4. Avec qui est-ce que Mme Leroux fait l'excursion?
5. Quand est-ce qu'ils font l'excursion?
6. Qu'est-ce qu'ils font à Vézelay?
7. Le téléphone sonne chez les Leroux. Qui est-ce?
8. Pourquoi est-ce que Sandrine crie «Youpie!» à la fin?

d) Dans le texte, il y a un coup de téléphone. *Faites le dialogue.*

Révision de grammaire

Les verbes

Complétez. Pensez aux apostrophes.

Au camping d'Autun.	
Pierre: Bonjour. Je … Pierre Martin.	*être*
Bernd: Bonjour. Bernd Bischoff.	
Pierre: Tu … Allemand?	*être*
Bernd: Oui, ce … ça. Je … avec des amis. Nous … de Mainz.	*être*
Pierre: Ah! De Mayence. Qu'est-ce que vous … en Bourgogne?	*faire*
Vous … en vacances?	*être*
Bernd: Oui et non. Klaus et Jörg …	*travailler*
Pierre: Qu'est-ce qu'ils …?	*faire*
Bernd: Un dossier sur la Bourgogne. Klaus … les photos et Jörg les textes.	*faire*
Aujourd'hui, ils … dans la cathédrale.	*être*
Pierre: Et toi, qu'est-ce que tu …?	*faire*
Bernd: Je … l'interprète pour Klaus et Jörg.	*faire*
Pierre: Et pourquoi est-ce que tu … dans la cathédrale?	*ne pas être*
Bernd: Parce que je … le temps.	*ne pas avoir*
Je …:	*travailler*
je … des prospectus à …	*avoir, regarder*
Demain, nous … une excursion dans le Morvan.	*faire*
Pierre: Vous … déjà des photos avec des gens en costume folklorique?	*avoir*
Bernd: Oui, nous … des photos d'un groupe folklorique: les Morvandiaux.	*avoir*
Pierre: …	*montrer*

A Un club journal au collège du Vallon

Sandrine Leroux va au collège du Vallon. Elle est en troisième. Avec Anne, François, David, Jean-Pierre, Bernard et Pascal, elle écrit «L'écho du Vallon», le journal des élèves. Bernard et Pascal sont en quatrième, les autres sont des camarades de troisième de Sandrine.
Le mardi et le jeudi, pour préparer les articles, il y a le club journal au collège. C'est toujours de une heure à une heure et demie.
Mardi 5 octobre. Les rédactrices et rédacteurs du journal sont dans une classe du premier étage. Aujourd'hui, ils discutent d'un numéro spécial. C'est un numéro pour les élèves du lycée Sebastian-Münster, à Ingelheim, en Allemagne.
Le collège prépare un échange entre la classe de Sandrine et une neuvième du lycée d'Ingelheim. Dans les articles, les amis écrivent sur le collège du Vallon et sur l'école en France.

Anne Delmas est la rédactrice en chef.

Anne: Sur la première page, il y a mon texte. Je raconte à nos amis d'Ingelheim la semaine d'une élève de 3e. C'est un article sur toi, Sandrine. Il y a aussi ta photo.

Bernard: Hi, hi, hi! …

Anne: Toujours sur la première page, il y a une interview, ton interview, David, avec le prof de français.

Bernard: D'accord, mais sur la deuxième page, il y a mes dessins et mes photos, non?

Anne: Non, tes dessins et tes photos sont pour la troisième page, après les annonces. Il y a d'abord l'article de François.

Bernard: François, toujours François!

François: J'écris sur le travail en troisième et sur les loisirs au collège.

Bernard: Il n'y a pas de loisirs au collège!

François: Si, il y a le club journal, par exemple.

Bernard: Avec toi, ce n'est pas un loisir!

Anne: Dites donc, vous arrêtez, non? Sur la page 2, il y a donc d'abord le texte de François, puis l'article de Sandrine et de Jean-Pierre, et le texte de Pascal. Sandrine et Jean-Pierre, vous écrivez dans votre article que vous aimez l'école, c'est bien ça?

Sandrine: Oui, dans notre article, nous disons que nous aimons le collège.

Pascal: Et moi, je dis pourquoi je n'aime pas le collège.

Anne: Bon, les copains, je suis d'accord avec vos propositions.

Pascal: Dis, et ta photo, Anne?

Bernard: Mais oui, où est la photo de notre rédactrice en chef? Page 1, page 2?

Anne: Idiot!

4

A **1. Reparlons du texte.**

A la fin du «club journal» du mardi 5 octobre, Anne résume:
«Sur la première page, il y a donc d'abord mon article sur Sandrine. C'est un texte sur la semaine d'une élève de troisième. Il y a aussi la photo de Sandrine.

Après mon article,	il y a ...»
Puis,	*Continuez.*
Après,	

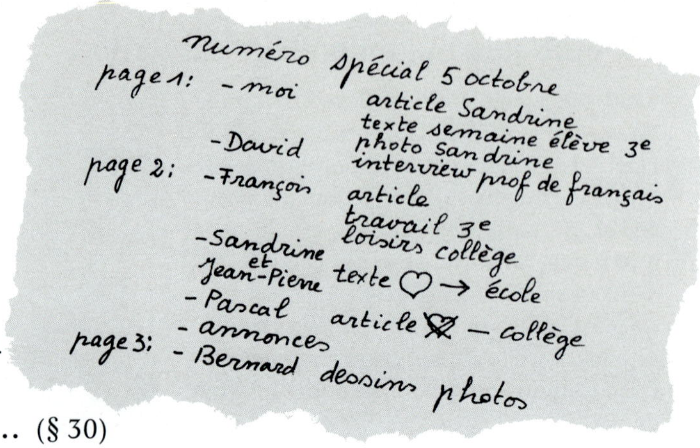
numéro spécial 5 octobre
page 1: - moi article Sandrine
texte semaine élève 3e
photo Sandrine
- David interview prof de français
page 2: - François article
travail 3e
loisirs collège
- Sandrine et Jean-Pierre texte ♡ → école
- Pascal article ♡ – collège
page 3: - annonces
- Bernard dessins photos

2. Les enfants cherchent ... (§ 30)

> 1. *Olivier:*
> Maman, où est **mon** parapluie?
> *Mme Leroux:*
> **Ton** parapluie?
> Je pense qu'il est dans la salle de bains.
> 2. *Olivier et Sandrine:*
> Maman, où sont **nos** prospectus sur Beaune?
> *Mme Leroux:*
> **Vos** prospectus sur Beaune?
> Je pense qu'ils sont sous les journaux de Florence.

1. Olivier: parapluie – dans – salle de bains
2. Olivier et Sandrine: prospectus sur Beaune – sous – journaux de Florence
3. Sandrine: articles sur le collège – dans – salle de séjour
4. Florence: livres sur le Morvan – dans – chambre d'Olivier
5. Olivier: photo de Max – devant – téléphone
6. Sandrine et Florence: photos de papa – dans – salle de séjour
7. Olivier: livres sur la Bourgogne – sur – lit de Sandrine
8. Sandrine et Olivier: caméra vidéo – dans – chambre de Florence
9. Sandrine: interview avec M. Marchand – sur – télévision
10. Florence: journal – derrière – ordinateur
11. Olivier et Florence: dessin du centre de canoë – devant – radio
12. Sandrine: page pour «L'écho du Vallon» – dans – chambre d'Olivier

3. Les Morvandiaux écrivent des cartes. (§§ 32, 37)

Les Morvandiaux font une excursion à Dijon. De là, ils écrivent des cartes.
Accordez et complétez.

1. Sur une carte pour Martine, Florence *(écrire):* «J'aime bien les Morvandiaux.»
Patrick: A qui est-ce que tu *(écrire)*?
Florence: J' *(écrire)* à Martine, une amie de Beaune.
Patrick: Et qu'est-ce que tu *(dire)*?
Florence: Je *(dire)* **que** ...
2. Catherine et Jean-Luc *(écrire)* à Christine: «Nous sommes à l'auberge de jeunesse.»
Patrick: Qu'est-ce que vous *(écrire)* à Christine?
Catherine et Jean-Luc: Nous *(écrire)* ...
3. M. et Mme Marchand *(écrire)* à une amie d'Allemagne. Sur la carte, ils *(dire):* «Nous aimons Dijon.»
Catherine: Qu'est-ce que vous *(dire)* à votre amie d'Allemagne?
Mme Marchand: Nous *(dire)* ...
4. Sur une carte pour un copain, Patrick *(dire):* «Nous rentrons à Autun demain.»
Jean-Luc: Qu'est-ce que tu *(dire)* à ton copain?
Patrick: Je *(dire)* ...

L'écho du Vallon

Journal des élèves
Octobre – Numéro spécial – Rédactrice en chef: Anne Delmas, 3e D

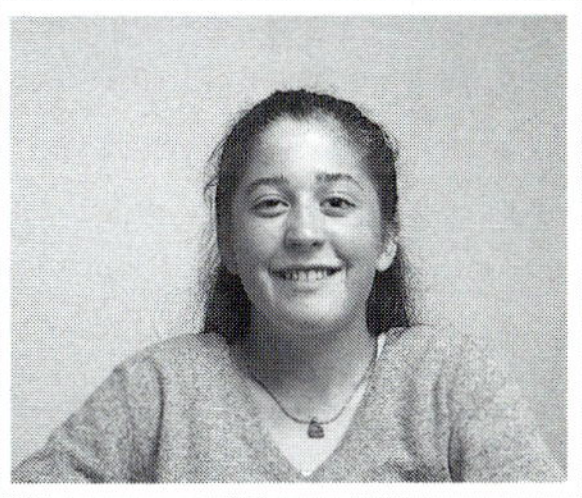

La semaine d'une élève de troisième: Sandrine Leroux

Mon amie Sandrine Leroux est en 3e. Elle a quinze ans. Dans sa classe, il y a vingt-quatre élèves. Le lundi matin, Sandrine et ses camarades ont leur premier cours à 8 heures. Un cours a cinquante – cinq minutes. A 10 heures moins 5, il y a une récréation de dix minutes. A midi et quart, les élèves vont à la cantine ou rentrent à la maison. Sandrine et son copain Jean-Pierre vont à la cantine. L'après-midi, il y a trois heures de cours – de 14 heures à 17 heures –, avec une récréation de dix minutes à 16 heures. Sandrine arrive à la maison à 5 heures et demie, Jean-Pierre à 6 heures et demie. Il habite à vingt kilomètres d'Autun. Sandrine fait ses devoirs avant le dîner, Jean-Pierre fait son travail après: il ne termine pas ses devoirs avant 10 heures.
Les élèves de troisième ont vingt-huit heures de cours par semaine. Ils vont au collège du lundi au vendredi. Ils ont sept heures de cours le lundi, six le mardi et le vendredi, et cinq le jeudi. Le mercredi après-midi et le samedi, ils n'ont pas classe. Le mercredi soir, Jean-Pierre va chez sa copine Sandrine. Ils font leurs devoirs ensemble.

Anne Delmas, 3e D

Interview de M. Morelié, professeur de français

David (D.): Vous êtes professeur de français. Pourquoi?

M. Morelié (M. M.): Parce que j'aime le français, parce que j'aime les textes. Voilà! Aujourd'hui, les élèves regardent trop la télévision et oublient les livres. Alors, dans mes classes de 3e, je demande à mes élèves de lire: ils lisent un livre par mois. Maintenant, ils aiment ça. Voilà!

D.: Et vous, vous lisez combien de livres par mois?

M. M.: Hum! .... Un ou deux. Mais en juillet et en août, pendant les vacances donc, je lis beaucoup. Voilà!

D.: Vous avez combien de classes?

M. M.: Quatre. J'ai deux classes de 3e, une 5e et une 6e. Ça fait quatre-vingt-seize élèves. Dans votre classe, par exemple, je donne trois rédactions par mois ...

D.: C'est trop!

M. M.: Oui, c'est trop pour toi, mais aussi pour moi. En 3^{e}A, j'ai soixante-douze rédactions à corriger par mois. Voilà!

D.: Est-ce que vous allez au cinéma? Au théâtre?

M. M.: Je vais au cinéma à Autun et au théâtre à Dijon, et quelquefois à Paris.

D.: L'interview est pour le numéro spécial du journal. Qu'est-ce que vous dites à nos amis d'Allemagne?

M. M.: Tu vas quelquefois en Allemagne. Comment est-ce qu'on dit: «Vous avez le bonjour du collège du Vallon.»?

D.: Euh! ... ihr ... habt ... euh! ... guten ...

M. M.: Merci pour l'interview.

D.: Voilà! Voilà!

David Picot, 3^{e}A

Nous travaillons trop?

Les élèves de 3e disent qu'ils travaillent trop. C'est vrai! Nous travaillons trop. Nous avons des devoirs de français, de mathématiques, de technologie, d'allemand, etc. Et nous avons seulement deux récréations de dix minutes par jour!
Les élèves pensent que le collège oublie les loisirs. Ce n'est pas vrai! Il y a les clubs: le club journal, le club cinéma, le club théâtre, le club informatique, etc. Et puis, le mercredi après-midi, on fait du sport au collège.
Mon frère a seize ans. Il est au lycée. Il a trente heures de cours par semaine, et deux à trois heures de devoirs par jour. Ses loisirs? Il répond: «Zéro!» Quelquefois, il fait du sport le dimanche.
Au lycée, on travaille plus.
J'aime mieux le collège.

François Rocher, 3e C

On est bien au Vallon!

On demande quelquefois aux élèves s'ils aiment le collège.
Eh bien, nous deux, nous disons: «Oui, nous aimons l'école.»
Pourquoi?
Parce que nos copains et nos copines sont là.
Parce que nous aimons regarder, discuter, lire …
Parce que nous faisons «L'écho du Vallon».
Parce que nous écrivons des articles.
Parce que M. Morelié dit toujours: «Voilà! Voilà!», et le prof de maths: «Mais qu'est-ce que tu attends? Réponds à ma question.»
Parce que nous allons à Ingelheim dans deux mois.
Et après le collège?
Eh bien, après la 3e, dans un an donc, nous entrons en seconde au lycée.

Sandrine Leroux,
Jean-Pierre Forral,
3e A

J'attends …

Le collège pour moi, c'est la barbe. Mes profs disent que je ne travaille pas. Mon père demande pourquoi je n'aime pas l'école.
J'ai 8 sur 20 en maths, 6 sur 20 en technologie, 5 en allemand et 10 en français. Je ne fais pas mes devoirs parce que je n'aime pas les études. Moi, je ne travaille pas pour mes profs! Je ne travaille pas pour mes parents!
En juillet et en août, je travaille dans les cuisines d'un restaurant: j'aime ça. Après, c'est la rentrée, et je n'aime pas ça.
Alors? Alors, j'attends mes seize ans, j'attends la fin de la 3e, la fin de l'école.

Pascal Rattier, 4e B

Annonces + + + Annonces + + + Annonces + + + Annonces + + + Annonces + + +

Je cherche un correspondant.
J'ai 14 ans. J'aime le sport, la télé et le Minitel.
Richard Charvin, 4e B

Je cherche une correspondante.
J'ai 15 ans. Je suis en 3e. J'aime la musique moderne, la photo et le cinéma.
Isabelle Garnier, 3e D

Amis de l'informatique, programmeurs d'Ingelheim, salut! Qu'est-ce que vous faites en informatique? Nous attendons vos réponses.
Le club informatique

4 C

La page de Bernard (dessins, photos, ...)

Et ça, ce sont les autres rédactrices et rédacteurs de «L'écho du Vallon».

Un cours de techno

A la cantine

M. Morelié, le prof de français

Qu'est-ce qu'il dit? A vous. Trouvez la réponse.

A nos amis d'Ingelheim:

Les rédactrices et rédacteurs de «L'écho du Vallon» attendent vos textes sur l'école en Allemagne: interviews, articles, dessins, photos, etc.
Répondez à nos annonces, merci.

B 1. Où est-ce que tu vas aujourd'hui? (§§ 31, 35)

a) 1. On est **le mardi 1er septembre.** Sandrine **va chez** Anne.
2. On est … Sandrine et Olivier **vont au** …

b) 1. *La grand-mère:* Sandrine, où est-ce que **tu vas?**
Sandrine: Aujourd'hui, c'est **mardi** et **le mardi, je vais** toujours …

mardi 1er septembre	mercredi 14 octobre	jeudi 3 septembre	lundi 19 octobre
Sandrine → Anne	Sandrine/Olivier → club dessin	Olivier → cinéma	Florence → Catherine
dimanche 1er novembre	samedi 21 novembre	vendredi 11 décembre	
Florence/Sandrine → cathédrale	Olivier/Florence → école de canoë	Sandrine → Jean-Luc	

c) *A vous. En classe. Posez des questions et répondez.*

1. On est / Nous sommes / C'est → le combien, aujourd'hui? → le 1er septembre.
2. Bernd, qu'est-ce que tu fais le lundi soir/le mercredi après-midi/le dimanche matin …?

2. Le travail de Florence

Complétez par à (+ article), après, avant, chez, comme, de (+ article), derrière, devant, pendant, pour.

Florence travaille … secrétaire … Creusot. … 6 heures et demie déjà, Mme Leroux est … le lit de Florence et dit: «Debout!» … 8 heures moins 10, Florence arrive … «Intermeubles». … le travail, elle prépare un café, et, …, elle écrit des textes. … 8 h à midi, elle est … sa machine à écrire. … sa machine, il y a l'ordinateur … une autre secrétaire. Aujourd'hui, les deux secrétaires écrivent les textes d'un prospectus sur la Foire … Meuble d'Autun. … le texte … prospectus, Florence écrit une annonce … un journal … région. … midi … une heure, elle est … cantine. …, elle retourne … travail. … Florence, il y a aussi le téléphone. … l'après-midi, le téléphone sonne beaucoup. Le soir, Florence n'arrive pas … maison … 6 heures.

3. Les Leroux et leurs amis (§ 30)

Posez des questions à vos camarades.

1. – Sandrine, c'est la sœur de Florence?
– Oui, c'est **sa** sœur.
2. – David, c'est le frère de Sandrine?
– Non, ce n'est pas **son** frère,
c'est un copain.
c'est un de ses camarades de classe.

1. Sandrine – sœur de Florence
2. David – frère de Sandrine
3. M. Marchand – père de Jean-Luc
4. Olivier – frère de Florence
5. Anne – sœur de David
6. M. Leroux – père de Florence
7. Anne – copine de Sandrine
8. Sandrine – amie de Jean-Pierre
9. M. Leroux – père d'Olivier
10. Mme Leroux – mère de David

4. C'est à vous, ça? (§ 30)

Après la danse, dans la salle du lycée Bonaparte:

a) – Mme Marchand, c'est **votre** parapluie?
– Non, ce n'est pas **mon** parapluie.

b) – C'est le parapluie de Jean-Luc?
– Oui, c'est **son** parapluie. / je pense que c'est **son** parapluie.

1. Mme Marchand – parapluie – Jean-Luc
2. M. Marchand et Jean-Luc – instruments de musique – Annie et Catherine
3. Florence – photos – Marc
4. Mme Marchand et Catherine – costumes – Annie et Christine
5. Olivier et Florence – caméra vidéo – M. et Mme Marchand
6. Annie – journal – Françoise
7. Catherine – livre – M. et Mme Marchand
8. Jean-Luc – vielle – M. Marchand
9. Patrick et Catherine – articles de journal – Jean-Luc et M. Marchand

[5. Un samedi après-midi, chez les Delmas] (§ 30)

Traduisez. Pensez à la traduction de ihr/ihre, sein/seine, Ihr/Ihre.

1. Es ist Samstag nachmittag. Anne Delmas ist in ihrem Zimmer. 2. Sie macht ihre Hausaufgaben. 3. Jean-Pierre und seine Freundin Sandrine kommen. 4. Während des Nachmittags schreiben die drei Freunde ihre Artikel für die Zeitung. 5. Das Telefon klingelt. Es ist ihr Französischlehrer, M. Morelié. 6. Er fragt M. Delmas: „Ist Ihre Tochter zu Hause?“ 7. „Ja. Sandrine Leroux und ihr Freund Jean-Pierre sind auch da *(là aussi)*.“ 8. M. Morelié bittet M. Delmas, seine Tochter zu holen *(aller chercher)*. 9. M. Delmas: „Anne, geh ans Telefon. Es ist euer Französischlehrer.“ 10. M. Morelié bittet Anne, ihr Buch über Ingelheim in die Schule mitzubringen *(apporter)*.

6. Vous réparez les radios? (§§ 34, 35, 36)

– Bonjour, monsieur. Vous réparez les radios?
– Bien sûr. C'est au 2ᵉ étage.
Au deuxième étage:
– J'ai une radio à réparer.
– Bien. Vous êtes monsieur ...?
– Lucien Durand.
– Où est-ce que vous habitez?
– 89, rue du Morvan.
– Vous avez le téléphone?
– Oui, c'est le 85 69 91 61. Et c'est pour quand, monsieur?
– Hum!... Pas avant le mardi 28 janvier.

1. radio → 2ᵉ
M. Lucien Durand
89, rue du Morvan
85 69 91 61
mardi 28/1
2. ordinateur → 1ᵉʳ
Mlle Anne Martin
98, rue de Paris
85 15 80 95
mercredi 26/2
3. machine à écrire → 4ᵉ
Mme Sophie Simon
75, rue du 19 mars
85 71 73 93
lundi 3/4
4. télévision → 1ᵉʳ
M. Bernard Laval
97, rue du 11 novembre
85 70 87 81
vendredi 8/5
5. parapluie → 3ᵉ
M. Pierre Petit
15, rue du 8 septembre
85 77 88 99
jeudi 7/6
6. caméra → 5ᵉ
Mlle Catherine Rivière
72, rue du 8 mai
85 97 79 21
mardi 31/8

7. **A vous.** Vous dites à un Français

1. où vous habitez;
2. votre numéro de téléphone;
3. à quelle heure vous avez votre premier cours le lundi;
4. combien d'heures de cours vous avez par semaine;
5. à quelle heure vous avez des récréations;
6. à quelle heure vous rentrez à la maison;
7. combien d'élèves il y a dans votre classe.

C

1. Reparlons du texte.

«La Gazette», un journal de la région, fait un article sur «L'écho du Vallon». Anne Delmas présente au reporter les rédactrices et rédacteurs et le numéro spécial pour Ingelheim.

1. «Je suis Anne Delmas, la rédactrice en chef de «L'écho du Vallon». Je suis en 3e D. Pour le numéro spécial de notre journal, j'écris un article sur la semaine d'une élève de troisième.
Je dis, par exemple, quand les élèves ont cours et quand ils font leurs devoirs.
2. C'est Sandrine Leroux ...»

Voilà les notes d'Anne:

1. **Anne Delmas,** rédactr. en chef, 3e D:
article: semaine d'une élève 3e;
élèves → cours, devoirs
2. **Sandrine Leroux,** 3e A, 15 ans, rédactrice:
copain: Jean-Pierre Ferrat (rédacteur);
mercredi soir – devoirs ensemble
article: Sandrine + Jean-Pierre → ♡ école
parce que → copains/copines; regarder/discuter/lire; «L'écho du Vallon»; Ingelheim
3. **David Picot,** 3e A, reporter: interviews;
numéro spécial: interview avec le prof de français, M. Morelié → textes, cinéma, théâtre
4. **Bernard Arnaud,** 4e C, reporter; photos, dessins;
problèmes avec François Rocher (rédacteur, élève de 3e); Bernard ✗ → François
mais pour «L'écho», Bernard et François – travailler ensemble

2. Qu'est-ce qu'ils font? (§ 33)

a) *Complétez.* (attendre)
1. Anne Delmas ... une carte de sa correspondante. Sa mère demande:
– Anne, tu ... une carte de ton copain?
– Non, ...
2. Sandrine et Jean-Pierre ... David devant le collège. François arrive:
– Vous ... quelqu'un?
– Oui, nous ...

b) *Complétez.* (répondre)
1. Pendant le club journal, François demande quelque chose à Bernard, mais Bernard ne ... pas.
– Bernard, pourquoi est-ce que tu ne ... pas à ma question?
– Je ne ... pas, parce que je n'aime pas tes questions.
2. Le club informatique écrit aux amis d'Ingelheim: «... à notre annonce.». Les programmeurs d'Ingelheim ... tout de suite. «C'est un plaisir de ... à votre annonce. Mais nous avons une question: le Minitel, qu'est-ce que c'est?»

c) *Complétez.* (lire)
1. M. Leroux ... un article sur les Morvandiaux.
– André, qu'est-ce que tu ...?
– Je ...
2. Sandrine et Jean-Pierre ... des livres sur l'Allemagne. Olivier demande:
– Qu'est-ce que vous ...?
– Nous ...

3. Un cours de français en 3e A (§§ 32, 33)

Accordez les verbes.

M. Morelié (M. M.) *(dire)* aux élèves: «*(Lire)* le texte, puis *(répondre)* aux questions. *(Ecrire)* vos réponses dans vos cahiers. *(Ne pas attendre)* et *(travailler)* tout de suite.»
Les élèves *(lire)* le texte et les questions. Mais David a des problèmes. Il *(ne pas écrire)*. Il *(attendre)*. Il *(regarder)* M. Morelié.
M. M.: David, qu'est-ce que tu *(attendre)*? *(Lire)* le texte, *(répondre)* aux questions et *(écrire)* les réponses dans ton cahier.
David: Oui, oui, tout de suite!
Avant la fin du cours, Sylvie et Jean-Pierre *(regarder)* M. Morelié.
M. M.: (Dire), Sylvie et Jean-Pierre, qu'est-ce que vous *(faire)*? Vous *(ne pas écrire)*?
Sylvie: (Regarder), monsieur. Voilà nos cahiers avec les réponses. Nous *(attendre)* la fin du cours.

4. Mme Leroux est malade. (§ 37)

Midi et quart, au collège. C'est un mardi. Sandrine dit à Anne qu'elle ne va pas au club journal.

a) *Lisez.*

1. *S.:* Salut, Anne, je ne vais pas au club journal. Je rentre.
   A.: Tu es malade?
2. *S.:* Non. Mais ma mère a la grippe. Je fais son travail.
   A.: Tu vas aux cours de l'après-midi?
3. *S.:* Oui, j'arrive à 2 heures.
   A.: Tu as combien d'heures de cours?
4. *S.:* J'ai deux heures de cours. Je rentre à 4 heures et je prépare quelque chose pour mon père.
   A.: Pourquoi est-ce que Florence ne fait pas le travail?
5. *S.:* Florence n'est pas là. Elle travaille au Creusot.
   A.: Ah bon? Au revoir, Sandrine.

b) *Racontez.*

1. Sandrine **dit** à Anne **qu'**elle ne va pas au club journal.
   Puis elle **dit qu'**elle rentre.
   Anne **demande** à Sandrine **si** elle est malade.
2. Sandrine **dit/répond que** …

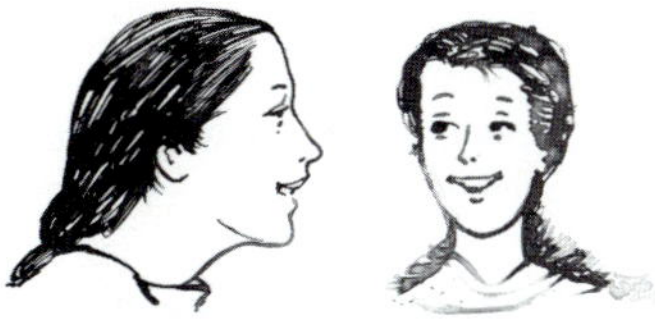

5. Florence écrit à Martine. (§ 37)

a) M. Leroux demande à Florence: «Qu'est-ce que tu écris à Martine?»
Florence répond: «J'**écris**/Je **dis**/Je **raconte que** … et que …
Je **demande comment/si/quand/pourquoi** …»
Transformez. Pensez aussi à des mots comme d'abord/après/après ça/aussi/puis/à la fin.

b) Mme Morel demande à Martine: «Qu'est-ce que Florence écrit?»
Martine répond: «Florence …» *Continuez.*

Salut, Martine!
C'est dimanche et j'ai le temps d'écrire.
Comment est-ce que tu vas?
Tu travailles beaucoup?
Samedi et dimanche, les Morvandiaux sont à Lyon.
Le groupe danse à la Foire du Meuble.
Tu as le journal avec l'article sur notre danse à Autun?
Comment est-ce que tu trouves la photo?
Sur la photo, je suis devant Jean-Luc.
Tu aimes mon costume?
Quand est-ce que nous faisons du canoë ensemble?
Pourquoi est-ce que tu ne téléphones pas?
J'attends ta réponse.
Au revoir!

[6. En français – A vous: faites un journal.]

Versetzen Sie sich in die folgende Situation: Ihre Klasse wird in Kürze die Partnerschule in Frankreich besuchen.
Sie bereiten in der Klasse eine Sondernummer der Schülerzeitung für Ihre Gastgeber vor. Sie verfassen auf französisch Artikel, Stellungnahmen, Kommentare, Interviews, Anzeigen usw.
Wir schlagen Ihnen vor, **drei Gruppen** zu bilden.
Die **erste Gruppe** schreibt einen oder zwei Artikel mit dem Ziel, Informationen über Ihre Schule zu geben: Anzahl der Klassen, Klassenstufen, Unterrichtstage, Beginn und Ende der Unterrichtszeit, Pausen, Anzahl der Schüler in Ihrer Klasse usw. Dabei können Sie auch so verfahren wie Anne Delmas und den Schulalltag eines Mitschülers/einer Mitschülerin beschreiben.
Die **zweite Gruppe** sollte Texte verfassen, in denen zum Ausdruck kommt, wie Sie die Schule finden.
Die **dritte Gruppe** steuert Interviews mit Lehrerinnen/Lehrern der Klasse bei.

Fragen Sie Ihre Lehrerin/Ihren Lehrer, falls Ihnen Wortschatz fehlt.
Bon courage!

Savoir se débrouiller

Pardon, madame, je ne comprends pas.

Vous êtes en France. Un monsieur/une dame raconte/demande quelque chose.
Vous ne comprenez pas:

Pardon, | monsieur, / madame, | j'ai une question.
je ne comprends pas.
je ne comprends pas / expliquez | votre question. / le mot «...», / la phrase «...», / l'expression «...», | s'il vous plaît.
«...», | qu'est-ce que c'est?
qu'est-ce que c'est / comment est-ce qu'on dit «...» | en d'autres mots? / en allemand? / en anglais?
vous parlez trop vite. Répétez, s'il vous plaît.

Ah, merci, | monsieur, / madame, | maintenant, je comprends!

A vous. En classe.
Lisez le texte «L'école en France» (page 47).
Vous ne comprenez pas? Alors, employez les éléments de la liste.

Compréhension orale

On fait un journal!

a) *Lisez:* Rufus; Nicolas; Clotaire: Jungennamen
un costume du dimanche: ein Sonntagsanzug
un pantalon: eine Hose
[illegible]
parler de qc: über etw. sprechen

b) *Ecoutez les trois scènes une première fois.*
Où est-ce qu'elles ont lieu?

c) *Ecoutez les trois scènes une deuxième fois, puis répondez aux questions.*
1. Il y a combien d'enfants dans le groupe?
2. Quel âge est-ce qu'ils ont?
3. Qu'est-ce que Rufus fait pour le journal?
4. Et Clotaire? Et Nicolas?
5. Est-ce que le chef du père de Nicolas a une barbe?
6. Le père de Clotaire a des problèmes avec son pantalon du dimanche: pourquoi?

Lecture

L'école en France

Voilà quatre exemples.

1. A trois ans, Anne Delmas est à l'école maternelle. A six ans, elle entre à l'école élémentaire. Elle reste à l'école élémentaire pendant cinq ans. A onze ans, Anne et ses copains entrent au collège. Ils restent au collège pendant quatre ans, de la sixième à la troisième.
Que font les élèves après le collège?
Ils vont dans un lycée d'enseignement général, dans un lycée d'enseignement technique, dans un lycée professionnel ou ils font un apprentissage.
A quinze ans, Anne entre au lycée Bonaparte. Seconde, première, et terminale: trois ans pour préparer un baccalauréat (bac) d'enseignement général. Les bacs C et E sont des bacs avec des mathématiques; le bac A est un bac avec des langues. Anne prépare le bac C.
A l'université de Dijon, après cinq ans d'études et d'examens, Anne passe un concours. Et après? Après, Anne Delmas est professeur de mathématiques dans un collège ou dans un lycée.

2. Deuxième exemple: David Picot. David aime la technique. A la maison, il fait souvent des programmes pour son ordinateur.
Après la troisième, David Picot entre au lycée d'enseignement technique pour préparer un bac technologique. Après son bac, il fait des études dans un IUT, un institut universitaire de technologie. Deux ans après, David Picot cherche du travail comme programmeur dans une entreprise.

3. Troisième exemple: Richard Charvin. Après la troisième, Richard fait deux ans d'études au lycée professionnel, deux ans pour avoir un BEP, un brevet d'études professionnelles, en carrosserie. Ensuite, Richard cherche un travail dans un garage.

4. Pascal Rattier n'aime pas l'école. Il attend ses seize ans pour quitter le collège et faire un apprentissage dans un restaurant.
A la fin de son apprentissage, il passe un examen. Et après? Après, il est cuisinier dans une cantine ou dans un restaurant. Et puis, il invite ses copains, Anne, David, Sandrine et Richard!

a) *Complétez les listes: écrivez dans votre cahier.*

Noms	6 à 11 ans	11 à 15 ans	15 à 17/18 ans	après	profession
Anne Delmas					
...					

b) *Cherchez, dans le texte, les mots pour:*
- elementar, technisch, die Universität, ein Examen, ein Institut
- a garage, general, professional

[– lingua, studium, invitare].

Révision de grammaire

1. Déterminants et prépositions

Complétez le texte, si nécessaire.

Sandrine est … Ingelheim avec … classe. Elle habite … sa correspondante, Nicole Gerstner. Un après-midi, Sandrine montre … photos … Nicole. D'abord, elle montre les photos … danse … Morvandiaux. C'est … danse de la Foire … Meuble d'Autun. Sur … première photo, il y a … Florence avec … autres camarades … groupe. Nicole demande … Sandrine: «Qui est … fille devant … caméra?» Sandrine répond … Nicole: «C'est … sœur, Florence. Elle fait … première danse avec … Morvandiaux.»

Nicole (N.): … Morvandiaux, qui est-ce?

Sandrine(S.): C'est … groupe … Autun. Ils aiment faire … musique et ils font … danses. Ce sont … danses … centre … France.

Sur … deuxième photo, il y a … Jean-Luc et … M. Marchand avec … instruments de musique.

N.: Qu'est-ce que c'est comme … instruments?

S.: Ce sont … vielles. La vielle, c'est … instrument … région. M. Marchand et Jean-Luc jouent … vielle.

N.: Tu joues aussi … instrument?

S.: Non, je n'ai pas … instrument. J'aime mieux lire … livres et écrire … articles.

Après, Sandrine montre … photos de … famille.

N.: Qui est-ce?

S.: C'est Olivier, … frère. Il va … lycée Bonaparte.

N.: Et … chien?

S.: C'est Max, … chien … Florence. Ah, Max, c'est comme … frère!

N.: Ecoute … frère, c'est … frère, et … chien, c'est … chien!

S.: Tu n'aimes pas … chiens?

N.: Si, mais … chien, ce n'est pas … garçon!

2. Les interrogations

Posez des questions.

> Il est **neuf heures et quart.**
> – Quelle heure est-il?
>
> **David chante.**
> – Est-ce que David chante?

1. Il est **neuf heures et quart.**
2. **David chante.**
3. Il chante **parce qu'il n'a pas cours aujourd'hui.**
4. David arrive **au collège du Vallon.**
5. **M. Pascal et des élèves** sont déjà là.
6. **M. Pascal** est leur professeur de mathématiques.
7. Il a **45 ans.**
8. Aujourd'hui, les élèves font **une excursion.**
9. M. Morelié arrive à **neuf heures vingt.**
10. **Il aime faire des excursions avec ses élèves.**
11. Les autres élèves arrivent **après M. Morelié**.
12. Avec David, il y a **vingt-sept** élèves.
13. Ils **crient** et ils **chantent**.

Leçon 5

A Aloxe-Corton

1. «Bourgogne», ce n'est pas seulement le nom d'une région («la Bourgogne»), c'est aussi le nom d'un vin. On aime «le bourgogne» à Dijon, bien sûr, mais aussi à Hambourg, à Berne, à Londres et à New York.

2. Entre Dijon et Santenay, il y a des vignes, des vignes et encore des vignes! Ce sont les vignobles de la Côte de Nuits et de la Côte de Beaune. A six kilomètres de Beaune, on trouve un village de deux cent cinquante habitants: Aloxe-Corton. Ses vins sont de première qualité.

3. Samedi 22 janvier, 10 heures et demie. Une voiture arrive dans le village. Un monsieur descend et entre dans la maison du vigneron Charles Morel. C'est M. Peters. Il est marchand de vin à Hambourg. M. Morel a souvent des clients d'Allemagne et de Suisse. Il leur montre toujours sa cave et il les invite à déguster ses vins. M. Morel va à la cave avec M. Peters. Il lui donne d'abord un vin rouge: un «Côte de Beaune» de 1987. Le marchand déguste le vin et ensuite, il le crache par terre: «Je l'aime beaucoup.» Il déguste ensuite un autre vin rouge: un «Aloxe-Corton» de 1985. Puis M. Morel lui apporte une bouteille de «Corton-Charlemagne», un vin blanc. M. Peters prend la bouteille, la regarde, et le vigneron l'ouvre. Le marchand déguste le vin et dit: «Ah oui, voilà un blanc de première qualité!»

4. M. Morel lui vend douze bouteilles de «Corton-Charlemagne», à deux cent cinquante francs la bouteille. Puis M. Peters commande trente bouteilles d'«Aloxe-Corton» à soixante-quinze francs et deux cents «Côte de Beaune» à quarante francs. Au total, cela lui fait treize mille deux cent cinquante francs. Ensuite, les deux hommes prennent un verre ensemble. M. Morel parle de son travail dans ses vignes. Martine entre alors et dit bonjour à M. Peters. Le marchand lui raconte que Kerstin, sa fille, cherche une correspondante en France et lui demande si cela ne l'intéresse pas d'avoir une copine en Allemagne. Il est 11 heures et demie. M. Morel invite son client à regarder la procession de la Saint-Vincent, l'après-midi.

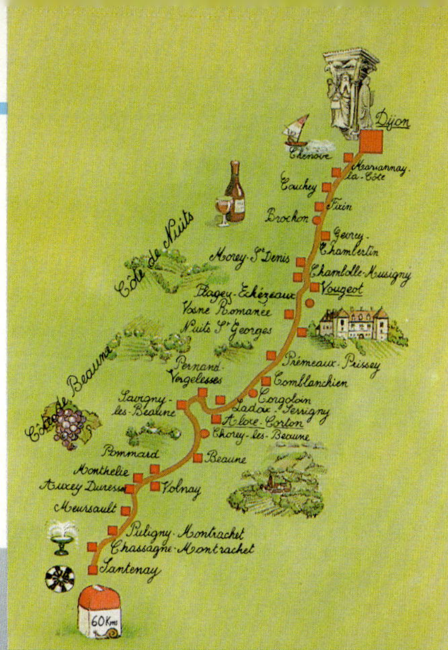

Aloxe-Corton en hiver

5

A **1. Reparlons du texte.**

1. «La Bourgogne», qu'est-ce que c'est? Et «le bourgogne»?
2. Parlez d'Aloxe-Corton.
3. Un client arrive. Où est-ce que M. Morel va avec son client?
4. M. Peters déguste un «Côte de Beaune». Qu'est-ce qu'il fait tout de suite après?
5. Qu'est-ce qu'il déguste aussi comme vins?
6. M. Peters prend combien de bouteilles de «Corton-Charlemagne»?
7. Et qu'est-ce qu'il commande comme vins?
8. Cela lui fait combien au total?
9. Que font les deux hommes ensuite?
10. Qu'est-ce que M. Peters dit à Martine? Qu'est-ce qu'il lui demande?

2. Olivier et Florence posent des questions à Martine. (§§ 38, 39)

Au centre de canoë, Martine parle de ses parents et de leurs clients.

a) Olivier pose des questions:
- Est-ce que votre voisin montre aussi **sa cave** à ses clients?
- Oui, il **la** montre aussi à ses clients.

b) Ensuite, Florence pose des questions:
- Est-ce que vous montrez quelquefois vos vignes **aux clients**?
- Oui, nous **leur** montrons quelquefois nos vignes.

Est-ce que .../Est-ce qu'...
1. votre voisin montre aussi **sa cave** à ses clients?
2. il invite aussi **ses clients** à déguster son vin?
3. les clients crachent **le vin** quelquefois?
4. tu aides souvent **ton père** dans les vignes?
5. tu aimes **ton village**?
6. tu regardes toujours **la procession** de la Saint-Vincent?
7. la procession intéresse aussi **les touristes**?
8. les touristes filment quelquefois **votre vignoble**?

Est-ce que ...
1. vous montrez quelquefois vos vignes **aux clients**?
2. ça fait plaisir **à ton père** d'avoir des clients d'Allemagne?
3. vous vendez aussi votre vin **aux touristes**?
4. les touristes d'Allemagne parlent souvent en français **aux vignerons**?
5. tu téléphones quelquefois **à ta mère**?
6. tu écris des cartes **à ta sœur**? Elle est en vacances en Suisse, non?

3. Les Leroux pensent à Noël. (§§ 38, 39)

Sandrine à Florence:
- Qu'est-ce qu'on offre **à grand-mère**? Un livre?
- Oh oui! On **lui** offre un livre. Ça **l'**intéresse.
  Non, on **ne lui offre** pas de livre. Ça **ne l'intéresse pas**.

Faites des dialogues entre les autres personnes de la famille.

B La lettre de Martine

Aloxe-Corton, le 30 avril

Chère Kerstin,

Je sais par ton père que tu cherches une correspondante en France. L'idée me plaît parce que l'Allemagne m'intéresse. Alors, je t'écris (Pardon pour le retard!) pour te parler de moi et de ma famille.

Je suis donc Martine, la fille des vignerons Morel, à Aloxe-Corton. J'ai dix-sept ans, et je vais au lycée viticole à Beaune. Je veux être vigneronne. Au lycée, on apprend à faire le vin. Mes parents veulent me donner leur vignoble; nous voulons continuer les traditions de la famille!

Ma sœur Sylvie (elle a quinze ans) est encore au collège. Sylvie et moi, nous faisons de l'allemand parce que papa a souvent des clients d'Allemagne. Nous les comprenons à peu près, mais nous ne savons pas répondre. Est-ce que tu sais parler le français comme ton père?

Nous pouvons nous écrire en français ou en allemand, comme ça nous plaît! Moi, j'aime mieux écrire en français. Ton père peut t'aider à faire tes lettres; mes parents ne peuvent pas m'aider: ils ne savent pas l'allemand.

J'ajoute à ma lettre une photo de ma famille. C'est au printemps. Sur la photo, il y a ma mère, mon père (sur le tracteur) et mes grands-parents. Moi, je joue avec notre chat, Minette. Je suis avec mon copain, Jean-Luc. Il a dix-neuf ans et fait des études de droit à Dijon. Il n'est pas d'Aloxe-Corton: il habite à Autun. C'est un garçon très bien. Papa et maman l'aiment beaucoup. Sylvie n'est pas sur la photo. Elle n'aime pas les photos de famille!

Qu'est-ce que tu fais pendant les vacances d'été? Toi et ton frère, vous pouvez passer quinze jours ici: mes parents vous invitent. Ou est-ce que vous voulez faire les vendanges avec nous? Je ne sais pas si vous avez des vacances en automne.

Réponds vite pour me parler de toi. Donne le bonjour à tes parents et à ton frère.

Amicalement,

Martine

P.S. Est-ce que je peux avoir une photo de toi?

B

1. Reparlons du texte. (§§ 38, 39)

Posez des questions avec pourquoi, *puis répondez avec des pronoms.*

– Pourquoi est-ce que **Martine** écrit **à Kerstin**?
– **Elle lui** écrit parce que/ parce qu'...

1. **Martine** écrit **à Kerstin.**
2. **M. et Mme Morel** n'aident pas **Martine** à écrire en allemand.
3. **Sylvie et Martine** comprennent à peu près **l'allemand.**
4. **Le lycée viticole** plaît **à Martine.**
5. **Les Morel** donnent leur vignoble **à leur fille.**
6. **M. et Mme Morel** aiment beaucoup **Jean-Luc.**
7. **Kerstin et son frère** peuvent passer quinze jours à Aloxe-Corton.

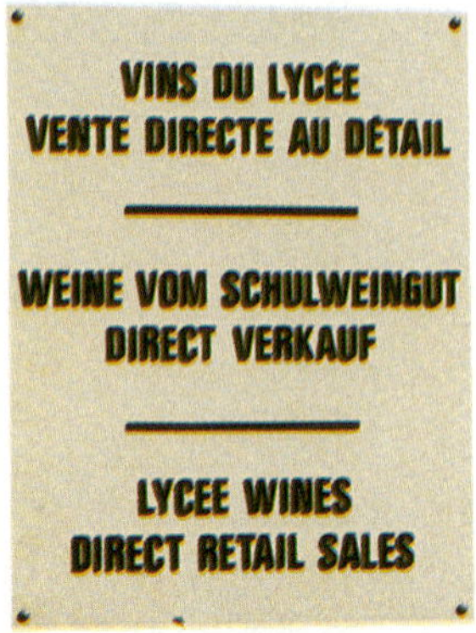

2. Chez les Morel. (§ 43)

a) *Mme Morel:*
– Jean-Luc, **tu ne veux pas** aider Martine à écrire des lettres en allemand?
– **Je ne peux pas. Je ne sais pas** parler l'allemand.

b) *M. Morel à Mme Morel:*
– **Jean-Luc ne veut pas** aider Martine à écrire des lettres en allemand?
– **Il ne peut pas. Il ne sait pas** parler l'allemand.

1. Jean-Luc – aider – Martine à écrire des lettres en allemand / parler l'allemand
2. Sylvie et Martine – téléphoner à – frère de Kerstin / faire le numéro pour l'Allemagne
3. Sylvie – parler à – clients d'Allemagne / répondre en allemand
4. Jean-Luc – aider – Martine à vendre nos vins / discuter avec les clients
5. Martine et Sylvie – faire de la danse folklorique / danser

3. Savoir et pouvoir (§§ 43, 44)

Complétez par savoir *ou* pouvoir.

Elle ne sait pas écrire.

Il ne peut pas écrire.

1. *Jean-Luc téléphone à Florence*
   – Tu ..., Florence, Christine est malade. Elle ne ... pas danser. Est-ce que tu ne ... pas prendre sa place?
   – Mais je ne ... pas faire de la danse folklorique!
   – Nous ... t'apprendre à danser.
2. *Les clients des Morel:*
   Martine et Sylvie comprennent à peu près les clients d'Allemagne. Alors, elles ... les aider. Mais elles ne ... pas bien parler l'allemand. Quelquefois, les clients ... très bien le français.
3. *Un élève parle à son professeur d'allemand:*
   – Est-ce que vous ... corriger ma lettre? Vous ..., monsieur, je ne ... pas encore bien écrire en allemand.
   – Je ne ... pas si je ... faire ça aujourd'hui. Tu ..., je n'ai pas le temps. Est-ce que ça ne ... pas attendre? Je ... le faire demain.

4. Aujourd'hui, Olivier n'a pas le temps. (§§ 38, 39, 40, 43, 45)

Grand-père demande **à Olivier** de **lui** montrer ses photos:
«Tu **me** montres tes photos, s.t.p.?»
Olivier **lui** répond:
« Je veux bien, mais / Ecoute, non, / Je regrette, mais
aujourd'hui, je ne peux pas **te** montrer mes photos;
je n'ai pas le temps.»

1. Grand-père – Olivier: montrer ses photos
2. Florence et Sandrine – Olivier: inviter au cinéma
3. Sandrine – Olivier: aider à faire ses devoirs
4. Grand-mère – Olivier: lire le journal
5. Pascal et Marc – Olivier: réparer leur canoë
6. Les Morvandiaux – Olivier: filmer

5. Prendre, comprendre, apprendre. (§ 42)

a) *Complétez par* prendre.

Un touriste d'Allemagne ... des bouteilles de vin chez M. Morel.
– Qu'est-ce que vous ..., monsieur?
– Je ... dix bouteilles de «Côte de Beaune».
– Vous voulez ... aussi des bouteilles de «Corton-Charlemagne»?
– Non, merci.
– ... un verre de «Corton-Charlemagne» ensemble. D'accord?
Ils ... un verre ensemble et, ensuite, le touriste ... deux bouteilles de «Corton-Charlemagne».

b) *Complétez par* apprendre *ou* comprendre.

Le touriste parle à Sylvie et à Martine:
– Eure Weine sind Spitze!
Sylvie: Comment? Je ne ... pas.
Le touriste: Tu n'... pas l'allemand à l'école?
Sylvie: Si, ma sœur et moi, nous ... l'allemand.
Le touriste: Et vous ne ... pas ma phrase?
Martine: «Eure Weine», je ....
Mais «Spitze», qu'est-ce que ça veut dire?
Le touriste: «Spitze», c'est «formidable».

6. A vous.

Vous écrivez à un Français/à une Française.
Dans votre lettre,
1. vous parlez de vous,
2. de votre famille,
3. de votre école;
4. vous dites combien d'habitants il y a dans votre ville/village;
5. vous invitez le Français/la Française à passer les vacances d'été chez vous.

5 C

Les vendanges

1. Septembre – octobre, c'est le temps des vendanges. Souvent, il fait beau, et il fait très chaud. Mais les vignerons regardent toujours le ciel. Ils ont peur de la pluie et, surtout, de l'orage: ils ont peur pour leurs raisins. Pendant deux semaines, Aloxe-Corton a deux cents ou trois cents habitants de plus: ils arrivent des villages de la Bourgogne, de Lyon, de Paris, pour faire les vendanges.

2. Ils sont vingt-cinq dans le vignoble des Morel: des jeunes et des adultes. Les élèves du lycée viticole n'ont pas classe pendant les vendanges. Alors, Martine est là, avec quelques camarades. Il y a aussi Jean-Luc, et puis, Kerstin et Klaus, son frère. On travaille. On travaille déjà depuis une semaine, du matin au soir. Le dos fait très mal. Mais être ensemble, c'est formidable! Et on parle, on chante, on crie …

3. Le matin du 8 octobre, dans la cuisine des Morel:

Klaus: Dites, monsieur, on va terminer les vendanges demain, non?

M. Morel: Non, non, aujourd'hui, je pense. Nous allons préparer la table dans la cour. On va fêter ça!

Mme Morel: Il fait très chaud, trop chaud! Ça ne me plaît pas!

Kerstin: Vous pensez qu'il va y avoir un orage?

Martine: Ne parle pas de malheur!

4. A 5 heures, le groupe des Morel termine les vendanges et rentre au village. Dans les autres vignes, on travaille encore. Mme Morel attend les vendangeurs dans la cour. Les voilà!

Quelques minutes après, ils sont à table pour l'apéritif. Mme Morel leur offre un verre de vin et M. Morel leur dit merci pour leur travail. Tout le monde discute des vendanges. Mais, tout à coup, plus de soleil! M. Morel et les autres regardent les nuages dans le ciel. Est-ce qu'il va pleuvoir? … Et voilà, l'orage éclate! Il pleut – non, c'est la grêle! Tout le monde quitte la table et entre dans la maison.

Et la grêle tombe, tombe! Elle casse les assiettes sur la table, les verres éclatent.

M. Morel: Ça alors! La grêle va me casser les vignes. Et puis, notre voisin est encore au travail. Je retourne dans le vignoble.

Mme Morel: Mais qu'est-ce que tu vas faire?

M. Morel: Je ne sais pas … Je ne peux pas rester ici.

Martine: Je vais avec toi.

Mme Morel: Etre vigneron, c'est ça! Un jour de grêle, et c'est le malheur!

C 1. Quel temps fait-il?

a) *Regardez la carte de France, puis lisez le texte et le dialogue.*
On est en hiver. C'est le douze janvier.
Jean-Luc téléphone à Mlle Rivière, à Paris.
Jean-Luc: Quel temps fait-il, chez vous?
Mlle Rivière: Il ne fait pas chaud.
Il y a des nuages. Et puis, il pleut.
Et à Autun?
Jean-Luc: Chez nous, il fait froid. Et il neige.

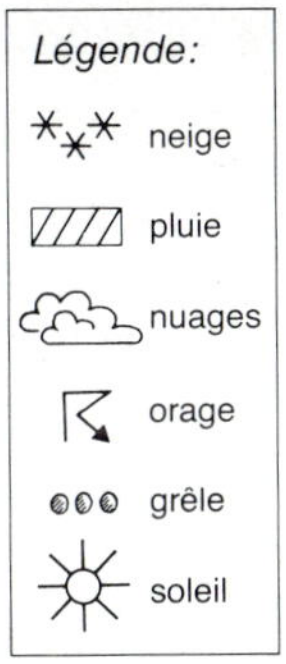

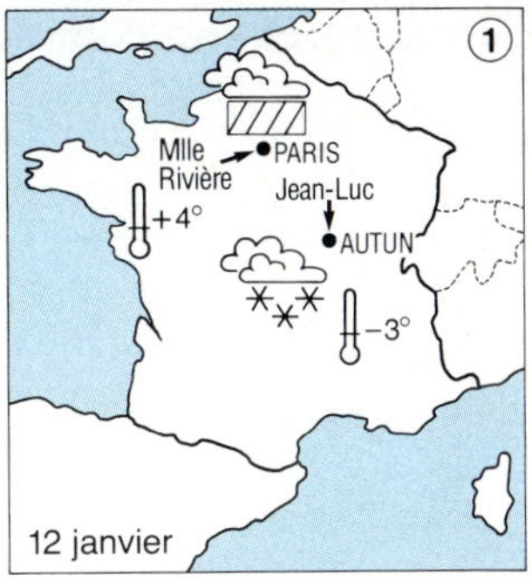

b) *Faites les textes et les dialogues pour les cartes 2 à 4. Les expressions de la page 147 vont vous aider.*

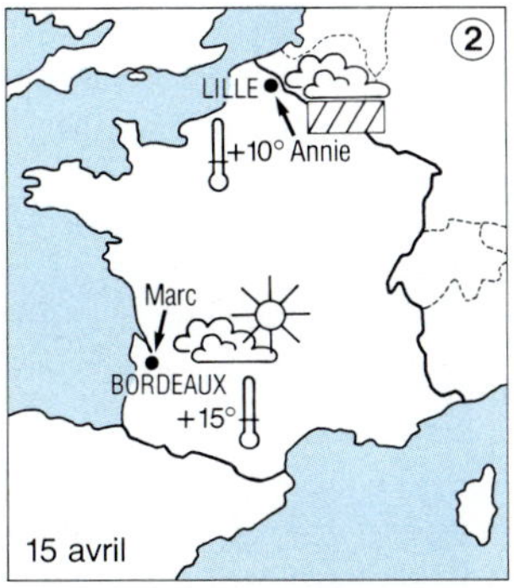

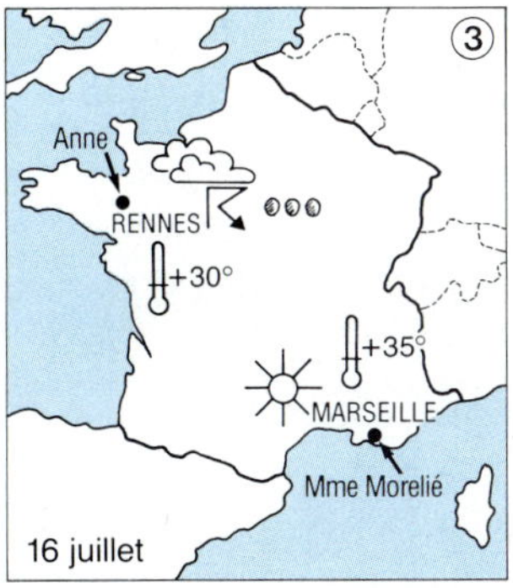

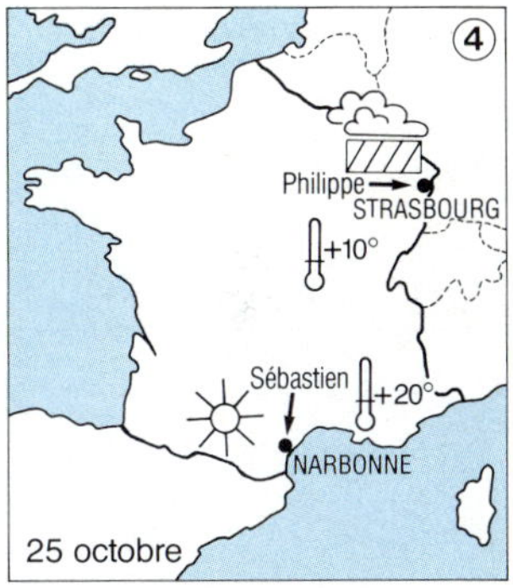

2. Avant les vendanges (§ 46)

a) Jean-Luc pense à Martine:

> «Dans une semaine,
> je **vais aller** chez les Morel.»

1. je – aller chez les Morel
2. je – passer 15 jours à Aloxe-Corton
3. Martine et moi – faire les vendanges ensemble
4. les camarades du lycée viticole – être là aussi
5. on – travailler du matin au soir
6. le dos – faire mal
7. mais on – parler, chanter et crier
8. à la fin des vendanges, les Morel – préparer la table dans la cour
9. les vendangeurs – fêter ensemble la fin du travail
10. ça – être formidable

b) Mme Lassalle parle à Jean-Luc.
Faites le dialogue: employez le futur composé et des pronoms.

> – Quand est-ce que tu **vas téléphoner** à M. Marchand?
> – Je **vais lui téléphoner** demain.

Quand est-ce que/qu'...
1. tu *(téléphoner)* **à M. Marchand** → demain
2. tu *(dire)* **à M. Marchand** que tu vas à Aloxe-Corton → demain
3. il *(réparer)* **ta vielle** → samedi
4. tu *(téléphoner)* **aux Leroux** → après le dîner
5. Florence et Olivier *(prendre)* **ton canoë** → lundi
6. Martine et toi, vous *(montrer)* Beaune **à Kerstin et à son frère** → après les vendanges

3. Un marchand commande son vin. (§ 41)

Charles Morel Vigneron Aloxe-Corton (Côte-d'Or)	Prix	Nombre de bouteilles	Total
Rouge			
Côte de Beaune 1987	40 F	60	2400F
1986	50 F	36	1800F
Aloxe-Corton			
«Premier Cru» 1985	75 F	24	1800F
1981	100 F	12	1200F
Corton 1982	280 F	12	3360F
1980	300 F	12	3600F
Blanc			
Corton-Charlemagne 1983	220 F	12	2640F
1980	250 F	12	3000F
		Total T.T.C.	19800F

Un marchand de vin est chez M. Morel:

– Je prends soixante bouteilles de «Côte de Beaune» 1987.

– Soixante bouteilles à quarante francs, ça vous fait deux mille quatre cents francs.

– Et puis/Ensuite, je prends …
Continuez.

– … Au total, ça vous fait …

4. Il pleut des raisins.

Racontez. (Quelques mots pour vous aider: 2. une remorque: ein Anhänger; une échelle: eine Leiter; 3. Un touriste descend de sa voiture. Il veut filmer … 4. monter sur l'échelle: die Leiter hinaufsteigen; 5. verser: ausschütten)

Révision de grammaire

1. Prépositions, adverbes et conjonctions

Sylvie écrit un texte pour le journal du lycée de Kerstin. *Complétez. Quelquefois, il y a plusieurs possibilités.*

... automne, les vignerons regardent ... le ciel ... savoir ... il va pleuvoir. Ils n'aiment pas la pluie ... les vendanges; ils savent ... avec la pluie, le vin ne va pas être ... première qualité. Ils ont très peur ... l'orage ... un jour de grêle peut faire le malheur ... une famille.

... la fin du mois ... septembre, les gens arrivent ... Bourgogne ... faire les vendanges. Ils habitent ... les vignerons. ... huit heures du matin, ils sont ... au travail ... les vignes. Ils travaillent en groupe, ils parlent, ils chantent. Mais le dos fait ..., et on ne leur demande pas ... cela leur plaît ou ... ils veulent arrêter. Ils ne rentrent pas ... cinq heures. Le travail continue ... une ... deux semaines, et ..., tout le monde fête la fin des vendanges.

2. Les verbes

Martine écrit un texte pour le journal du lycée de Kerstin. Elle l'écrit d'abord en français, puis elle le traduit en allemand. Kerstin le corrige.
Retrouvez le premier texte.

Nach der Weinlese beginnt eine andere Arbeit: wir machen unseren Wein. Das geht nicht schnell: der Wein nimmt [sich] seine Zeit. Unsere Kunden wollen einen Wein erster Güte. Wir auch. Die Weinhändler kommen nach den Touristen, im Winter, oft im Dezember oder im Januar. Im Winter haben wir Zeit, mit den Kunden zu reden.

Ich helfe meinen Eltern. Zunächst biete ich den Kunden ein Glas Wein an, aber ich zeige ihnen nicht gleich unsere erste Qualität. Die Händler wissen, wie man (den) Wein probiert. Sie bestellen manchmal hundert Flaschen oder mehr: unsere Weine gefallen ihnen.
Wir haben auch Kunden in Deutschland und in der Schweiz. Sie bestellen oft per *(par)* Brief. Meine Schwester und ich, (wir) lernen *(faire)* Deutsch auf der Schule; wir verstehen ihre Briefe, aber wir antworten auf französisch, weil wir nicht gut deutsch schreiben können.

3. Familles de mots

Trouvez le verbe, le nom ou l'adverbe.
Un copain de Sylvie écrit aux camarades de classe de Kerstin:

Salut, les **amis!**
Est-ce que vous ... jouer? Jouer, c'est un **plaisir**; alors, je pense que mon texte va vous .... Il n'est pas **complet**; vous allez le .... Nous sommes à Dijon aujourd'hui. Nous, c'est notre professeur et vingt-cinq **jeunes**. Nous sommes à l'auberge de .... A l'autre table, il y a une **discussion**: le prof et Sylvie ... de l'histoire de la Bourgogne. Sylvie trouve cela **intéressant**. Est-ce que l'histoire vous ... ?
Comme toujours, Sylvie et le prof ne sont pas d'accord. Il dit une chose, et elle **répond** que ce n'est pas vrai: elle a toujours une ... à donner.
Quel temps fait-il, chez vous? Ici, il **pleut**, et nous n'avons pas de para ... ! Demain, c'est déjà le **retour**. Nous allons ... à Beaune. Vos **amis** de Beaune vous disent au revoir.
..., Jacques.

Lecture

La Bourgogne, qu'est-ce que c'est?

Bonjour! Je suis Pascale Simon, reporter à Radio-France-Bourgogne. Je vais vous parler de notre région. La Bourgogne, qu'est-ce que c'est?

1. La Bourgogne, c'est un carrefour.

Je suis dans ma voiture, sur l'autoroute Paris–Dijon. Il fait chaud. Nous sommes le 20 juillet: c'est les vacances. Il y a des voitures devant moi, derrière moi. Tout le monde va vers le sud, pour trouver le soleil. Eh oui! En été, des millions de voitures passent, comme ça, par la Bourgogne.

D'abord, ce sont les Parisiens. Ils descendent en Provence pour passer leurs vacances au bord de la Méditerranée. Par deux autres autoroutes, des touristes de Belgique, de Hollande et d'Allemagne arrivent, et continuent sur «l'Autoroute du Soleil».

On peut donc aller en Bourgogne ou quitter la région sans problèmes, et pas seulement en voiture, mais aussi en train.

Dijon, 9 heures 43: le T.G.V. arrive de Lausanne. On monte, on prend son petit déjeuner, on lit une page de son journal ... Et voilà! A 11 heures 25, on est à Paris! 315 km en 100 minutes!

Et quand on pense que le canal du Centre (de la Saône à la Loire) passe aussi par la Bourgogne, on comprend pourquoi on peut parler d'un carrefour.

2. La Bourgogne, c'est une table.

M. Murat a un restaurant derrière la porte St-André, à Autun.

- M. Murat, on peut dire que la Bourgogne est une table, non?
- Ah oui! Tout le monde sait que la Bourgogne a une cuisine de première qualité. Qu'est-ce que vous dites par exemple du coq au vin? Vous aimez les escargots? Et le bœuf, alors?
- Arrêtez, arrêtez!
- Et avec ça, il y a notre vin.
- Vous dites «notre» vin: est-ce qu'il y a des vignobles à Autun?
- Non, non. Nous, on est dans la région des bœufs et des forêts.

3. La Bourgogne, c'est une église.
Maintenant, je suis dans la basilique Ste-Madeleine de Vézelay. C'est d'une beauté! C'est vrai! La Bourgogne, c'est une église. Et il n'y a pas seulement Vézelay, il y a Tournus, Saulieu, Autun, Fontenay, Cluny ... et n'oublions pas les églises dans les villages, surtout dans le sud de la région.
4. Et l'industrie, en Bourgogne?
Souvent, les touristes ne le savent pas, mais l'industrie progresse en Bourgogne. Par exemple, au Creusot et à Montceau-les-Mines, on travaille le fer: on fait des machines et des locomotives.
Voilà. Je termine. Maintenant, je suis dans le Morvan, au lac des Settons. Je vais prendre un bain tout de suite ....
Ah! L'eau est super.

Eglise dans un village

Compréhension orale

Jacquemart

a) *Lisez:* une ville: eine Stadt
une église: eine Kirche
une horloge: eine Turmuhr
sans: ohne
une femme: eine Frau
une histoire: eine Geschichte
Jacquemart, Yolem, Jacqueline, Jacquelinet, Jacquelinette: *Namen*
la Flandre: Flandern
Courtrai: *Stadt in Flandern*

L'église Notre-Dame à Dijon, avec son horloge et la famille Jacquemart

b) *Ecoutez la première partie du texte:*
1. Qui est devant l'église? Pourquoi?
2. Il y a combien de personnes dans l'horloge de Notre-Dame?

c) *Ecoutez la première partie une deuxième fois.*
1. Pourquoi est-ce que l'horloge de Courtrai est à Dijon?
2. Il y a combien de personnes dans l'horloge en 1382?

d) *Lisez les questions. Puis écoutez deux fois la deuxième partie du texte. Ensuite, répondez aux questions.*
1. Pourquoi est-ce que le monsieur de l'horloge ne travaille pas bien depuis 1477?
2. Pourquoi est-ce qu'il porte le nom de Jacquemart?
3. Pourquoi est-ce que les gens de Dijon lui donnent Jacqueline?
4. Qu'est-ce que les gens pensent cent ans après? Qu'est-ce qu'ils font?
5. Qu'est-ce qu'on fête à Courtrai en 1961?

A La tarte au citron

1. Ce sont les vacances d'hiver. Demain, c'est le 8 février, et c'est l'anniversaire de Martine Morel. Elle va avoir 18 ans. Elle est dans la cuisine avec Sylvie et Jean-Luc. Comme dessert pour le repas de fête, les trois jeunes préparent une tarte au citron. Pour faire une tarte au citron, on prend de la farine, du lait, du beurre, de l'eau, des œufs, du sucre, du sel et un citron.

2.

La tarte au citron
(6 personnes)

Pour la pâte, il faut ...
* 130 grammes de farine
* 80 grammes de beurre
* un jaune d'œuf
* une cuillère de sucre
* un peu de sel
* très peu d'eau

Pour la crème, il faut ...
* un citron
* un quart de litre de lait
* 70 grammes de sucre
* deux jaunes d'œufs
* 30 grammes de farine

3. D'abord, Martine fait la pâte.
Elle mélange la farine, le sel, le jaune d'œuf et l'eau. Puis elle met le beurre et le sucre, les mélange et fait une boule. Après la pâte, il faut faire la crème. Sylvie ajoute le zeste du citron au lait. Puis elle fait bouillir le lait.
Martine mélange les jaunes d'œufs avec la farine.
– Jean-Luc, tu me donnes le sucre, s'il te plaît?
– Voilà! dit Jean-Luc. Et il te faut combien de sel?
– Pour la crème, il ne faut pas de sel!
– Martine, tu mets trop de sucre, dit Sylvie.
– Mais non!
Ensuite, Sylvie verse le lait dans le mélange. Puis elle chauffe pendant deux minutes, mais sans faire bouillir. Après, elle ajoute le jus du citron. Maintenant, Martine étale la pâte et Jean-Luc beurre le moule à tarte.
– Il te faut mettre beaucoup de beurre, dit Martine.
– Oui, oui, je sais! Ensuite, je mets la pâte dans le moule et le moule dans le four: ça aussi, je le sais!
– Oh! Pardon, monsieur!
Une demi-heure après, Martine prend le moule dans le four. Puis elle attend dix minutes et verse la crème sur la pâte.
Hmm! dit Sylvie. Ça va être bon!

A

Les boissons. *Lisez les questions et les réponses.*

Mme Lassalle:			Jean-Luc:			
– On a encore	**du**	thé?	– Oui, on a encore	**beaucoup**	**de**	thé.
– On a encore	**du**	café?	– Oui, on a encore un	**peu**	**de**	café.
– On a encore	**de la**	bière?	– Oui, on a	**assez**	**de**	bière.
– On a encore	**de la**	limonade?	– Non, on n'a	**plus**	**de**	limonade.
– Mais on a	**de l'**	orangina *(m)*?	– Non, on n'a	**pas**	**d'**	orangina.
– Est-ce qu'on a	**de l'**	eau minérale *(f)*?	– Oui, on a encore quelques	**bouteilles**	**d'**	eau minérale.
– Combien?				– **Combien**	**de**	bouteilles? Trois.

1. Qu'est-ce que vous prenez? (§§ 47, 48) *Chez Jean-Luc:*

a) – Martine, qu'est-ce que tu prends? **De la** limonade ou **de l'**eau minérale?
– **De l'**eau minérale, s'il te plaît.

b) – **Une** limonade, Martine?
– Non, **pas de** limonade. **De l'**eau minérale, s'il te plaît.

1. Martine 2. Florence 3. Olivier

4. Sandrine 5. maman 6. papa

2. Faisons des crêpes. (§§ 47, 48, 49)

a) Martine montre à Kerstin comment on fait des crêpes.

– Alors, Kerstin, pour faire des crêpes,
il faut du beurre. Voilà **le** beurre.
Il faut … Voilà …

b) Kerstin pose des questions:

– Il faut **combien de** beurre?
– Il faut **100 g de** beurre.
– Il faut combien …?

Faisons des crêpes pour 6 personnes.

beurre	(100 g)
œufs	(5)
farine	(200 g)
lait	(1/2 litre)
eau	(1 verre)
sucre	(100 g)
sel	(un peu; mais pas trop)

c) Martine explique. *Accordez les verbes. Complétez le texte, si nécessaire.*

– D'abord, je *(prendre)* 200 g … farine, 1/2 litre … lait et un verre … eau. Après, je *(verser)* … eau dans … lait et je *(faire)* bouillir. Ensuite, j'*(ajouter)* … 200 g … farine. Maintenant, il faut *(attendre)* une heure. *Une heure après:* Je *(mettre)* les cinq … œufs et les 100 g … sucre dans … pâte.

– *(Dire)* donc, il faut *(ajouter)* … farine. *(Regarder)* … pâte.

– Non, non, il y a assez … farine. Bon. Nous *(faire)* le mélange. Voilà.

– Il ne faut pas *(mettre)* les 100 g … beurre?

– Si, mais pas tout de suite. On *(chauffer)* d'abord … beurre dans une poêle. Puis on l'*(ajouter)* à … pâte. Maintenant, je *(verser)* un peu … pâte dans la poêle.

– Avant, il faut *(mettre)* encore … beurre, non?

– Non, non, on ne *(mettre)* plus … beurre dans la poêle. Il y a assez … beurre dans … pâte. Une ou deux minutes après, on *(retourner)* la crêpe. Puis on *(attendre)* encore une minute. Voilà. Maintenant, on *(verser)* … sucre sur la crêpe.

– Encore … sucre?

– Oui, mais un peu seulement.

B Martine et Jean-Luc font des courses.

1. Le soir, Jean-Luc prend sa voiture et va à Beaune avec Martine. Ils veulent faire des courses. Dans la voiture, le garçon ne parle pas.

– Ça ne va pas? demande Martine.

Mais Jean-Luc ne répond pas.

A Beaune, dans un supermarché, ils achètent cinq boîtes d'escargots: Martine va faire des escargots comme entrée.

Puis ils prennent du beurre et de l'ail. Ensuite, ils veulent acheter de la viande de bœuf: Martine va faire du bœuf bourguignon comme plat principal. Mais il n'y a plus de bœuf.

– Ecoute, dit Martine. Achetons la viande dans une boucherie du centre-ville.

Ils vont à la caisse et paient.

Au centre-ville, ils mettent la voiture sur un parking. Ils arrivent devant une boucherie-charcuterie.

Mais Jean-Luc dit tout à coup:

– Achète la viande sans moi. Je te retrouve dans vingt minutes.

– Ah bon? ... D'accord. Disons, dans une demi-heure. J'achète la viande et, ensuite, je passe dans une épicerie pour le fromage.

2. Jean-Luc entre dans une pâtisserie.

Il attend un peu, puis:

– C'est à vous, monsieur? dit la vendeuse. Vous désirez?

– Je voudrais une glace au café. Pour 7 personnes. C'est pour un repas d'anniversaire.

– Vous voulez la prendre tout de suite?

– Non, demain.

– Bien. Et avec ça, monsieur?

– C'est tout, merci. Ça fait combien?

– 120 francs.

– Dites, est-ce que vous pouvez écrire quelque chose sur la glace?

– Oui. Qu'est-ce que nous mettons?

– Vous mettez: «Bon anniversaire, Martine!» Je paie maintenant?

– Non, non, payez demain.

– Ah! Attendez! Je voudrais aussi deux cornets de glace au citron.

– Combien de boules?

– Deux.

– Bien ... Ça fait 24 francs.

– Et voilà 30 francs.

La vendeuse lui rend 6 francs. Il quitte le magasin et retrouve Martine devant la voiture. Il lui donne une glace.

– Oh! Super, Jean-Luc! Merci.

Elle l'embrasse. Et elle pense: «Ah! Il va mieux!»

B

1. Les enfants Leroux font les courses. (§§ 47, 48)

a) *Lisez.*
Mme Leroux:

> Florence, tu peux aller à la boucherie?
> Il me faut **du** bœuf
> et **des** côtelettes.
> Tu achètes **un kilo et demi de** bœuf
> et **six** côtelettes, s'il te plaît.

Boucherie-charcuterie
- bœuf (1,5 kg)
- côtelettes (6)

Florence

Epicerie
- œufs (12)
- sel (1 boîte)
- farine (2 kg)
- escargots (2 boîtes)
- orangina (5 bouteilles)

Olivier

Boulangerie-pâtisserie
- baguettes (2)
- tarte au citron (5 morceaux)
- glace au café (1 litre)

Sandrine

b) *Continuez.*
Mme Leroux:
Olivier, tu peux aller ...
...
Sandrine, tu ...
...

2. Dans les magasins (§§ 47, 48)

a) *Complétez.*
A la boucherie-charcuterie:
La vendeuse (V.): C'est ... vous, mademoiselle? Vous ...?
Florence (F.): De ... viande ... bœuf, s'il vous .... C'est ... faire du bœuf bourguignon.
V.: Bien. Combien?
F.: Un kilo ... demi, s'il vous plaît.
V.: Et ... ça?
F.: Je ... aussi ... côtelettes.
V.: Vous voulez combien ... côtelettes?
F.: Six.
V.: .... Et ...?
F.: Merci, c'est .... Ça ... combien?

V.: ... fait 186 francs.
F.: Voilà 200 francs.
V.: ... 14 francs. Merci, mademoiselle.

b) *Faites les dialogues pour l'épicerie et pour la boulangerie-pâtisserie.*
(A l'épicerie, Olivier paie 85 francs, et Sandrine 72 francs 50 à la boulangerie-pâtisserie.)

> Au restaurant à Paris:
> *Thomas:* Garçon!
> *Le garçon:* Oui, monsieur. Vous désirez?
> *Thomas:* Je voudrais manger.
> *Le garçon:* Déjeuner ou dîner?
> *Thomas:* Attendez. Je vais regarder l'heure.
> Il est une heure.
> C'est-à-dire treize heures:
> je voudrais donc déjeuner.
>
> (D'après Eugène Ionesco, *Exercices de conversation et de diction françaises pour étudiants américains, © Editions Gallimard, Paris*)

C Les dix-huit ans de Martine

1. La fête commence. Autour des couverts de la table d'anniversaire, il y a Martine, bien sûr, Sylvie, leurs parents et leurs grands-parents, et puis Jean-Luc.
D'abord, ils prennent l'apéritif. Ils boivent un «Kir»: du vin blanc avec de la crème de cassis.

– Nous buvons aux dix-huit ans de Martine, dit le grand père.

Ensuite, Martine apporte l'entrée:

– Nous commençons par des escargots. Bon appétit!

Son père offre du vin de ses vignes, un blanc de première qualité. Jean-Luc n'en prend pas. Il boit de l'eau et n'a pas faim.

– Qu'est-ce qu'il y a, Jean-Luc, vous n'allez pas bien? demande Mme Morel.

Le garçon répond qu'il va bien.

2. Après l'entrée, il y a le plat principal: le bœuf bourguignon. Et avec le bœuf, un vin rouge. Tout le monde félicite Martine et lui demande si elle ne veut pas ouvrir un restaurant. Mais elle répond qu'elle préfère ses vignes.

– Tu me passes le pain, Gustave? dit la grand-mère. Et puis, il me faut aussi du sel.

– Du sel? Le docteur dit que tu en mets toujours trop! répond le grand-père.

Mais la grand-mère dit qu'elle n'aime pas la viande sans sel, que le docteur n'est pas là, que c'est l'anniversaire de Martine et que c'est donc la fête!
Avec le bœuf, il y a, comme légumes, des pommes de terre. Martine en offre à tout le monde.
Pendant le repas, on discute. Le grand-père parle de la vie des vignerons pendant sa jeunesse. Cela intéresse beaucoup Martine. Mme Morel demande si quelqu'un veut encore de la viande. La grand-mère en prend encore un morceau. Le grand-père en prend deux et dit à Martine:

– Chez toi, nous mangeons bien. Ce n'est pas comme à la maison!

– Eh! Gustave!

– Oh! Pardon, Mathilde. Si, si, c'est comme à la maison!... Mais vous ne mangez pas, Jean-Luc?

– Si, si.

– Vous appelez ça «manger»? Qu'est-ce que vous avez? Vous êtes malade?

Jean-Luc répond qu'il n'est pas malade.
Mme Morel apporte alors la salade, puis le plateau de fromages.

3. Après le fromage, Martine et Jean-Luc portent les assiettes, les fourchettes et les couteaux à la cuisine.

– Ecoute, Jean-Luc, tu as des problèmes, je le sais.

– Oui. Mais je ne veux pas en parler.

– Jean-Luc, je veux savoir. Parle.

– Bon. D'accord. Alors, voilà: mes parents vont divorcer. En octobre, ma mère va retourner à Aix-en-Provence, chez mes grands-parents. Elle me demande de l'accompagner et de continuer mes études à Aix.

Martine reste là, sans parler. Puis:

– Et tu vas le faire?

– Je ne sais pas ...
Martine, tu veux aller avec moi à Aix?

Martine ne répond pas. Elle aime le travail de la vigne. Elle aime les vignes de Bourgogne. Etre vigneronne à Aloxe-Corton, c'est son rêve.

– Jean-Luc, ça va trop vite. Je ne peux pas te répondre tout de suite.

4. Le grand-père appelle de la salle à manger:

– Eh! Les jeunes! Le dessert, c'est pour aujourd'hui ou pour demain?

Jean-Luc et Martine retournent dans la salle à manger et apportent la tarte et la glace. Mais Martine n'a plus d'appétit.

C 1. Reparlons du texte.

a) *Répondez par* oui *ou par* non.

> – Est-ce que c'est l'anniversaire de Sylvie?
> – Non, ce n'est pas l'anniversaire de Sylvie, c'est ...

Est-ce que/qu'...

1. c'est l'anniversaire de Sylvie?
2. Jean-Luc est là aussi?
3. le «Kir» est un vin rouge?
4. Jean-Luc a faim?
5. M. Morel offre du vin de ses vignes?
6. il y a des côtelettes comme plat principal?
7. la grand-mère aime la viande sans sel?
8. après le plat principal, Mme Morel apporte le dessert?
9. Martine et Jean-Luc portent les verres à la cuisine?
10. la glace du dessert est au citron?

b) 1. Jean-Luc a des problèmes.
Quelques phrases des textes de la leçon 6 le montrent. *Donnez des exemples.*

2. Martine n'a plus d'appétit. Pourquoi?

3. Est-ce que Martine va aller en Provence? Qu'est-ce que vous pensez?

C

2. Centre d'intérêt

Faites des listes.
1. Qu'est-ce qu'on achète dans une boucherie-charcuterie?
2. Qu'est-ce qu'on achète dans une boulangerie-pâtisserie?
3. Qu'est-ce qu'on achète dans une épicerie?
4. Qu'est-ce qu'on peut boire?
5. Qu'est-ce qu'on peut manger?
6. Qu'est-ce qu'on met comme couverts?

3. Les couverts (§§ 48, 49)

Sylvie met la table, mais elle oublie tout.
Mme Morel à Sylvie:
- Sylvie, grand-mère n'a **pas de** verre. Il **lui** faut **un** verre.
- Oh! Pardon. Voilà **le** verre pour grand-mère.

1. grand-mère 2. Jean-Luc et Martine 3. papa

4. moi 5. papa et moi 6. grand-mère et grand-père

4. Olivier et Sandrine veulent faire des crêpes. (§§ 47, 48, 51, 54)

Sandrine à Olivier:
- On a encore **du** lait?
- Non, il n'y a **plus de** lait.
- Tu **en** achètes, s'il te plaît?
- J'**en** achète **combien**?
- Eh bien, tu **en** achètes **une bouteille**.
- Bon. Alors, une **bouteille de** lait.

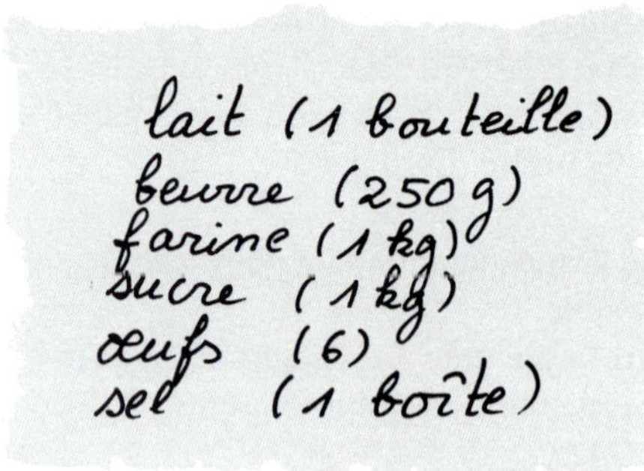

5. Jean-Luc et Martine (§ 54)

Voilà des phrases. Faites un texte. Remplacez les mots en italique par en.

1. Jean-Luc et Martine aiment faire du sport ensemble. Jean-Luc fait du canoë. Martine aussi aime faire *du canoë*. 2. Jean-Luc a deux canoës. Martine a un *canoë*. 3. Jean-Luc fait aussi de la danse folklorique. Martine ne peut pas faire *de la danse folklorique*. 4. A Autun, il y a un groupe folklorique: les Morvandiaux. Mais à Aloxe-Corton, il n'y a pas *de groupe folklorique*.
5. Martine aime parler de la vie des vignerons. Elle parle souvent *de la vie des vignerons* à Jean-Luc. 6. Quelquefois, les deux jeunes discutent des problèmes des vignerons. Mais les vignerons n'ont pas beaucoup *de problèmes*. 7. Martine aime aider son père à vendre ses vins. Les clients commandent souvent plus de cent bouteilles *de vin*.
8. Pour son anniversaire, Martine veut préparer une tarte au citron. Elle veut préparer une *tarte au citron* pour 7 personnes. 9. Pendant le repas, M. Morel offre du vin. Jean-Luc ne boit pas *de vin*.
10. Tout le monde mange de la viande. La grand-mère prend encore un peu *de viande*. Le grand-père prend encore deux morceaux *de viande*. Jean-Luc ne mange plus *de viande*. 11. Il a des problèmes. Pendant le repas, il ne veut pas parler *de ses problèmes*. Mais, dans la cuisine, il parle *de ses problèmes* à Martine: il lui dit que ses parents vont divorcer.

6. François va retourner à Autun. (§§ 38, 39, 40, 54)

Depuis quinze jours, François Rocher est chez son correspondant, Klaus, à Ingelheim. Dans deux jours, il va retourner à Autun avec ses camarades.
Klaus a encore des questions.
Répondez à la place de François. Employez des pronoms.

> – Tu **me** téléphones après ton retour?
> – Oui, je **te** téléphone tout de suite.

1. – Tu *me* téléphones après ton retour? (– Oui, … tout de suite.)
2. – Tu vas *m'*écrire? (– Oui, … souvent.)
3. – Tu vas aussi écrire *à ta copine d'Ingelheim*? (– Bien sûr, …)
4. – Tu veux acheter *du vin d'Ingelheim*? (– Oui, … deux bouteilles.)
5. – Tu vas donner *les bouteilles* à tes parents? (– Non, … à mes parents. Je … à mes grands-parents.)
6. – Tu as beaucoup *de prospectus sur Ingelheim*? (– Non, … beaucoup.)
7. – Mais, tu as *beaucoup de photos*? (– Oui, … 72.)
8. – Tu vas montrer tes photos *à tes copains*? (– Oui, … photos.)
9. – Tu ne vas pas *nous* oublier? (– Mais non, …!)

7. A vous. En classe. Posez des questions et répondez.

1. – Est-ce que tu aimes mieux le café ou le thé?
   – J'aime mieux …
     Je n'aime pas …
     Je préfère …
     J'aime les deux.
2. – Qu'est-ce que tu préfères: la limonade ou l'eau minérale?
3. – Comment est-ce que tu bois ton café: avec du sucre ou sans sucre? avec beaucoup de lait?
4. – Comment est-ce que tu bois ton thé: avec du citron? avec du lait?
5. – Est-ce que tu manges du pain pendant le repas de midi?
6. – Qu'est-ce que tu bois pendant les repas?
7. – Qui met la table chez vous?

8. Qu'est-ce que tu as? *Faites des dialogues.*

– Ça ne va pas?		– Mange quelque chose.
– Tu ne vas pas bien?		– Alors, il faut ouvrir la fenêtre.
– Comment ça va?		– Alors, il faut rester au lit.
– Tu n'as pas faim?		– Ferme donc la fenêtre.
– Qu'est-ce que tu as?		– Alors, il faut boire quelque chose.

9. Publicités (§§ 50, 51, 52, 53)

Accordez les verbes.

a) **Sourcette**

– *(Acheter)* Sourcette, une eau minérale de première qualité. Ma famille, mes amis et moi, nous *(commencer)* toujours les repas par un verre de Sourcette. Nous en *(acheter)* depuis toujours, et nous allons en *(boire)* toujours.

J'*(acheter)* et je *(boire)* Sourcette.
Vous *(acheter)* et vous *(boire)* Sourcette.

} Les Français de 7 à 77 ans *(acheter)* et *(boire)* Sourcette.

Pour d'autres informations, *(appeler)* le 05.55.18.21 ou *(écrire)* à Sourcette, Paris.

b) **Fromentine**

– Vous me *(demander)* pourquoi je *(préférer)* Fromentine. Eh bien, chez nous, avec Fromentine, nous *(manger)* bien. Nous *(préférer)* Fromentine parce que c'est une farine de première qualité.

- Je *(mettre)* Fromentine dans mes tartes.
- Mes amis *(mettre)* Fromentine dans leurs tartes.
- Nous *(mettre)* Fromentine dans nos crêpes.
- Mon boulanger *(mettre)* Fromentine dans ses tartes … et dans son pain.

Pour Fromentine, je ne *(payer)* pas, vous ne *(payer)* pas.
Nous *(donner)* nos 10 francs avec plaisir.

Pour d'autres informations, on *(appeler)* le 05.58.75.32 ou on *(écrire)* à Fromentine, Paris.

10. Faites l'interprète: A table

Florence est à Stuttgart, chez les Wagner. M. et Mme Wagner ne parlent pas le français et Florence ne comprend pas l'allemand. Sabine, la fille des Wagner, fait l'interprète:

Herr Wagner (H.W.): Florence, wollen Sie Rotwein oder Weißwein trinken?
Sabine (Sab.): …
Florence (Flor.): Je ne bois pas de vin, merci. Je peux avoir de l'eau, s'il vous plaît? Je bois toujours de l'eau pendant les repas.
Sab.: …
Frau Wagner (F.W.): Wollen Sie noch Fleisch?
Sab.: …
Flor.: Je veux bien. C'est très bon. Et encore un peu de légumes: des pommes de terre, s'il vous plaît.
Sab.: …
H.W.: Bitte sehr. Wissen Sie, für uns ist die Kartoffel kein Gemüse.
Sab.: …
Flor.: Ah bon? Tu me passes le pain, Sabine? Merci. Vous ne mangez pas de pain?
Sab.: Non. Le pain, c'est seulement pour toi. Nous ne mangeons pas de pain pendant les repas.
H.W.: Worüber habt ihr da gesprochen?
Sab.: …
H.W.: Essen Sie viel Käse in Frankreich?
Sab.: …
Flor.: Oui. En France, on mange beaucoup de fromage. On en mange à la fin du repas, avec un morceau de baguette et un verre de vin rouge.
Sab.: …
F.W.: Und was trinken Sie zum Käse?
Flor.: Eh bien, de l'eau!
Sab.: Schau her! Florence hat deine Frage verstanden. Sie sagt, daß ….

Savoir se débrouiller – Au restaurant

«Le Morvandiau»
Bar-Brasserie-Restaurant
30, place du Champ-de-Mars
85.52.23.33

b) *A vous. En classe. Jouez le garçon et le client. Commandez un menu.*
Le garçon: Madame,/Monsieur, qu'est-ce que vous prenez?
Vous: ...

a) *Lisez le dialogue.*

M. et Mme Duc commandent un menu.

Le garçon: Qu'est-ce que vous prenez?
M. Duc: Nous prenons deux menus à 90 francs.
Le garçon: Bien. Qu'est-ce que vous désirez comme hors-d'œuvre?
Mme Duc: Moi, je prends des œufs à la crème.
Le garçon: Et vous, monsieur?
M. Duc: Une assiette de charcuterie.
Le garçon: Et qu'est-ce que vous voulez comme viande?
Mme Duc: Vous me donnez la côtelette de porc, s'il vous plaît.
Le garçon: Vous ne désirez pas le bœuf bourguignon? C'est la spécialité de la maison.
Mme Duc: Non, merci. Je préfère la côtelette de porc.
Le garçon: Bien. Et monsieur? Qu'est-ce que vous prenez comme viande?
M. Duc: Le coq au vin, s'il vous plaît.
Le garçon: Comme légumes, je vous mets des pommes de terre nature?
M. Duc: Oui, oui!
Mme Duc: Pour moi, des haricots verts, s'il vous plaît.
Le garçon: Qu'est-ce que vous désirez boire?
M. Duc: Un quart de rouge et une carafe d'eau.
Mme Duc: Moi, je ne bois pas de vin. Une eau minérale, s'il vous plaît.

Après les fromages, M. et Mme Duc commandent les desserts.

M. Duc: Qu'est-ce qu'il y a comme fruits?
Le garçon: Des bananes, des pommes et des poires.
Mme Duc: Et la pâtisserie du jour, qu'est-ce que c'est?
Le garçon: Une tarte aux pommes.
Mme Duc: Moi, je prends ça.
M. Duc: Et moi, vous me donnez une poire, s'il vous plaît.

Et après le dessert:

Le garçon: Des cafés?
Mme Duc: Oui, oui. Et puis l'addition, s'il vous plaît.

Compréhension orale

Les vacances de Caroline

a) *Lisez:* Caroline, Jeanne: *weibliche Vornamen*
le petit déjeuner: das Frühstück
le déjeuner: das Mittagessen
un croissant: ein (Butter-)Hörnchen

b) *Ecoutez le texte une première fois.*
1. Où est Caroline Martin?
2. Où est Jeanne Marchand?
3. Où est-ce que Caroline et Jeanne travaillent?
4. Qu'est-ce qu'elles font comme travail?

c) *Lisez les questions, puis écoutez le texte une deuxième fois. Ensuite, répondez aux questions.*
1. Pourquoi est-ce que Caroline oublie tout?
2. Quand est-ce que les vacances de Jeanne vont commencer?
3. Pourquoi est-ce que Caroline aime la ville où elle est?
4. Qu'est-ce qu'elle va regarder comme film?

d) *Ecoutez le texte une troisième fois.*
1. Qu'est-ce que Caroline dit sur ses repas?
2. Comparez le petit déjeuner en France et en Allemagne.

Révision de grammaire

Le discours indirect

Traduisez en français.
Jean-Luc hat Probleme.
1. Am Abend des 8. Februar sprechen Martine und Jean-Luc über die Situation *(la situation)*. 2. Martine fragt Jean-Luc, warum sich seine Eltern scheiden lassen wollen. 3. Jean-Luc sagt, es gebe zu viele Probleme zwischen seinem Vater und seiner Mutter. 4. Er fügt hinzu, daß er nicht gerne darüber spreche. 5. Martine erfährt *(apprendre)*, daß Jean-Luc seine Mutter nach Aix-en-Provence begleiten wird, weil sie sein Zimmer in Dijon nicht mehr bezahlen kann. 6. Martine fragt, ob Herr Lassalle nicht das Zimmer bezahlen könne. 7. Jean-Luc antwortet, daß sein Vater [es] nicht wolle. 8. Martine fragt, wieviel er pro Monat brauche, um ein Zimmer in Dijon zu bezahlen. 9. Er antwortet, daß er zwischen 500 und 600 Francs brauche. 10. Dann will Martine wissen, wann er Autun verlassen werde. 11. Jean-Luc sagt, er werde im Oktober nach Aix fahren – wie seine Mutter. 12. Er fragt noch einmal *(encore une fois)*, ob Martine ihn begleiten wolle. 13. Sie antwortet, sie bleibe lieber in Aloxe-Corton. 14. Sie bittet ihn, sie zu verstehen. 15. Sie sagt, daß sie die Weinbauschule nicht verlassen wolle: Winzerin zu sein, sei ihr Traum.

Le temps (Poème)

– Monsieur, arrêtez-vous!
Arrêtez-vous, monsieur!
– Je n'ai pas le temps.
– Monsieur, arrêtez-vous,
Il faut trouver le temps,
Trouver le temps d'écouter,
Le temps de chanter,
Enfin, le temps de vivre.
– Ne me parlez pas,
Je n'ai pas le temps!
– Pourquoi? Pourquoi?
Monsieur «l'homme d'affaires»,
Ne prenez-vous pas le temps
De faire de la poésie?
– De la poésie, moi?
Vous n'y pensez pas!
Je n'ai pas le temps.
– Alors, monsieur «l'homme d'affaires»,
Si vous n'avez pas quelques instants
Pour rire, chanter et devenir poète,
Retournez à vos papiers,
Et surtout, ne parlez pas!
Vous pourriez perdre votre temps.

Sylvie

Tiré de «Adolescence en poésie» de C. Poslaniec et D. Verdier,

Le Sud (Chanson)

C'est un endroit
qui ressemble à la Louisiane,
à l'Italie.
Il y a du linge
étendu sur la terrasse,
et c'est joli.

Refrain
On dirait le Sud.
Le temps dure longtemps,
et la vie sûrement
plus d'un million d'années,
et toujours en été.

Il y a plein d'enfants
qui se roulent sur la pelouse.
Il y a plein de chiens.
Il y a même un chat,
une tortue, des poissons rouges.
Il ne manque rien …

Nino Ferrer: Le Sud (extrait)

A Sur le cours Mirabeau

1. Aix-en-Provence, au mois de mars. Dans le Midi, il fait déjà beau. A Aix, sous les arbres du cours Mirabeau, il y a des gens aux grandes terrasses des cafés. Un petit groupe de jeunes arrive et choisit une table sous un grand platane. Ils sortent d'un cours: ce sont des étudiants. Ils vont toujours au même café quand ils ont une petite heure entre deux cours. Le garçon sort.

2. *Le garçon:* Qu'est-ce que je vous sers?
Evelyne, une des filles du groupe, commande tout de suite.
Evelyne: Moi, le lundi matin, je dors. Il me faut un bon café, maintenant, avant le prochain cours.
Les autres jeunes réfléchissent, ne savent pas.
Evelyne: Allez, choisissez. Oh là là! Ils dorment aussi! Garçon, servez un café à tout le monde.
Cinq minutes après, le garçon apporte les cafés et l'addition.
Evelyne: L'addition, c'est pour moi.
Antoine: Oh, merci, Evelyne! Moi, je paie la prochaine fois.
Marcel: Oui, on dit ça, on dit ça!
Oh, regardez: voilà Estelle et Jean-Luc!

3. Estelle arrive, et derrière elle, Jean-Luc Lassalle. Il est à Aix depuis octobre et continue ses études de droit. Il habite avec sa mère chez ses grands-parents dans un appartement du centre-ville. Les Morénas sont heureux d'avoir de la famille chez eux, mais Mme Lassalle est encore malheureuse. Jean-Luc, lui, est souvent de mauvaise humeur. Martine est toujours sa copine, et quand il pense à elle, il est triste: il ne peut pas aller souvent à Aloxe-Corton. Il a aussi des problèmes d'argent. Les Morénas ne sont pas des gens riches, et Mme Lassalle ne gagne pas beaucoup comme vendeuse dans un supermarché. Mais il a des copains sympathiques. Antoine fait de l'allemand. C'est un très bon ami. Estelle, Marcel et Jean-Luc font les mêmes études. Evelyne et Nadine font de l'histoire. Ce sont de bonnes copines: avec elles, on peut discuter de tout.

Paul Cézanne (1839–1906): la Sainte-Victoire

4. *Estelle:* Qu'est-ce que vous allez faire pendant les vacances de Pâques?

Nadine: Je vais faire du ski.

Marcel: Moi, je reste ici. Je vais monter à la Sainte-Victoire pour retrouver les paysages de Cézanne. J'aime beaucoup Cézanne. Et puis, je veux faire des photos des églises de la région.

Nadine: Vous savez, il fait des jolies photos, Marcel.

Jean-Luc: Vous avez de la chance! Moi, il me faut gagner de l'argent pour payer mes études. Vous n'avez pas une idée?

Evelyne: Tu sais, trouver du travail, c'est un problème!

5. *Antoine:* Ecoute, Jean-Luc, mes parents cultivent la lavande sur le plateau de Vaucluse. Moi, pendant les vacances, je les aide: par exemple, je vends notre essence dans les parfumeries de Grasse.

Estelle: C'est vrai qu'il sent la lavande. Hmm! Sentez. Vous ne trouvez pas?

Antoine: Oh! Ça va, toi! ... Bon. Et puis, les parfumeries cherchent quelquefois des étudiants pour montrer leur usine aux touristes.

Jean-Luc: Ah, ça m'intéresse. Tu peux me donner les numéros de téléphone?

Marcel: Eh! Il est 11 heures moins le quart! Finissez vite vos cafés: on part!

Champ de lavande

A 1. Reparlons du texte.

a) 1. Regardez la photo, p. 72, puis parlez du cours Mirabeau.
2. Que font Evelyne et ses amis sur le cours Mirabeau?
3. Pourquoi est-ce qu'Evelyne veut boire un café?
4. Qu'est-ce que Jean-Luc et ses amis font comme études?
5. Parlez de la mère et des grands-parents de Jean-Luc.
6. Qu'est-ce que Marcel et Nadine vont faire pendant les vacances de Pâques?
7. Parlez des problèmes de Jean-Luc.
8. Dites comment Antoine veut l'aider.

b) *Donnez un titre à chaque partie du texte.*

2. Les petites annonces dans «La Gazette des Etudiants» (§§ 55–58)

a) *Lisez. Complétez les mots abrégés.*

Offre pour grd. vac. pt. mais. à quelq. km d'Aix. Grd. salle de séj., 2 pt. chbres, eau ch. et eau fr.; peut intéresser pt. groupe d'amis ou fam. avec de j. enf.; peux faire prix aux étud.

Qui veut aider 2 jol. filles malheur.? Sommes en 3e, mauv. élèves, surt. en all. Ne sommes pas rich., ne pouvons donc pas payer de vr. profs., et préférons de b. étud., franç. ou all. Ajoutez phot.

A nos ch. amis de l'informat.: allons quitter Aix sem. proch. et avons de grd. probl. d'argent, alors vendons 2 pt. ordin. «Data» très b. qual. à des prix symp.! En sommes malad., mais félicitons déjà nos clients.

b) *Transformez les petites annonces en textes complets.*

3. Jean-Luc écrit aux Morvandiaux. (§§ 55–58)

Complétez le texte. Faites attention à la place et à l'accord de l'adjectif. Quelquefois il faut ajouter de *ou* des.

cher	Mes … amis …,
premier	Voilà une … lettre … d'Aix-en-Provence.
sympathique	Je suis dans un des … cafés … du cours Mirabeau. Je suis à
petit, grand	une … table … sous un … arbre … et j'attends
prochain, autre	mon … cours … . Les … étudiants … font comme moi: ils boivent
petit	quelque chose ici quand ils ont une … heure … entre deux cours.
allemand	Derrière moi, il y a deux … filles … . Elles parlent beaucoup;
bon, allemand	elles sont de … humeur … . A Aix, il y a beaucoup d'… étudiants … .
mauvais,	C'est vrai que ce n'est pas une … idée …
grand, joli	de faire ses études ici. La ville n'est pas … et elle est très … .
formidable	Je continue mes études de droit; j'ai … professeurs …!
sympathique	J'ai aussi … copains … . Marcel et Antoine sont
vrai, même	… amis … . Estelle et moi, nous faisons les … études … .
bon	J'aime travailler avec elle; elle a souvent … idées … .
	Ma mère et moi, nous habitons chez mes grands-parents.
grand	Ils ont un … appartement …, mais ce ne sont pas
riche, heureux	… gens … . Ma mère est … d'être avec ses parents.
cher	Mais elle et moi, nous pensons souvent à notre … Bourgogne … .
bourguignon	Et vous, ça va? Comment vont les … traditions …?
folklorique	Ici aussi, il y a … groupes … . Ils dansent bien,
joli	et ils ont … costumes … . Ne m'oubliez pas.
	Amicalement. Jean-Luc

4. Un vendredi treize (§ 59)

Complétez par réfléchir, choisir *ou* finir.

Mme Morénas:
Jean-Luc, quand est-ce que tes cours ..., je veux dire, avant les vacances de Pâques?
Jean-Luc:
Attends, je .... Ah oui! Nous ... le 13 avril. C'est un vendredi, et le vendredi, je ... à 3 heures.
Mme Morénas:
Mais dis donc, comment est-ce que vous ... vos dates?! Vous ne ... pas? On ne ... pas un vendredi 13. Ça porte malheur!
Jean-Luc:
Mais, ... un peu. D'abord, nous ne ... pas nos dates; c'est l'université! Ensuite, les vacances, ce n'est pas un malheur, non?

5. Le matin (§ 59)

Accordez les verbes et ajoutez les pronoms sujets.

Estelle et Nadine ont une chambre à la Maison des Etudiants.
a) Estelle dit: «Le matin, quand **je** ... *(sortir)* du lit, *(dormir)* encore. Alors, *(choisir)* une jolie musique à la radio. Puis *(ouvrir)* la fenêtre et *(réfléchir)* pendant quelques minutes au programme de la journée. Quand *(sentir)* que ça va mieux, *(descendre)* à la cuisine et *(faire)* du café. *(offrir)* une tasse de café aux copains. Puis, à 8 heures, *(finir)* de déjeuner et *(partir)* en cours.»

b) Estelle parle d'elle et de Nadine: «Le matin, quand **nous** ...»
c) Maintenant, parlez des deux amies: «Le matin, quand **elles** ...»
d) *A vous.* Dites comment vous commencez votre journée.

6. Chez les Morénas (§ 60)

Mme Lassalle:
Il est à qui, le parapluie?
A grand-père?
Jean-Luc:
Non, il n'est pas **à lui**.
Je pense qu'il est **à M. Bertrand,** le monsieur du premier étage.
Mme Lassalle:
Bon, tu vas **lui** apporter son parapluie.
Jean-Luc:
Avec lui, c'est toujours la même chose. Il oublie tout.

1. parapluie
~~grand-père~~ → M. Bertrand, le monsieur du premier étage.
2. plateau
~~grands-parents~~ → nos voisines du 2ᵉ étage.
3. photos
~~Antoine et Evelyne~~ → Nadine
4. journal
~~grand-père~~ → les Bertrand
5. livres de cuisine
~~nos voisines~~ → Evelyne et Estelle
6. parfum
~~grand-mère~~ → Estelle
7. cartes de la région
~~Estelle~~ → Antoine

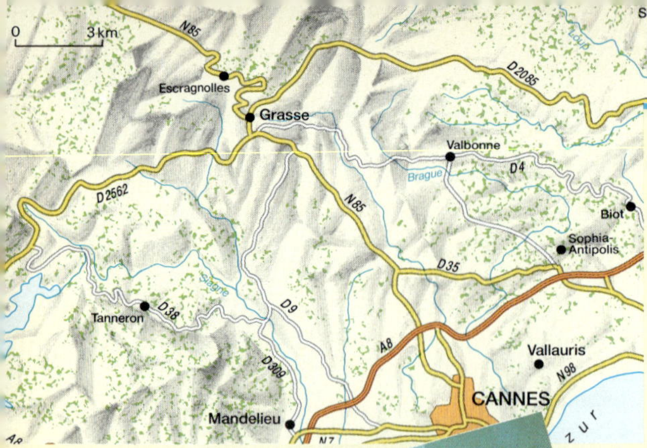

Le journal de Jean-Luc

B

Ce sont les vacances de Pâques.
Jean-Luc est à Grasse.
Il travaille à la parfumerie Lavandon, et habite dans une petite chambre, au 1er étage de l'usine.
Le soir, il est très seul, sans ses copains.
Alors, il écrit un journal.

Lundi 16 avril: Me voilà sur la côte d'Azur, à Grasse, à 16 kilomètres de Cannes. Grasse, c'est la ville des parfums. Depuis trois jours, je travaille dans une parfumerie. Les touristes y viennent du matin au soir pour regarder comment on fabrique le parfum, et moi, je leur montre l'usine. Je leur dis qu'on trouve la lavande dans les montagnes provençales, je leur explique comment les paysans provençaux la cultivent, et que, dans un parfum de qualité, il y a souvent de l'essence de lavande. Je leur raconte que Grasse est le centre d'une industrie importante, non seulement pour la région, mais aussi pour la France: on exporte beaucoup. Et à la fin, je vais avec mes clients dans le magasin de l'usine: ils y trouvent nos produits. Ils sentent, ils choisissent et ils achètent.

Dimanche 22 avril: 9 heures du matin. Aujourd'hui, Antoine vient à Grasse: j'en suis très heureux. Nous allons faire un tour dans la région avec sa petite voiture. Le ciel est bleu, il fait un temps magnifique. Ah! Voilà Antoine! ...

22 heures. Je suis de retour. Une journée intéressante:

- 10 heures. Nous venons de Valbonne, et nous arrivons à Sophia-Antipolis. On y trouve des centres de recherche, d'informatique et de technologie moderne. On en parle souvent dans les journaux. Cinq mille personnes travaillent à Sophia-Antipolis.

– 10 heures et demie. Nous voilà dans le village de Biot. Après la France moderne, voilà la France de nos grands-parents. Nous regardons comment on fabrique le verre. Il fait chaud dans la petite usine. C'est du travail de faire un vase ou un verre! Et c'est très intéressant à regarder. Nous entrons ensuite dans le magasin de l'usine. Je voudrais y acheter beaucoup de choses. Un très joli magasin! J'en sors avec un petit vase pour Martine.

– Midi. Nous mangeons nos sandwichs au bord de la mer. Elle est jolie: verte, bleue ... blanche aussi parce qu'il y a du vent. Mais nous ne regardons pas derrière nous: les grands immeubles blancs pour les touristes, ils sont laids! Et il y en a!

– 3 heures. Nous prenons une très petite route. Elle monte beaucoup. Nous avons une vue formidable sur Cannes, la mer, les montagnes. C'est magnifique! Tout à coup, avant le village de Tanneron, nous entrons dans une forêt. Est-ce que je fais un mauvais rêve? Les arbres sont noirs, la terre est noire, morte. Il n'y a pas de vie autour de nous. C'est horrible! Antoine m'explique que c'est le feu de l'an dernier. C'est vrai qu'en été, souvent, les forêts provençales brûlent.

– 6 heures. Nous arrivons à Grasse. Antoine rentre tout de suite à Aix. Dans une semaine, moi aussi, je pars. Je vais retrouver mes copains. Quand j'y pense, je suis bien content!

Mardi 24 avril: Après le travail, comme toujours, je passe une heure à la terrasse d'un café. J'écris mon journal, je réfléchis, je regarde les gens. Devant moi, sur la place, plusieurs groupes d'hommes jouent à la pétanque. Ils sont toujours là, le soir, avec leurs boules. J'aime beaucoup les regarder.

Après le dîner, je vais écrire à Martine ...

B

1. Reparlons du texte.

a) *Relisez le texte B des lignes 1 à 26.*
1. Pourquoi est-ce que Jean-Luc est à Grasse?
2. Pourquoi est-ce qu'il écrit un journal?
3. Parlez du travail de Jean-Luc.
4. Qu'est-ce que vous savez maintenant sur la lavande?

b) *Relisez le journal de Jean-Luc de la ligne 27 à la fin.*
1. Qu'est-ce qu'on trouve à Sophia-Antipolis?
2. Que font Jean-Luc et Antoine à Biot?
3. Que fait Jean-Luc après son travail?
4. Cherchez les mots et expressions de Jean-Luc pour dire:
   - qu'il aime quelque chose,
   - qu'il n'aime pas quelque chose.
   Faites deux listes.

c) *Réfléchissez.*
Est-ce que vous pensez que Jean-Luc aime être seul?
Justifiez vos réponses. Cherchez des exemples dans le texte.

[2. La Provence] (§§ 55–58)

Voilà la traduction allemande d'un prospectus sur la Provence.
Retrouvez le texte français.

1. Die Provence ist eine interessante Gegend. 2. In den großen Tälern *(une vallée)* der Rhône *(le Rhône)* und der Durance *(la Durance)* bauen die provenzalischen Bauern Obst *(des fruits, m)* und Gemüse an. 3. Das Wasser der Durance ist wichtig für sie, weil der provenzalische Sommer sehr heiß ist.
4. Im August findet man blaue Felder in den Bergen: das ist Lavendel. 5. Aus *(avec)* dem Lavendelöl macht man Parfüms erster Qualität. 6. Arles, Nîmes und Orange sind römische Städte mit großartigen Baudenkmälern. 7. In drei anderen Städten gibt es sehr große Festspiele *(les festivals, m)*: In Avignon spielt *(faire)* man Theater, man macht Musik in Aix, und Cannes ist die Stadt des Kinos. 8. Marseille ist eine der großen französischen Städte, mit wichtigen Industrien.
9. Aber man muß auch von den hauptsächlichen *(principal)* Problemen der Gegend sprechen. 10. Viele Jugendliche sind unglücklich, weil sie keine Arbeit haben.
11. Und im Sommer gibt es oft große Brände in den provenzalischen Wäldern.

Marseille

3. Viens avec nous. (§§ 59, 61)

Accordez les verbes. Pensez aux apostrophes.

1. Il est 8 heures, un dimanche. Marcel et Antoine *(arriver)* devant la maison d'Evelyne. Marcel *(descendre)* de la voiture et *(monter)* chez sa copine.

M.: Hé! Evelyne! Tu *(dormir)* encore? Hé! *(Sortir)* du lit. *(Ouvrir)*.

E.: (Attendre). Minute! Je *(venir)* te *(ouvrir)*. Il n'y *(avoir)* pas le feu, non? Voilà. Bonjour, Marcel. Qu'est-ce que tu *(vouloir)*?

M.: (Ecouter), je *(avoir)* une idée!

E.: Bravo! Mais *(dire)* donc, c'est formidable! Seulement, pourquoi est-ce que tes idées te *(venir)* le dimanche à 8 heures du matin?

M.: Oh! La mauvaise humeur! *(Ecouter)*, tu ne *(vouloir)* pas faire un tour avec nous dans la région? Ne *(réfléchir)* pas et *(répondre)* oui tout de suite.

E.: Oui, ça me *(intéresser)*. Mais d'abord, je *(finir)* mon petit déjeuner. Et puis, nous? Qui est-ce, nous?

M.: Antoine *(venir)* aussi.

Hmm! Ça *(sentir)* le café. Tu me *(servir)* un café?

---

2. Antoine *(sortir)* maintenant de sa voiture, et de la rue, il *(appeler)* ses amis.

A.: Hé! Vous deux! Qu'est-ce que vous *(faire)*? On *(partir)*, oui ou non? *(Choisir)*.

E: Salut, Antoine. Mais ne *(crier)* pas. Les voisins *(dormir)* encore! *(Venir)*. Nous *(finir)* notre café, et puis nous *(pouvoir)* partir.

---

3. Evelyne *(offrir)* un café à Antoine.

E.: Ou est-ce que tu *(préférer)* un thé? Ici nous *(servir)* des boissons chaudes 24 heures sur 24. Bon, maintenant, les amis, *(dire)* un peu où on *(aller)*.

A.: Marcel et moi, nous *(choisir)* toujours la montagne, quand nous *(faire)* une excursion le dimanche.

M.: Aujourd'hui, nous *(aller)* à la Sainte-Baume.

C'est une très jolie montagne, avec une forêt magnifique.

E.: Votre idée me *(plaire)* beaucoup. Bien sûr, je *(venir)* avec vous. *(Partir)* tout de suite.

4. Quand est-ce que tu vas ...? (§§ 60, 62, 63)

Modèles:

– Florence, quand est-ce que tu **vas à la boulangerie?**

– **J'y vais** tout de suite.
  Mais j'**en viens**!

– Sandrine, François, quand est-ce que vous **allez chez M. Morelié?**

– Nous **allons chez lui** tout de suite. / Nous **y allons** tout de suite.
  Mais nous **venons de chez lui!** / Mais nous **en venons!**

Faites des dialogues d'après les modèles.

1. Jean-Luc → boulangerie (– ... tout de suite.)
2. Marcel et Estelle → prof de droit (– Mais ...)
3. Jean-Luc → les Bernard (– ... tout de suite.)
4. les copains → cours Mirabeau (– Mais ...)
5. Evelyne → Estelle (– Mais ...)
6. Estelle → cathédrale (– ...tout de suite.)
7. Antoine et Jean-Luc → Estelle et Nadine (– Mais ...)
8. M. Morénas → Cannes (– Mais ...)
9. Marcel et Nadine → office de tourisme (– ... tout de suite.)
10. Antoine → Jean-Luc (– ... tout de suite.)
11. Mme Morénas → épicerie (– ... tout de suite.)
12. Mme Lassalle → pâtisserie (– Mais ...)

5. Marcel répond à Jean-Luc. (§§ 62, 63)

a) *Employez le pronom* **y** *dans les réponses, quand cela est possible. Exemple:*

> – Tu vas faire des photos **au festival d'Aix**?
> – Non, je ne vais pas **y** faire de photos.

1. – Tu vas faire des photos au festival d'Aix?	– Non, …
2. – Mais tu vas au festival?	– Oui, …
3. – C'est en août, je pense.	– C'est ça, …
4. – Est-ce qu'il faut déjà penser aux billets?	– Oui, …
5. – On peut acheter les billets à l'office de tourisme?	– Oui, je pense qu'on …
6. – On donne aussi un concert dans la cathédrale?	– Oui, …
7. – Dans les journaux, on parle déjà du festival?	– Bien sûr, …
8. – Est-ce qu'on joue aussi de la musique rock pendant le festival?	– Non, …
9. – Tu vas aussi aller au festival d'Avignon?	– Non, …
10. – On retrouve nos copains à 4 heures, aujourd'hui?	– Oui, …

b) *Employez maintenant le pronom* ***en*** *dans les réponses, quand cela est possible.*

1. – Tu viens de la cathédrale?	– Oui, …
2. – Tu fais toujours des photos d'églises?	– Bien sûr, …
3. – Il y a beaucoup de sujets intéressants dans la cathédrale?	– Oui, …
4. – La photo, dans «Le Provençal» d'aujourd'hui, elle est de toi, hein?	– Eh oui, …
5. – Et on parle de tes photos dans un article.	– Oui, je sais, …
6. – Tu sais aussi faire des films?	– Non, …
7. – Tu ne regrettes pas de vendre tes photos?	– Mais non, …
8. – Tu prends toujours deux ou trois photos du même sujet?	– C'est ça, …
9. – Tu ne peux pas faire une photo de moi?	– Mais si, …

6. Estelle (§§ 60, 62, 63)

Complétez par **y**, **en** *ou un pronom personnel. Pensez aux apostrophes. Quelquefois, il faut ajouter un verbe.*

E.: Tu penses encore à ta Bourgogne?

J.-L.: Oui, je … souvent.

E.: Et à ton amie Martine?

J.-L.: Bien sûr, je … .

E.: Tu téléphones souvent à Martine?

J.-L.: Je ne … téléphone pas souvent, je … écris. Et je ne pense pas seulement …, mais aussi à mes copains d'Autun.

E.: D'accord, pense …, mais n'oublie pas tes amis d'ici, hein! On … aime bien, tu sais, et c'est pas mal la Provence, non? Moi, quand je … pars, je suis malheureuse.

J.-L.: Ah oui! On … est très bien. Et j'ai une bonne vie ici, je … suis très content. Mais j'ai des copains en Bourgogne, et je … aime beaucoup. Il faut … comprendre.

E.: Mais oui, on … comprend. Et ça va mieux maintenant. Tu parles déjà un peu comme un Provençal, et tu sens la lavande. Hmm! J'aime la lavande.

J.-L.: Moi aussi, je … aime. Je suis comme mes grands-parents. Ils … ont toujours. Ils ont un petit vase dans leur salle de séjour, et ils … mettent de l'essence de lavande. Ça donne un bon parfum à leur maison.

E.: Oui, on … sent quand on entre chez … . Où est-ce qu'ils achètent leur essence de lavande: au supermarché?

J.-L.: Je pense qu'on ne … trouve pas d'essence de lavande, seulement du parfum, et grand-mère ne … veut pas. Non, mes grands-parents vont chez les paysans, à la montagne, et achètent leur essence de lavande chez … .

7. Vous aimez ou vous n'aimez pas?

a) *Faites deux groupes avec les expressions suivantes.*
1er groupe: Quelque chose me plaît.
2e groupe: Quelque chose ne me plaît pas.

C'est laid!
Ça ne m'intéresse pas (trop).
Non, ça ne me plaît pas (trop).
Je trouve ça formidable!
Ce n'est pas une mauvaise idée.
C'est pas mal comme idée.
L'idée me plaît (bien / beaucoup).
C'est une bonne idée, je trouve.
Vous trouvez ça joli?
C'est horrible!
C'est un mélange heureux.
C'est très bien comme idée.
Oh! C'est magnifique!
C'est joli!
C'est intéressant.
J'aime assez.
Vous trouvez ça bien?

b) *Regardez les deux photos. Comment est-ce que vous trouvez les sujets? Employez les expressions de la liste.*

Val-Thorens: des vacances skis aux pieds

La Grande Motte: des vacances les pieds dans l'eau

c) *Lisez les trois textes. Ensuite, choisissez pour chaque texte une ou plusieurs expressions de la liste suivante:*

1. Votre copain/copine ne vous aime plus:
   – Ecoute, j'ai quelque chose à te dire. Voilà: je ne t'aime plus. Je regrette beaucoup, mais c'est comme ça. Nous allons rester des bons amis, hein? Tu sais, je te trouve toujours sympathique.
2. On vous fait la proposition suivante:
   – Mademoiselle/Monsieur, nous vous demandons si cela vous intéresse de passer un an à Aix pour apprendre le français. Nous pouvons vous donner 1000 francs par mois.
3. On répare votre mobylette:
   – Mademoiselle/Monsieur, je ne vais pas pouvoir vous donner votre mobylette aujourd'hui. Je regrette beaucoup, mais qu'est-ce que vous voulez, nous avons trop de travail! Revenez la semaine prochaine.

Comment est-ce que je vais faire alors?
Je suis triste.
Mais c'est horrible!
Est-ce que je fais un mauvais rêve?
C'est un rêve!
J'ai de la chance!
C'est pas de chance!
Oh! C'est super!
Je suis très heureux, -euse.
Je suis malheureux, -euse.
Mais c'est un problème!

Centre d'intérêt

Faire sa toilette

a) *Lisez le texte.*

Mercredi soir. Nadine et des copines arrivent à Isola 2000 pour faire du ski. Elles sont dans un petit hôtel. Dans la chambre de Nadine, il n'y a pas de salle de bains, il y a seulement un lavabo ① avec de l'eau chaude et de l'eau froide.
A 19 heures, elle veut retrouver ses copines au restaurant de l'hôtel. Mais avant, il lui faut aller à la parfumerie du village pour acheter un peigne ②. Et puis des mouchoirs en papier ③: elle n'en a plus beaucoup.
Jeudi matin. Elle prend son gant de toilette ④, sa savonnette ⑤ et sa serviette ⑥, et elle va à la salle de bains de l'étage pour prendre une douche ⑦. Mais il y a quelqu'un. Alors, elle se lave dans sa chambre, puis s'essuie. Ensuite, elle met un peu de dentifrice ⑧ sur sa brosse à dents ⑨, et elle se lave les dents. Après, elle se peigne. Elle regarde par la fenêtre: deux mètres de neige et un soleil magnifique! Nadine prend de la crème solaire ⑩ et en met sur son visage.
Bien. Maintenant, un peu de parfum pour sentir bon.
Voilà! Ça y est! Elle se regarde dans la glace ⑪, et la glace lui répond: «Oui, ça peut aller!»

b) *Maintenant, regardez seulement les dessins.*
Dites comment ou pourquoi on emploie ces choses. Exemple:
③ | Avec un mouchoir en papier, on se mouche ou on s'essuie le visage, par exemple.
On emploie un mouchoir en papier pour se moucher ou pour s'essuyer ...

Compréhension orale – Dans les magasins

a) *Lisez:* un accent: ein Akzent (Ausspracheeigenart)
(Texte 1): peuchère!: *hier:* oje!
(Texte 2): une recette: ein Kochrezept
(Texte 3): un prix: ein Preis; coûter: kosten

b) *Lisez les questions, puis écoutez deux fois le premier texte.*
Ensuite, répondez aux questions.
Faites la même chose pour les deux autres textes.
Questions pour les trois textes:

1. Qui sont les clients?
   Où est-ce qu'ils sont?
   Qu'est-ce qu'ils veulent acheter/achètent?
2. Expliquez leurs problèmes.
3. Dites qui parle avec un accent.
   Qu'est-ce que c'est comme accent?

Révision de grammaire

1. L'infinitif avec «à», «de» ou sans préposition

Complétez par «à» ou «de» là où il le faut.

1. Samedi, Antoine veut ... monter à Lagarde-d'Apt, chez ses parents.
2. Il demande à Evelyne si elle a le temps ... l'accompagner et il l'invite ... passer deux jours au village. 3. Il pense que cela va ... l'intéresser ... voir comment les paysans travaillent.
4. Evelyne est heureuse ... pouvoir ... partir un peu. 5. D'abord, elle aime bien ... être avec Antoine: c'est un plaisir ... parler avec lui. 6. Ensuite, cela lui plaît ... quitter ses livres pour quelques jours.
7. Il lui faut ... écrire un texte sur la Provence romaine. 8. C'est intéressant ... faire, mais cela prend beaucoup de temps et on lui demande ... le terminer pour la semaine prochaine. 9. Seulement, l'idée ... prendre deux jours de vacances est formidable. 10. Et puis, elle va ... pouvoir ... faire une photo du pont romain, près d'Apt, et ... l'ajouter à son texte. Alors, elle dit oui.

2. Les nombres *Lisez le texte (1° = un degré, 1 mm = un millimètre)*

Aix est un des centres importants de la Provence.
En 1901, la ville a 28460 habitants; en 1987, 86 ans après seulement, elle en a 121327. Donc, les gens aiment y habiter.
Les 3 universités d'Aix-Marseille ont au total 48479 étudiants (7747 étudiants en droit).
Aix a des tribunaux importants. Après Paris, avec ses 29002 étudiants en droit, Aix-Marseille est à la 2e place, en France.
A Aix, il y a aussi la cathédrale St-Sauveur (V^e–XVIe siècle) et de jolies maisons des XVIIe et XVIIIe siècles, surtout sur le cours Mirabeau.
Il fait très souvent beau à Aix. Avec ses 2835 heures de soleil et ses 13° par an, c'est la 3e ville française, après Toulon (2917 h) et Marseille (2866 h). Il y pleut très peu: 630 mm par an seulement: ce ne sont pas les 1474 mm de Biarritz!

3. Les articles *Traduisez.*

Liebe Touristen!

OFFICE MUNICIPAL DE TOURISME
13100 AIX-EN-PROVENCE
Tél. 42.26.02.93 - Télex : 430.466

Sie mögen Sonne? Sie mögen keinen Regen? Dann kommen Sie in die Provence! Hier gibt es Sonne von morgens bis abends. Bei uns können Sie Ihre Ferien ohne Probleme verbringen, im Sommer, aber auch im Frühling oder im Herbst.
Sie können ans Meer fahren. Die Küste ist schön. Oder ziehen Sie die Berge vor? In der Provence gibt es auch Berge! Und da schneit es im Winter.
Sie finden Geschichte interessant? Dann besichtigen *(visiter)* Sie die römischen Denkmäler unserer Städte!
Sie wollen am Morgen einen Ausflug machen. Aber wohin? Haben Sie keine Idee? Dann bitten Sie den Fremdenverkehrsverein, Ihnen Vorschläge zu machen! Mittags haben Sie Hunger. Sie gehen ins Restaurant; aber Sie können kein Französisch. Kein Problem! Man wird Ihnen helfen. Und Sie werden zufrieden sein: Die Küche der Provence bietet sehr gute Gerichte.
Nachmittags trinken Sie Kaffee, Mineralwasser oder Bier auf der Terrasse eines „café". Sie haben Zeit: Sie lesen Zeitung, Sie schreiben Briefe, Sie schauen den Leuten zu. Auf dem großen Platz unter den Bäumen spielt eine Gruppe Männer Pétanque ... Sie vergessen, seit wieviel Stunden Sie da sind.
Es ist ein Vergnügen, in der Provence zu sein! Sie werden hier wunderbare Tage verbringen. Die Provence erwartet Sie!

Leçon 8

A Savoir parler des langues

1. Au secrétariat de l'université d'Aix-en-Provence, Evelyne et Nadine voient une annonce du «Salon européen de la recherche et des technologies de pointe». Elles la lisent.

2. Evelyne trouve que c'est un travail intéressant. Alors, elle va voir son copain Antoine. L'annonce l'intéresse aussi.
Et puis, cela tombe bien: Antoine sait l'anglais et l'allemand, et elle, l'anglais et l'espagnol.
Très vite, les deux jeunes téléphonent au responsable du salon. Ils parlent avec sa secrétaire. Ils lui demandent quand ils peuvent le voir.
Evelyne et Antoine ont de la chance: les deux places sont encore libres. M. Mazot les attend dans trois jours.

Salon européen
de la
recherche
et des
technologies de pointe
Aix-en-Provence
Palais des Congrès
25–27 avril

Pour l'accueil des
congressistes, le salon
cherche deux étudiants.
Langues:
anglais/allemand et
anglais/espagnol.

Téléphoner au 42.07.60.92

3. Quatre jours après.

– Alors, demande Nadine à ses copains Evelyne et Antoine, vous avez parlé avec le responsable du salon?

– Oui, répond Antoine, nous avons vu M. Mazot hier. Nous avons eu de la chance: on a eu la place.

Evelyne raconte que M. Mazot a demandé à Antoine de parler allemand avec sa secrétaire, Mme Kempen, une Allemande. Ils ont parlé du congrès. Puis M. Mazot et Mme Kempen ont expliqué le travail aux étudiants: il leur faut donner aux visiteurs des renseignements sur les conférences, les horaires des trains et des avions, les hôtels.

– On est là pour les aider, dit Evelyne. Antoine et moi, avec nos deux langues, nous pouvons aider les Anglais, les Allemands, les Autrichiens, et les Espagnols; c'est pas mal, non?

– Voyons, dit Nadine, tu oublies les Français!

– Je sais, les Français, les Suisses et les Belges. Tu es contente, maintenant?

– Et moi, mesdemoiselles, je n'oublie pas les Anglaises, les Allemandes et les Autrichiennes! dit Antoine.

– Ne fais pas le malin! répondent les deux filles.

Evelyne raconte alors que M. Mazot n'a pas été très sympathique avec elle. Il a parlé l'espagnol, mais alors vite, très vite! Puis il a attendu les réponses.

– Ça, c'est pour voir comment tu réagis, dit Nadine. Et qu'est-ce que tu as fait? Tu as réagi comment?

– Je n'ai pas répondu tout de suite. Quand je n'ai pas bien compris, j'ai demandé à M. Mazot de répéter.

– Je vois! Bien réagi, dit Nadine.

– Bon. Après quelques minutes, termine Evelyne, je n'ai plus eu de problèmes. Ça a très bien marché.

A 1. Les congressistes présentent des technologies de pointe. (§ 64)

a) *M. Mazot:*
Je vais vous présenter nos congressistes.
M. Paoletti habite en **Italie**.
Mme van Noppen habite aux **Pays-Bas**.
M. Andrianne ... *Continuez.*

b) *M. Paoletti:* Mon nom est donc Paoletti.
Je suis **Italien**.
Je vais vous parler des voitures **italiennes**.
Mme van Noppen: Mon nom est van Noppen.
Je suis **Hollandaise**. Je ... *Continuez.*

1. M. Paoletti – Italie (voitures)
2. Mme van Noppen – Pays-Bas (ordinateurs)
3. M. Andrianne – Belgique (autoroutes)
4. Mme Harris – Grande-Bretagne (avions)
5. Mme Krauss – Autriche (tourisme)
6. Mme Cortez – Espagne (vins)
7. Mme Bosson – Suisse (skis)
8. Mme Pascal – France (trains)
9. M. Grün – Rép. féd. d'Allemagne (caméras)

2. Le premier jour du congrès. (§§ 65, 66, 67)

a) *Racontez au passé composé.*
1. Le premier jour du congrès, le travail de Mme Kempen *(commencer)* à 8 h 30.
2. D'abord, elle *(réfléchir)* au programme de la journée. 3. Puis elle *(appeler)* M. Grün à son hôtel. 4. A 8 h 45, M. Mazot lui *(demander)* de téléphoner à Mme Pascal. 5. Après, à 9 h, elle *(expliquer)* le travail à Evelyne et à Antoine. 6. A 9 h 30, elle *(répondre)* au téléphone à M. Niven, un congressiste anglais. 7. De 10 h à 10 h 15, M. Paoletti et Mme Krauss *(attendre)* M. Mazot. 8. Mme Kempen leur *(servir)* quelque chose à boire. 9. Ensuite, M. Mazot *(parler)* avec M. Paoletti et Mme Krauss. 10. De 11 h 30 à midi, Mme Kempen et M. Mazot *(choisir)* quelques prospectus sur Aix pour les donner aux congressistes. 11. Puis Mme Kempen, Evelyne et Antoine *(manger)* à la cantine du Palais des Congrès. 12. La secrétaire *(payer)* un orangina aux deux jeunes. 13. A 13 h 15, ils *(finir)* de déjeuner et après, ils *(continuer)* leur travail. 14. L'après-midi, Mme Kempen *(aider)* un peu les étudiants. 15. Elle *(finir)* son travail à 18 h.
16. Le soir, à la maison, Mme Kempen *(dormir)* une demi-heure avant le dîner.

b) *Mme Kempen raconte:* Mon travail a commencé à 8 heures et demie ... *Continuez.*

3. Une place pour Evelyne et Antoine (§§ 65, 66, 67)

Nadine pose des questions.
Mettez les verbes au passé composé et complétez les réponses.

1. – Vous *(parler)* avec le responsable du salon?
   – Oui, nous ... avec M. Mazot.
2. – M. Mazot *(être)* sympathique avec vous?
   – Non, d'abord, il ...
3. – Alors, vous *(ne pas avoir)* la place?
   – Si. Nous ... de la chance.
4. – Vous *(parler)* français avec lui?
   – Moi oui. Mais Evelyne ...
5. – Et tu *(comprendre)* ses questions, Evelyne?
   – Non, d'abord, je ... M. Mazot. Mais après quelques minutes, je ... de problèmes.
6. – Vous *(ne pas voir)* la secrétaire de M. Mazot?
   – Si, nous ... Mme Kempen.
7. – Qu'est-ce qu'elle *(faire)*?
   – Elle ... allemand avec Antoine.
8. – Comment est-ce que M. Mazot *(réagir)*?
   – Il ... très content.

B Au stand d'information

1. – Mademoiselle! Est-ce que vous pouvez appeler un taxi, s'il vous plaît?

– Dites, jeune homme, est-ce qu'il y a un bus pour aller à la gare?

– Pardon, monsieur, vous pouvez nous dire à quelle heure est le prochain train pour Genève?

– Et l'avion pour Vienne?

– Où est l'exposition Cézanne, s'il vous plaît?

– Pardon, mademoiselle, la conférence sur la pollution des eaux, c'est où?

– Où est le stand de la société G.E.R.M.E.?

– Mademoiselle, je ne trouve plus mon billet d'avion.

Lundi, 20 heures: fin de la première journée. Evelyne et Antoine ont beaucoup travaillé. De dix heures à vingt heures, ils ont répondu aux questions des visiteurs. Aux uns, ils ont dit: «Il y a une station de taxis à côté du salon, à droite de l'arrêt de bus; l'arrêt de bus est en face du Palais des Congrès.»

Aux autres: «Le train pour Genève part à 21 heures 42. L'avion pour Vienne est à 18 heures 20, aéroport de Marseille.

L'exposition Cézanne est au musée Granet; ce n'est pas loin, vous pouvez y aller à pied. Mais il y a beaucoup de visiteurs!

La conférence sur la pollution des eaux, madame, c'est dans la salle 4, devant vous, à gauche de la grande fenêtre.

La société G.E.R.M.E. est au milieu du palais, près des caméras de télévision.

Votre billet d'avion, monsieur, vous le tenez à la main.»

Oui, les deux amis ont beaucoup travaillé!

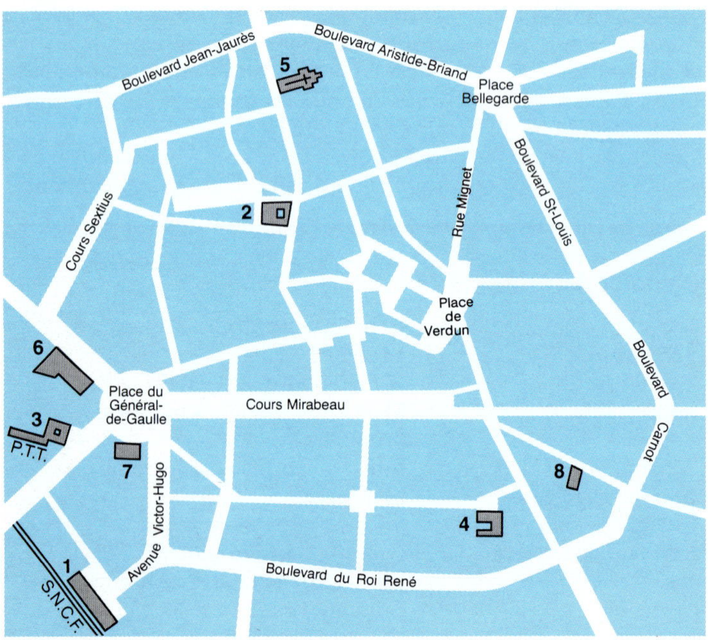

Aix-en-Provence

1. la gare
2. l'Hôtel de Ville
3. la poste
4. le musée Granet
5. la cathédrale
6. le casino
7. l'office de tourisme
8. le Palais des Congrès

2. Mardi: deuxième jour de travail pour Evelyne et Antoine. Les deux jeunes gens continuent à répondre aux questions des congressistes.
M. Vandervelde, un Flamand, arrive alors. Il ne parle pas très bien le français.
Il explique en anglais qu'on a volé sa mallette, une petite valise noire avec des documents très importants.
Evelyne appelle la police, et un quart d'heure après, deux agents arrivent au stand d'information.
Evelyne fait la traduction d'anglais en français.
«M. Vandervelde est sorti de sa chambre d'hôtel à neuf heures. Il est descendu à la réception. Il a payé sa chambre, puis il a pris un taxi. Il est allé à la gare. Là, il a mis sa grande valise à la consigne, mais il a gardé sa mallette avec lui. Dans sa mallette, il y a des documents très importants sur la pollution des eaux.
M. Vandervelde est alors monté pour la deuxième fois dans un taxi: il est allé voir l'exposition Cézanne. M. Vandervelde dit qu'il aime Cézanne.
Puis, il est retourné à la gare, à la consigne. Là, il a ouvert sa mallette pour prendre son billet de train. Mais regardez: dans la petite valise, il y a seulement des journaux. Ce n'est donc pas la mallette de M. Vandervelde. Alors, il pense que c'est un complot: un des chauffeurs de taxi a volé sa petite valise. Il a échangé la mallette de M. Vandervelde contre une autre.»
– Elle est peut-être restée au musée Granet et vous avez pris la valise d'un autre visiteur, dit un des agents.
– Ou alors vous êtes parti de l'hôtel sans vos documents, dit l'autre, et vos affaires sont restées dans votre chambre.
Evelyne continue à faire l'interprète.
«M. Vandervelde dit que ses documents ne sont pas restés dans sa chambre et qu'il n'a pas pris la mallette d'un autre.»
– M. Vandervelde, votre histoire est bizarre, dit un des agents.
– Mais nous espérons que vous êtes entré au musée Granet sans trop de problèmes, ajoute l'autre. Venez avec nous au commissariat.

MUSEE GRANET, Place Saint-Jean-de-Malte
Ouvert tous les jours sauf le mardi, de 10 à 12 h et de 14 à 18 h.
Expositions temporaires ouvertes jusqu'à 20 h.
Musée des Beaux-Arts – Archéologie. Un des plus riches musées de province.

le musée Granet

B

1. Reparlons du texte.

a) *Relisez le texte B1 (page 86).*
Posez des questions. (Plusieurs mots interrogatifs sont possibles: qui?/pourquoi?/où?/quand?/etc.*)*

1. – Qui travaille au stand d'information?
   – Ce sont ...
   – Pourquoi est-ce que les visiteurs vont au stand d'information?

1. stand d'information
2. station de taxis
3. arrêt de bus
4. train pour Genève
5. Vienne
6. Cézanne
7. billet d'avion
8. G.E.R.M.E.

Donnez les réponses.

b) *Faites la même chose pour le texte B2 (p. 87).*

1. M. Vandervelde
2. français
3. expliquer
4. dans la valise
5. la police
6. la consigne
7. Granet
8. la gare
9. la mallette

un arrêt de bus à Aix-en-Provence

la gare d'Aix-en-Provence

2. A Aix

Le troisième jour, les congressistes visitent la ville.
M. Andrianne est devant la poste et il veut aller au musée Granet.
– Pardon, madame. Pour aller au musée Granet, s'il vous plaît?
– Vous allez tout droit jusqu'à la place du Général-de-Gaulle. Vous traversez la place, vous prenez le cours Mirabeau. Ensuite, vous prenez la troisième rue à droite et après, la première rue à gauche. Vous continuez. Le musée est alors sur votre droite.
– Merci, madame.
– Je vous en prie, monsieur.

A vous.
Vous êtes à Aix. Vous voulez aller
1. de la gare (1) à la cathédrale St-Sauveur (5);
2. de l'Hôtel de Ville (2) à l'office de tourisme (7);
3. du casino (6) au Palais des Congrès (8);
4. du Palais des Congrès (8) à l'Hôtel de Ville (2);
5. du musée Granet (4) à la poste (3);
6. de la place du Général-de-Gaulle à la place Bellegarde;
7. de la cathédrale St-Sauveur (5) à l'office de tourisme (7).

Regardez le plan p. 86 et faites les dialogues.

3. Le cinéma et la vie (§§ 66, 71)

Mettez les verbes venir, tenir *et* voir *au présent, au passé composé ou au futur composé.*

Anne est à la terrasse d'un café.
Ses copains arrivent. Antoine … d'un cours d'allemand et Estelle d'un cours de droit.
– Antoine, tu n'… pas … Evelyne et Nadine?
– Non. Et je ne sais pas si elles … .
Quelques minutes après, Anne … ses deux copines. Elles … à la terrasse.
– Salut, Evelyne. Salut, Nadine. D'où est-ce que vous …?
– Nous … du musée Granet. Aujourd'hui, nous n'avons pas eu cours. Hier, notre prof d'histoire … une conférence à Dijon avec des professeurs de Paris.

L'après-midi, les jeunes vont au cinéma: c'est l'histoire d'un monsieur et d'une jeune fille. A un moment, le monsieur attend à l'aéroport. Il … une valise à la main. La jeune fille arrive. Elle … une valise à la main, elle aussi. Ils échangent leurs valises. Après, on … la jeune fille dans une chambre d'hôtel. Elle ouvre la valise. Antoine dit alors: «Vous … ça? Des millions de francs pour quelques documents! Et nous, nous sommes contents quand nous … un billet de 100 F dans notre main!»

4. La Sainte-Victoire (§§ 66, 68, 69)

Jean-Luc écrit à Olivier.

Cher Olivier,

Hier matin, vers 8 h et demie, Antoine et Marcel *(venir)* chez moi. Estelle et Nadine *(arriver)* quelques minutes après. Ils *(venir)* me voir pour monter avec moi à la Sainte-Victoire. Nous *(partir)* vers 9 h. D'abord, on *(aller)* au lac de Bimont, au pied de la montagne. De là, nous *(monter)* par une jolie forêt. Puis, quand nous *(sortir)* de la forêt, une vue formidable! Dix minutes après, on *(arriver)* à une petite église: Notre-Dame-de-Sainte-Victoire. Antoine *(rester)* devant l'église. Moi et les autres, nous y *(entrer)*. Estelle *(sortir)* la première. Elle aime mieux le soleil. Après, nous *(monter)* à pied au sommet de la montagne.

Tu sais pourquoi elle porte son nom? Eh bien, en 123 avant Jésus-Christ, les Romains *(venir)* à Aix. Vingt et un ans après, les Teutons *(arriver)*. Dans la bataille, 100 000 Teutons *(tomber)* au pied de la montagne: une grande victoire pour le Romain Marius. C'est pourquoi on appelle la montagne «Sainte-Victoire».

L'après-midi, nous *(redescendre)* et nous *(retourner)* à Aix. Je *(rentrer)* chez moi vers 6 h. Les filles *(aller)* au cinéma avec Antoine. Une journée magnifique!

Amicalement. Jean-Luc

5. Quand on a trop de travail …. (§§ 66, 67, 68, 69)

a) *Lisez.*

Mme Kempen quitte son lit à 6 heures.
A 6 heures et demie, elle sort de chez elle, elle descend dans la rue et elle va à l'arrêt de bus. Là, elle attend. Le bus arrive. Mme Kempen prend le bus pour aller à la gare. Elle achète un billet de train. Elle paie, elle ouvre sa mallette et elle y met le billet. Le train arrive. Mme Kempen monte. Le train part. Tout à coup, le train entre dans l'aéroport de Marseille. Mme Kempen descend et elle monte dans un grand avion. Quelques minutes après, elle voit, de son avion, la ville d'Aix avec le Palais des Congrès au milieu.
Et 10 000 congressistes commencent à crier: «Madame Kempen! Madame Kempen!»
Et Mme Kempen crie: «J'arrive, j'arrive tout de suite!»
Et alors, quelque chose fait «Boum!»
Et Mme Kempen tombe … de son lit.
M. Kempen dit: «Mais qu'est-ce que tu as?»
Et Mme Kempen répond: «Trop de travail!»

b) Mme Kempen a fait un mauvais rêve. *Racontez:* Mme Kempen a quitté …

c) *A vous.* Est-ce que vous avez déjà fait un mauvais rêve? *Racontez.*

C Cézanne aide la police.

Evelyne écrit une lettre à Manfred, un copain de Zurich.
Manfred a passé un an à l'université d'Aix-en-Provence.

Aix-en-Provence, le 10 mai

Mon cher Manfred,

La semaine dernière, nous avons fêté les soixante ans de mon père. Du soleil, beaucoup d'amis, une ambiance très sympathique ... et la mauvaise humeur de papa: une année de plus, ça le rend triste.

A propos, il me demande de remercier tes parents pour les livres sur la Suisse: il les a déjà lus et les a trouvés intéressants. Un grand merci, donc.

Maintenant, je vais te raconter l'histoire de M. Vandervelde, un Flamand. Un vrai roman, tu vas voir ...

Comme tu le sais, Antoine et moi, nous avons travaillé au Salon européen de la recherche et des technologies de pointe.

Le mardi 26, vers midi, M. Vandervelde est arrivé au Salon. Il est tout de suite venu au stand d'information, et là, il nous a dit: «Un chauffeur de taxi a volé ma mallette, une petite valise noire avec des documents très importants sur la pollution des eaux. Il l'a échangée contre une autre.» J'ai appelé la police. Deux agents sont alors arrivés. «Je suis allé à la gare, a dit le Flamand. Ma grande valise, je l'ai mise à la consigne, et ma mallette noire, je l'ai gardée avec moi. Ensuite, j'ai visité l'exposition Cézanne au musée Granet.»

Après, M. Vandervelde est retourné à la gare. Il a voulu prendre son billet dans sa mallette. Mais quand il l'a ouverte, plus de documents ... des journaux!

Seulement voilà: la police a trouvé l'histoire très bizarre.

M. Vandervelde n'est donc pas rentré en Belgique. Les deux agents lui ont demandé de les accompagner au commissariat. Tu sais pourquoi? Eh bien, dans son histoire, le Flamand a oublié un petit détail: en France, beaucoup de musées sont fermés le mardi.

M. Vandervelde n'a donc pas visité l'exposition Cézanne comme il l'a dit. Et on ne lui a pas volé sa petite valise. Alors, qu'est-ce qu'il a fait? Eh bien, il a pris les documents dans sa mallette, les a remplacés par des journaux et les a vendus. Il a vendu les documents de sa société à une autre. Un petit malin, non?

Quand est-ce que tu viens à Aix?
A bientôt, j'espère.
Je t'embrasse.

Evelyne

C 1. M. Vandervelde au commissariat (§§ 67, 68, 69, 70)

a) Le commissaire Trimage pose des questions à M. Vandervelde.
Posez les questions du commissaire, au passé composé, puis répondez à la place du Flamand.

1. – Eh bien, M. Vandervelde, à quelle heure est-ce que vous *(quitter)* votre chambre?
2. – Quand est-ce que vous *(descendre)* à la réception?
3. – Qu'est-ce que vous *(faire)* à la réception?
4. – Et après, vous *(aller)* tout de suite au musée Granet?
5. – Pourquoi est-ce que vous *(aller)* à la gare?
6. – Où est-ce que vous *(mettre)* votre mallette?
7. – Qu'est-ce que vous *(faire)* au musée Granet?
8. – Pourquoi est-ce que vous *(retourner)* à la gare, après?
9. – Et puis, qu'est-ce que vous *(trouver)* dans votre mallette?
10. – Qu'est-ce que vous *(faire)* après?
11. – Quand est-ce que vous *(arriver)* au stand d'information?
12. – M. Vandervelde, votre histoire est bizarre!
Vous ne savez pas que ... *Complétez.*
Alors, à qui est-ce que vous *(vendre)* vos documents?

b) *A vous. Jouez la scène.*

2. Pour aller vite *Complétez.*

a) **D'Aix à Marseille**
A un arrêt de ...:
– Bonjour, monsieur.
Vous allez à l'... port de Marseille?
– Oui, monsieur. Il part quand, votre ...?
– Dans une heure.
– Dans une heure? Alors, prenez un ...
A la station de ...:
– T..., s'il vous plaît.
– Bonjour, monsieur. Vous allez où?
– A l'... de Marseille. Mon ... part dans une heure.
– Oh là là! Montez vite!
A l'... de Marseille.
– Ouf! On est arrivés.
Merci, monsieur. Vous êtes un bon ...

b) **D'Aix à Avignon**
A un arrêt de ...:
– Pardon, monsieur, pour aller à Avignon, s'il vous plaît?
– Pour Avignon, vous prenez le ... .
La ... est avenue Victor-Hugo.
A la ...:
– Madame, quand part le prochain ... pour Avignon?
– Attendez. Je vais regarder l'... .
Le ... part à 10 h 38.

3. A vous. Imaginez des dialogues.

Regardez les photos. Pour chaque scène, imaginez un dialogue.

4. Les Leroux partent en Allemagne. (§ 70)

Posez des questions et répondez.
Dans vos réponses, employez des pronoms.

> – André, tu as trouvé la carte d'Allemagne?
> – Oui, je **l'**ai trouv**ée**.
> – Olivier, où est-ce que tu as trouvé les prospectus sur Mayence?
> – Je **les** ai trouv**és** sur la radio.

1. André – *trouver* la carte d'Allemagne? (– Oui, …)
2. Olivier, où – *trouver* les prospectus sur Mayence? (– Je … sur la radio.)
3. Sandrine et Florence – *écrire* la carte d'anniversaire pour grand-mère? (– Oui, …)
4. Florence – *faire* ta valise? (– Non, …)
5. Papa – *ouvrir* la voiture? (– Bien sûr, …)
6. Sandrine, où – *mettre* les boissons? (– Je … dans la voiture.)
7. André – *prendre* nos billets de 100 marks? (– Oui, …)
8. André, à qui – *offrir* les billets de théâtre? (– Je … aux voisins.)
9. Oh là là! La valise de Sandrine! Je ne peux pas la porter! Sandrine, où – *mettre* les boules? (– Je … dans ma valise. Pourquoi?)

5. A Biot et à Grasse. (§§ 67–71)

Mettez les verbes au passé composé.
Faites attention à l'accord.

La semaine dernière, Antoine *(aller)* voir Evelyne et Nadine. Il les *(inviter)* à aller à Biot et il leur *(demander)* de l'accompagner à Grasse après. A Biot, les trois amis *(voir)* de jolis verres. Mais ils *(ne pas les acheter)*: 100 F le verre, c'est trop cher. Puis Antoine *(voir)* des petites cuillères. Il en *(acheter)* deux et il les *(offrir)* à Evelyne et Nadine. Après, Nadine *(prendre)* deux vases. Les vases, elle les *(mettre)* dans la voiture. Et les cuillères? Evelyne et Nadine les *(mettre)* à côté des vases. A Grasse, Antoine et les filles *(visiter)* une parfumerie. Il leur *(expliquer)* comment on fabrique le parfum. Puis, dans le petit magasin de la parfumerie, Nadine lui *(demander)*: «Antoine, les parfums pour hommes, tu les *(voir)*?» Ensuite, Nadine *(acheter)* une petite bouteille de parfum. Elle la *(offrir)* à Antoine. Puis les amis *(descendre)* vers un lac. Leurs affaires, ils les *(mettre)* dans la voiture. Et la voiture, ils *(ne pas la fermer)*. Evelyne et Nadine *(rester)* dans l'eau pendant une heure. Antoine *(dormir)* un peu au bord du lac. … Et quelqu'un *(voler)* les affaires des trois jeunes.

Perfectionnement

Lecture – Astérix et Obélix à Massilia

a) *Lisez la bande dessinée. Quand vous ne comprenez pas, demandez à votre professeur ou regardez dans le «Vocabulaire», p. 168.*

b) *Complétez par des mots de la bande dessinée.*
1. Astérix et Obélix sont des … .
2. Ils font le tour de … .
3. Les … les cherchent.
4. Pour eux, Astérix et Obélix sont des … .
5. L'… de Jules César veut … les deux Gaulois, mais elle ne peut pas … .

c) *Répondez aux questions.*
1. Qu'est-ce que les deux Gaulois veulent rapporter comme spécialité, de Massilia?
2. Pourquoi est-ce qu'Obélix fait «Hi! Hi! Hi!»?
3. Les habitants de Massilia jouent à un jeu. Qu'est-ce que vous savez sur leur jeu?

d) *Expliquez:* 1. Massilia, 2. Romaing.

(D'après Le tour de Gaule d'Astérix), *© 1988 Les Editions Albert René/Goscinny-Uderzo*

Compréhension orale – L'Ecole des femmes

Période bleue

en général, du samedi 12 h au dimanche 15 h, du lundi 12 h au vendredi 12 h

a) *Lisez:* Marillac: *Familienname;* Montmartre: *Stadtviertel in Paris*
une agence de voyages: ein Reisebüro; % = pour cent: Prozent;
une réduction: eine Ermäßigung; une réservation: eine Reservierung;
le T. G.V. = le train à grande vitesse: Hochgeschwindigkeitszug

b) *Ecoutez le texte une première fois.*
1. Où est-ce que M. et Mme Marillac habitent?
2. Qu'est-ce que les Marillac veulent faire?
3. Où est-ce que les deux scènes ont lieu?

c) *Lisez les questions, puis écoutez le texte une deuxième fois. Ensuite, répondez aux questions.*
1. Les Marillac ont combien d'enfants?
2. Que font leurs enfants?
3. A quelle heure est-ce que le train arrive à Marseille?
4. Pourquoi est-ce que les Marillac ont 25 % de réduction?
5. Qu'est-ce que vous savez sur l'hôtel des Marillac? Donnez trois détails.
6. Qu'est-ce qu'ils vont voir le dimanche soir?

Révision de grammaire

1. Les verbes

Mettez les verbes, d'après le contexte, au présent, au futur composé ou au passé composé.

L'écrivain Alphonse Daudet (1840–1897) *(écrire)* beaucoup d'histoires sur les Provençaux. Très souvent, il *(être)* chez son ami, le poète Frédéric Mistral (1830–1914), à Maillane, près d'Avignon.
Un dimanche matin, quand il est arrivé chez son ami, Mistral lui *(dire)*: «Tu *(avoir)* une bonne idée de venir aujourd'hui. C'*(être)* la fête de Maillane. Ma mère *(rentrer)* bientôt. Nous *(manger)* ensemble, et après, nous *(regarder)* la procession.»
Sur une petite table, Daudet *(voir)* un livre: «Calendal», une histoire en langue provençale. Mistral *(lire)*, pour son ami, quelques pages de son livre. Puis la mère *(venir)* et ils *(manger)*. Tout à coup, il y *(avoir)* de la musique devant la fenêtre, une jolie musique provençale. Mistral *(ouvrir)* la porte et des gens *(entrer)* avec leurs instruments. Mistral *(dire)* alors à Daudet: «Tu *(voir)*, ils *(vouloir)* me montrer qu'ils m'*(aimer)* bien. Pour eux, je *(être)* comme un père. Je les *(aider)* souvent: ils *(savoir)* seulement parler le provençal et ils ne *(comprendre)* pas bien le français.»

2. Les pronoms et les déterminants

Traduisez.

Estelles Geburtstag.
1. Samstag, 15. Mai, 19 Uhr: Estelle wartet auf ihre Freunde. 2. Sie hat sie eingeladen, ihren Geburtstag mit ihr zu feiern. 3. Jean-Luc ist seit 4 Uhr nachmittags da. 4. Estelle hat ihn angerufen und ihn gebeten, ihr zu helfen. 5. Er hat ihr geantwortet: „Kein Problem! Ich werde gegen 4 Uhr bei dir sein.“ 6. Estelles Mutter hilft ihnen, den Tisch zu decken.
7. Sonntag morgen: Estelle denkt an die Feier. 8. Am Samstag abend haben ihre Freunde um halb neun geläutet. 9. Sie hat ihnen die Tür geöffnet. 10. Antoine hat sie umarmt und ihr ein Parfüm aus Grasse geschenkt. 11. Marcel hat ihr zwei kleine Pakete *(un paquet)* gegeben. 12. Sie hat sie geöffnet. 13. Und was hat sie darin gefunden? Zwei Karaffen *(une carafe)* aus Biot. 14. Sie hat sich bei ihren Freunden bedankt und hat sie umarmt. 15. Marcel hat zu ihr gesagt: „Weißt du, warum ich zwei gekauft habe? 16. Die kleine ist für den Rotwein und die große für das Wasser, weil du immer viel davon in den Wein tust.“
17. Jean-Luc hat sie gefragt: „Tanzen wir?“
18. Und sie hat sehr oft mit ihm getanzt.

Leçon 9

A Une maison en Lozère

1. Aujourd'hui, la vieille voiture d'Antoine n'a pas la vie facile. Cinq personnes et une route des Cévennes, cela demande beaucoup au vieux moteur! Il marche bien, mais il fait beaucoup de bruit. Dans la voiture, il y a Antoine, Evelyne, Manfred – son copain suisse –, et puis Marcel et Nadine. Les jeunes doivent crier quand ils veulent dire quelque chose.

Antoine: Quel est le nom du prochain village? Regarde sur la carte, Evelyne. Ça fait cinq ou six ans que je ne suis pas venu ici. Je ne sais plus où je dois quitter la départementale 901 et quelle route il faut prendre après.

Evelyne: Attends, je regarde ... Bon, nous devons continuer jusqu'au Bleymard; c'est à dix kilomètres d'ici, à peu près. Et là, nous tournons à gauche.

Antoine: D'accord ... On a de la chance. La vue est belle aujourd'hui. Ce n'est pas toujours comme ça: il pleut souvent ici.

Nadine: Il est beau, le paysage, mais je le trouve un peu rude. On ne voit pas beaucoup de villages. Et ils ont l'air assez pauvres.

Evelyne: Moi, j'aime bien les vieilles maisons en pierre naturelle. Et puis, quels beaux arbres!

Manfred: On doit être à mille mètres ici, non?

Antoine: Oui, à peu près.

Nadine: Hmm! L'air est bon. Sentez. Qu'est-ce qu'il doit faire chaud à Aix, maintenant!

Marcel: Peut-être, mais ici, il fait froid. Tu peux fermer ta vitre, Antoine, s'il te plaît?

Antoine: Elle ferme mal. Je suis désolé.

2. C'est la fin juin. Les cinq jeunes sont venus dans le Massif Central pour faire des randonnées. Antoine a invité ses copains à passer huit jours dans la vieille maison de ses grands-parents. Elle est à Serviès, un petit village en face du Mont Lozère. Maintenant, les grands-parents habitent à Apt. Quand les jeunes arrivent, le voisin sort de chez lui. C'est M. Rajol, un vieil ami de la famille d'Antoine. Il a dû les entendre arriver. Il leur donne la clé. Les amis prennent le vieil escalier et entrent dans la maison. Ah! Vraiment, c'est très simple. Il n'y a pas de salle de bains, seulement un lavabo dans la cuisine. Mais dans la salle de séjour, ils trouvent une cheminée magnifique. Avec les vieux meubles, quel bel ensemble! Les amis sont très contents. La maison leur plaît beaucoup!

9

A 1. Au C.R.O.U.S., à Paris (§ 73)

a) Quand les étudiants cherchent du travail, ils vont au C.R.O.U.S.
Là, on leur pose des questions.
Lisez les réponses, puis posez des questions avec quel. *Exemple:*

> – **Quel** travail est-ce que vous cherchez?
> – Je cherche des travaux de traduction.

1. Je cherche des travaux de traduction.
2. Je parle l'allemand et l'anglais.
3. Je suis à l'université de Nanterre.
4. Je m'appelle Christiane Rocher.
5. J'ai 21 ans.
6. Mon adresse? C'est 5, rue de la Marne, à Champigny.
7. C'est dans le département du Val-de-Marne.
8. C'est le 47.06.53.82.

b) *A vous. En classe. Posez à vos camarades des questions sur leur âge, leur adresse, leur numéro de téléphone, la date et l'heure.*

2. Qu'est-ce qu'on peut dire? (§ 74)

Vous êtes chez votre correspondant français. *Lisez les six textes. Ensuite, choisissez pour chaque situation une des réactions suivantes. Complétez les phrases par une forme du verbe* devoir.

> – Non, nous … continuer tout droit.
> – Je sais: elles … être au lycée à 2 heures.
> – J'ai … l'oublier chez moi.
> – Tu … être content.
> – Dites donc, vous … avoir froid.
> – Elle … être malade, ou alors elle a … oublier.

1. En cours de français: votre correspondant n'a pas son livre. Le professeur lui demande où il est.
2. Votre correspondant vous dit que ses parents lui ont offert une mobylette pour son anniversaire.
3. Votre correspondant et vous, vous avez invité deux copines. L'une des deux est déjà là. L'autre n'arrive pas.
4. Vous allez au cinéma avec une copine. Vous voulez prendre la première rue à gauche.
5. C'est l'hiver: vous entrez dans la chambre de votre correspondant. Sa sœur est avec lui. La fenêtre est ouverte.
6. Votre correspondant et vous, vous êtes à la terrasse d'un café. Deux copines passent. Votre copain les appelle. Elles répondent: «On n'a pas le temps.»

3. Quels beaux arbres! (§§ 72, 73)

Exprimez votre surprise ou votre admiration. Employez beau *ou* vieux.

> a) – Quels **beaux** arbres!
> – C'est vrai, qu'est-ce qu'ils sont **beaux!**
> – Ils sont **vieux.** J'aime bien les **vieux** arbres.
>
> b) – Tu les as vus, les **vieux** arbres?
> – C'est vrai, qu'est-ce qu'ils sont **vieux!**
> – Mais ils sont **beaux.**
> – Ah oui, alors! Quels **beaux** arbres!

B Un tour à Mende

Il est huit heures. Aujourd'hui, les amis veulent faire une longue randonnée dans la montagne de la Margeride. Evelyne se lève la première. Elle se lave, s'habille et va chercher du lait à la ferme de M. Rajol. A son retour, les autres sont dans la cuisine. Les cinq amis déjeunent, puis ils se préparent pour la journée.

Evelyne: Attention! Il fait très froid ce matin.

Marcel: C'est vrai? Mince alors! Je n'ai pas pris d'anorak. J'ai seulement des chemises et cette veste de laine.

Nadine: Moi aussi, j'ai froid. J'ai un imper, mais je n'ai pas de pull. On est en été, oui ou non?

Antoine: Ce n'est pas possible! Tu as seulement cet imper-là? Vous n'avez pas pris de vêtements chauds? Mais on est à la montagne ici! Oh! Ces gens des villes!

Manfred: Calme-toi, Antoine. Ne te fâche pas, voyons. Nadine, tu peux mettre un de mes pulls: j'en ai pris deux. Attends-moi une minute … Voilà. Vas-y! Essaie-le … Bien sûr, il n'est pas à ta taille, il est un peu grand …

Antoine: Un peu? Un peu beaucoup, oui! Trop long et trop large!

Marcel: La pauvre, elle a l'air d'un mouton!

Nadine: Taisez-vous donc! Ces pulls larges me plaisent bien. C'est la nouvelle mode.

Evelyne: J'aime bien ces couleurs pour Nadine. Ce jaune va très bien avec le bleu de son pantalon et de son chemisier.

Antoine: Et qu'est-ce qu'on va faire pour toi, Marcel?

Marcel: De toute façon, je dois m'acheter un nouvel anorak. Mon vieil anorak n'est plus très beau. Ça ne va pas me coûter une fortune!

Antoine: Alors, je vous propose un nouveau programme pour aujourd'hui. On va à Mende: vous allez voir, c'est une belle ville, avec un pont magnifique sur le Lot.

Nadine: Ça va te plaire, Manfred. Je sais que tu t'intéresses aux vieilles villes.

Manfred: C'est vrai. Et puis, ça tombe bien: je n'ai plus d'argent. Il me faut trouver une banque pour encaisser un eurochèque.

Nadine: Moi, il me faut des timbres. Je vais passer à la poste. Et puis, je voudrais aussi m'acheter des nouveaux films.

Evelyne: Moi, je vais voir si je trouve des chaussures de randonnée.

Antoine: Bon. Alors, tout le monde est d'accord? … Bien. Donc, à Mende, vous faites vos courses. Ensuite, nous nous retrouvons sur le pont. Et puis, après, eh bien, on se promène un peu en ville et on s'achète des provisions. Ça vous va? … Allons-y!

9

B **1. Reparlons du texte.**

Juste ou faux?
Quand c'est juste, expliquez pourquoi.
Quand c'est faux, corrigez la phrase.

a) *Relisez le texte 9 A.*
1. Les cinq amis sont allés à Serviès pour avoir un peu de soleil.
2. La voiture d'Antoine fait beaucoup de bruit.
3. Marcel a chaud dans la voiture.
4. De Serviès, on peut voir le Mont Lozère.
5. Les cinq amis habitent chez M. Rajol.
6. La vieille maison plaît beaucoup aux cinq jeunes.

b) *Relisez le texte 9 B.*
1. Pour acheter le lait, Evelyne va dans un magasin.
2. Marcel veut mettre son anorak parce qu'il fait froid.
3. Antoine n'est pas content de Nadine et de Marcel.
4. Manfred aide Nadine.
5. Antoine dit que Nadine a l'air d'un mouton.
6. Après le petit déjeuner, les amis vont dans la Margeride.
7. Manfred est content du nouveau programme pour la journée.
8. A Mende, les cinq amis veulent se retrouver devant la poste.

2. A Serviès (§ 76)

a) *Racontez au présent.*
1. Les cinq amis habitent dans la vieille maison des grands-parents d'Antoine. Elle *(se trouver)* à Serviès, un très joli village, en face du Mont Lozère.
2. Le matin, les copains *(ne pas se lever)* avant 8 heures.
3. Evelyne *(se laver)* toujours la première.
4. Vers 9 heures, ils *(se retrouver)* à la cuisine.
5. Ils *(s'offrir)* un bon petit déjeuner, et ils parlent du programme de la journée.
6. Quand Antoine n'est pas d'accord, il *(se fâcher)* un peu.
7. Mais il *(se calmer)* tout de suite après.
8. Il *(ne pas se fâcher)* vraiment.
9. Marcel et Nadine sont venus en montagne sans vêtements chauds. Nadine *(se demander)* comment elle a pu les oublier.
10. Aujourd'hui, les cinq jeunes *(se préparer)* pour descendre à Mende.
11. Ils *(vouloir s'acheter)* des provisions.
12. Manfred et Nadine *(s'intéresser)* beaucoup aux vieilles villes.
13. Ils *(s'y promener)* pendant des heures.

b) Nadine écrit à Estelle.
Ecrivez la lettre de Nadine. Employez des éléments des phrases 1 à 13.

3. Familles de mots

Complétez par un mot de la même famille.

Les amis sont entrés dans le **département** de la Lozère. Ils ont pris la ... 901. On **voit** loin aujourd'hui: la ... est belle. Il tombe beaucoup de **pluie** en Lozère. Mais ce matin, les jeunes ont de la chance: il ne ... pas. Peu de gens habitent dans ce **pays:** des ... surtout. Mais le ... est vraiment beau. Evelyne **s'intéresse** beaucoup à la région. Elle trouve les vieilles fermes très ... . La route **monte** depuis une heure: les jeunes comprennent maintenant qu'ils sont à la ... . Ils ont froid. Nadine porte un **chemisier** seulement, Marcel une ... et une simple **veste** de laine: ils n'ont pas pris de ... chauds. A Serviès, dans la vieille maison, il n'y a pas de salle de bains. Les amis doivent se **laver** au ... de la cuisine. La salle de séjour leur **plaît** beaucoup: quel ... de voir cette belle cheminée!

4. Il pleut. (§§ 76, 78)

Il pleut à Serviès. Les cinq amis sont de mauvaise humeur. *Faites les dialogues.*

Evelyne à Nadine:
- Tu ne **te lèves** pas?
- Non, je reste au lit.
- Allez, **lève-toi.**
- Non, je te dis que je reste au lit!
- Alors, **ne te lève pas.**
- C'est bon, c'est bon! Je **vais me lever.**

1. *Evelyne à Nadine:* Tu ne **te** lèves pas? (– Je reste au lit.)
2. *Antoine à Marcel:* Tu ne **te** laves pas? (– L'eau est trop froide.)
3. *Manfred à Antoine et Marcel:* Vous ne **vous** habillez pas? (– On ne veut pas sortir.)
4. *Marcel à Evelyne:* Tu n'**y** vas pas, à la ferme? (– Il pleut.)
5. *Evelyne à Marcel:* Tu **m'**accompagnes? (– Je dois préparer le petit déjeuner.)
6. *Marcel et Antoine à Nadine:* On fait le petit déjeuner. Tu **nous** aides? (– Je l'ai préparé hier.)
7. *Manfred à Marcel:* Tu n'**en** manges pas, de pain? (– Je n'ai pas faim.)
8. *Nadine à Antoine:* Tu ne **la** répares pas, la vitre de ta voiture? (– Je vais faire ça demain.)
9. *Evelyne à Marcel:* On va écrire à Estelle. Tu **lui** écris? (– Je n'aime pas écrire.)

5. De nouveaux vêtements pour Olivier Leroux (§ 72)

1. *Olivier:*
   Je vais m'acheter un **nouvel** anorak; mon **vieil** anorak n'est plus très **beau.**
   Florence:
   C'est vrai qu'il est **vieux.**
   Attends, on va te trouver un **bel** anorak.
2. *Olivier:*
   Je vais m'acheter **des/un/une** ...

6. Dans les magasins (§§ 73, 75)

1. *Florence:*
   S'il vous plaît, mademoiselle, je voudrais essayer **ces** pulls-**là.**
   La vendeuse:
   Quels pulls?
   Florence:
   Ces pulls **rouges**, à 250 F.
2. *Florence:*
   Je voudrais essayer **ce/cet/cette/ces** ...

9

C M. Rajol

1. Le soir, après leur journée à Mende, les amis se rendent chez M. Rajol.

Antoine: Bonjour, monsieur. On vient pour payer le lait. On vous doit combien?

M. Rajol: Vous payez pour la semaine? Attendez ... Ça vous fait 120 F. Alors, vous avez passé une bonne journée?

Marcel: Oui. On est d'abord allés à Mende. On a un peu visité la ville. Evelyne s'est offert des nouvelles chaussures. Moi, je me suis payé un anorak. Et puis, nous nous sommes acheté des provisions.

Antoine: Après, je me suis dit: «On a encore le temps. Je vais leur montrer les causses.»

M. Rajol: Ça vous a plu?

Evelyne: Oui, mais qu'est-ce que c'est rude comme paysage!

Nadine: Un vrai désert!

Manfred: Moi, je trouve que c'est un paysage mystérieux. Ça m'a bien plu.

Nadine: Tu parles! Ensuite, il s'est mis à pleuvoir. En plus, une des vitres de la voiture s'est ouverte, et on n'a pas pu la fermer.

Antoine: Et puis, on a eu des problèmes avec le moteur. Les filles se sont vraiment inquiétées.

Evelyne: Et toi, alors? Tu n'as pas eu peur, avec cette pluie et ce brouillard?

Antoine: Si, moi aussi, j'ai eu peur, je dois dire. Nous nous sommes arrêtés et j'ai pu réparer. Quelle chance!

Nadine: Qu'est-ce que je suis contente d'être rentrée!

2. M. Rajol leur raconte alors que les petits villages des causses ne plaisent pas toujours aux touristes. Ils visitent l'aven Armand, une énorme cave naturelle sur le causse Méjean. Mais à part ça, ils préfèrent rester dans les gorges du Tarn. M. Rajol ajoute que son village a les mêmes problèmes. Très peu de gens passent à Serviès, surtout en hiver. Les paysans travaillent beaucoup et gagnent peu. Beaucoup d'habitants ont quitté la région. Alors, il est très difficile de se marier. M. Rajol explique que son frère et lui, par exemple, n'ont pas pu trouver de femme.

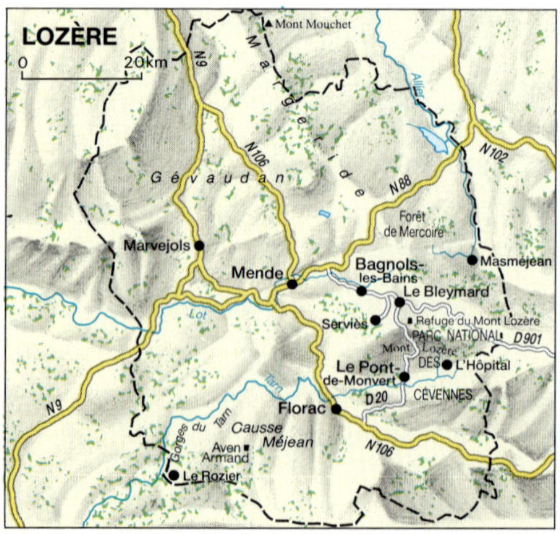

3. *Antoine:* Bon. Maintenant, on rentre. Nous allons faire un grand feu dans la cheminée.

Manfred: Et demain, on va dans la Margeride.

M. Rajol: Faites attention à la bête du Gévaudan, hein? Elle mange les jolies filles.

Nadine: Qu'est-ce que vous dites?

M. Rajol: Vous ne savez pas? Oh! C'est une vieille histoire. Elle s'est passée dans le pays il y a plus de deux cents ans. Tenez, je vous donne un livre. Lisez-le près du feu, ce soir.

Antoine: Merci. Et bonne nuit!

Un paysan de Lozère

Le causse Méjean

L'aven Armand

Dans les Cévennes

1. Reparlons du texte.

1. Qu'est-ce que les cinq amis ont fait à Mende?
2. Qu'est-ce que vous savez sur leur retour par les causses?
3. Parlez des problèmes de la région.
4. M. Rajol donne un livre aux cinq jeunes. Qu'est-ce qu'on raconte dans ce livre?

2. Soldes (§ 77)

A Autun, dans les magasins, il y a des soldes.

a) – Qu'est-ce qu'Olivier
| **s'est offert?**
| **s'est payé?**
| **s'est acheté?**

– Il ... un nouveau pantalon.

b) – Olivier, qu'est-ce que
| **tu t'es offert?**
| **tu t'es payé?**
| **tu t'es acheté?**

– Je ... un nouveau pantalon.

c) *A vous.*

1. Qu'est-ce que vous vous êtes acheté quand il y a eu les derniers soldes?
2. Qu'est-ce que vous voulez vous acheter aux prochains soldes?
3. Quand est-ce qu'il y a des soldes en Allemagne?
4. Est-ce que vous aimez les soldes? (Pourquoi?)
5. Est-ce que, pour vous, la mode est importante?

3. M. Rajol a deux grands chiens. (§§ 65–70, 77)

a) *Racontez au passé composé.*
Faites attention à l'accord.

Comme toujours, Evelyne se lève la première. Elle descend à la cuisine et elle se lave. Quand elle remonte dans sa chambre, elle voit Nadine. Les deux copines se disent bonjour: elles s'embrassent. Ensuite, Nadine se prépare aussi. Après, les deux amies mettent leurs anoraks et se rendent chez M. Rajol pour le lait. Quand elles arrivent à la ferme, la porte s'ouvre. Deux grands chiens sortent de la maison. Ils se mettent à aboyer et ils viennent vers les deux filles. Nadine a peur: elle crie. Evelyne, elle, ne s'inquiète pas. Elle dit bonjour aux deux chiens et elle se met à leur parler. Cela leur plaît beaucoup. Ils se taisent et ils s'arrêtent devant Evelyne. Alors, Nadine se calme. A ce moment, M. Rajol se montre. Il leur donne le lait. Ensuite, elles rentrent et les chiens les accompagnent jusqu'à la maison.

b) A son retour à Aix, Evelyne raconte l'histoire à ses parents.
Racontez à sa place.

4. L'aven Armand (§§ 65–69, 77)

Racontez au passé composé. Mettez les verbes au mode et au temps corrects, d'après le contexte. Attention à l'accord du participe passé.

Le 18 septembre 1897, pendant une randonnée sur le causse Méjean, Louis Armand, du village du Rozier, *(s'arrêter)* tout à coup devant un trou énorme. Vite, il *(prendre)* une pierre … Et hop! La voilà dans le trou mystérieux. Un long moment *(se passer)*. Puis Armand *(entendre)* un très petit bruit. Il *(se dire)*: «J' *(trouver)* quelque chose de formidable! Ça *(devoir)* être un aven!» Alors, il *(retourner)* au village et il en *(parler)* à son ami Edouard. D'abord, Edouard *(se taire)*. Puis il *(dire)*: «Bon. On *(y aller)* demain avec quelques copains. Mais attention, *(taire)*-nous! Pas un mot aux journaux!» L'idée *(plaire)* à Armand et il *(répondre)* oui. Le 19 septembre, donc, Armand, Edouard et quelques amis *(se rendre)* à l'aven. Devant le trou, Armand *(dire)*: «*(Aller)*, je *(essayer)* de descendre.» Et il *(descendre)* dans le noir. A 75 mètres, une page des «Mille et une nuits» *(s'offrir)* à lui. Il *(voir)* une salle énorme, grande comme une cathédrale, avec des pierres blanches, jaunes, vertes! Il *(crier)*: «Magnifique! Une vraie forêt de pierres!» Quelque temps après, Louis Armand *(s'acheter)* l'aven pour l'ouvrir aux touristes.

5. Faites l'interprète: Dans un magasin de vêtements

Vous êtes en vacances avec vos parents sur la côte d'Azur. Il pleut depuis trois jours. Votre mère veut s'acheter un imperméable. Vous allez dans un magasin de vêtements avec vos parents. Là, vous faites l'interprète.

La vendeuse: Messieurs dames, bonjour!
Votre mère: Ich möchte einen Regenmantel kaufen.
Vous: …
La vendeuse: Venez par ici. Que dites-vous de ces imperméables? Ils sont très à la mode.
Vous: …
Votre père: Wieviel kosten sie?
Vous: …
La vendeuse: Ils coûtent entre 260 et 380 F.
Vous: …
Votre mère: Das interessiert mich. Ich möchte diesen gelben Regenmantel gern mal anprobieren. Er ist sehr hübsch.
Vous: …
Votre père: Der paßt dir doch gar nicht. Der ist zu lang, und die Farbe ist gräßlich.
Vous: Soll ich das auch übersetzen? Na dann …

La vendeuse: Non, madame, ne vous inquiétez pas, vous êtes très bien comme ça. Les vêtements larges sont élégants, et, en plus, très pratiques.
Vous: …
Votre mère: Die Farbe steht mir gut. Und er paßt. Ich nehme ihn.
Vous: …
La vendeuse: Vous payez à la caisse, s'il vous plaît. Au revoir, messieurs dames.
Vous: …
Votre mère: Frag sie noch, wo hier die Bank und die Post sind. Ich will einen Scheck einlösen und Briefmarken kaufen.
Vous: …
La vendeuse: Descendez la rue. Il y a une banque sur votre gauche, et la poste est en face.
Vous: …

Lecture

CONTES ET LÉGENDES – LA BÊTE DU GÉVAUDAN

La montagne de la Margeride est une région rude et pauvre: quelques paysans avec des moutons et des vaches.

Dans ce pays s'est passée, il y a plus de 200 ans, une histoire vraiment extraordinaire.

Nous sommes en juin 1764. Dans la forêt de Mercoire, une paysanne garde ses vaches. Elle fait bien attention: il y a des loups dans la région. Tout à coup, une bête horrible se jette sur elle. La bête a une très grande tête, une gueule énorme, un corps très long. La femme a de la chance: ses vaches viennent se mettre autour d'elle pour l'aider, la bête part.

Pas très loin de là, le 3 juillet, la bête attaque et tue une fille de 14 ans. Puis une autre, à Masméjean, sur l'Allier. Après, cela continue dans le Gévaudan.

Les paysans ne comprennent pas la nature de cette bête. Elle saute sur le dos des gens, comme un chat. Elle les dévore tout de suite, ou les porte dans la forêt. Elle doit avoir une force extraordinaire. Elle fait des sauts de neuf mètres. Et la chance est toujours de son côté: souvent, quand les chasseurs l'ont devant eux, leurs fusils ne marchent pas.

Pendant trois ans, en plus de leur travail aux champs, les paysans du Gévaudan font la chasse à la bête. Les soldats du roi Louis XV viennent les aider. Soldats et paysans sont 20000 en mars 1765. Mais la bête continue, et la peur habite le Gévaudan.

Le 20 septembre 1765, Beauterne, le premier chasseur du roi, cherche la bête dans une forêt, près de l'Allier. Il tue un loup énorme et il le montre à Versailles. Le roi lui donne beaucoup d'argent ...

Mais, en décembre, les massacres recommencent dans le Gévaudan. Non, la bête n'est pas morte! Dans leur peur, les gens se mettent à raconter des histoires fantastiques d'hommes-loups. On a vu la bête marcher comme un homme. On pense alors à la famille Chastel, à Antoine surtout. Il habite seul, avec ses chiens, dans la forêt du Mont Mouchet. Et le Mont Mouchet, est devenu le centre des massacres. Est-ce que cet homme commande la bête?

Le mauvais rêve continue. Le 10 juin 1767, les paysans vont à l'église Notre-Dame-de-Beaulieu, au pied du Mont Mouchet pour demander à Dieu de les aider. Antoine Chastel est là aussi, avec son père, Jean. Après la messe, la grande chasse commence. Le 19 juin, Jean Chastel monte au Mont Mouchet. Là, il ouvre son livre de prières, attend. Tout à coup, la bête est là. Elle le regarde. Il la voit, mais il termine d'abord sa page. Puis il prend son fusil et tire. Et la bête tombe. Quelle fin simple après trois ans de malheur!

Cette fois, la bête est vraiment morte. Et ce n'est pas un loup. Elle est de grande taille et elle pèse 53 kilos (un loup en pèse à peu près 40). Sa gueule est horrible: ouverte, elle fait 45 centimètres.

Depuis, le pays est libre. Les massacres se sont arrêtés. Mais jusqu'à ce jour, on n'a pas compris la nature de la bête. Et les paysans racontent que les vaches ne vont pas manger là où elle est tombée...

a) *Cherchez, dans le texte, les mots pour:*
- eine Legende, eine Bestie, ein Massaker, phantastisch
- the force, to attack, extraordinary, a prayer

[– lupus, corpus, rex]

b) *Réfléchissez.*
1. Montrez comment la bête du Gévaudan pèse sur la vie des habitants.
2. Pourquoi est-ce qu'on ne comprend pas la nature de la bête?

c) *A vous.* Vous voulez faire une pièce radiophonique sur la bête du Gévaudan. *Faites d'abord un plan de l'action, puis écrivez le scénario. Travaillez en groupes.*

Compréhension orale – Spots publicitaires à la radio

a) *Lisez:* une plage: ein Strand; nager: schwimmen; faire de la voile: segeln; faire de la planche à voile: windsurfen; C'est le pied!: Das ist toll!

b) *Ecoutez le spot n° 1, puis répondez aux questions.*
1. La Grande Motte, qu'est-ce que c'est? 2. Où est-ce que cela se trouve?

c) *Ecoutez le spot n° 1 une deuxième fois, puis répondez aux questions.*
1. Qu'est-ce qu'on trouve à La Grande Motte? 2. Qu'est-ce qu'on peut y faire?

d) *Lisez:* un loup: ein Wolf; un parc: ein (Tier-, Naturschutz-)Park; une statue: eine Statue; protéger qc: etw. schützen; une plante: eine Pflanze; Marvejols: Stadt im Departement Lozère.

e) *Ecoutez deux fois le spot n° 2, puis répondez aux questions.*
1. De quelles bêtes est-ce qu'on parle? 2. Qu'est-ce que vous savez maintenant sur le Parc National des Cévennes? 3. Quelles activités est-ce qu'on propose aux touristes?

f) Les enfants Leroux parlent avec leurs parents des prochaines grandes vacances. Mme Leroux propose la Lozère. M. Leroux aime mieux la Grande Motte.
A vous. Jouez la scène.

Révision de grammaire – Pronoms et déterminants

Complétez (qui; quel(le); ce; cet(te), ces, -là; cela/ça):
(M. = Manfred, E. = Evelyne, A. = Antoine; N. = Nadine)

M.: ... est le programme pour aujourd'hui?

E.: ... matin, il nous faut faire les courses.

A.: Il n'y a pas de magasin à Serviès. ... est un problème pour les habitants. Mais ... été, on a ouvert un supermarché au Bleymard: ... est déjà pas mal.

E.: Il faut y être avant midi et demie: les magasins ferment à ... heure ... .

N.: Et ... après-midi, on peut faire une randonnée, non?

M.: Moi, je voudrais aller à l'Hôpital. ... veut m'accompagner? Toi, Nadine?

N.: A ... hôpital? A l'hôpital de Mende? Tu es malade? Qu'est-ce que tu as?

A.: Non, il ne parle pas de ... hôpital ..., il parle du vieux village des Templiers, près du Pont-de-Montvert. Il s'appelle toujours «l'Hôpital», mais aujourd'hui, ... sont seulement des ruines.

N.: ... idée de me faire peur comme ...!

A.: A deux kilomètres de ... ruines, il y a un vieux pont sur le Tarn. Près de ... pont, on peut prendre un bain dans la rivière.

E.: ... m'intéresse. Mais ... randonnée est trop longue pour un après-midi. Allons-y demain.

Savoir se débrouiller – Ecrire des lettres officielles

Martin Hinzinger
Chamerstrasse 12a
CH-6304 Zug

Zug, le 13 juin 19...

Office de tourisme de Florac
Avenue Jean-Monestier

F-48400 Florac

Madame/Monsieur,

Notre classe (22 élèves et 2 professeurs) désire passer quinze jours dans le Massif Central au mois d'octobre. Je prépare le programme avec quelques camarades. Nous cherchons à nous loger près du Mont Lozère. Je vous prie de bien vouloir nous indiquer des auberges de jeunesse, des maisons de jeunes ou des hôtels pas chers. Est-ce que je peux vous demander de la documentation sur la région? Pour nos excursions, il nous faut des cartes avec les chemins de grande randonnée. Où est-ce que nous pouvons les commander? Est-ce qu'en automne, il est encore possible de faire du canoë sur le Tarn?
Nous venons par le train. Donnez-nous, s'il vous plaît, l'adresse d'une société de cars à Florac.

Recevez, Madame/Monsieur, avec mes remerciements, l'expression de mes sentiments distingués.

Martin Hinzinger

Le Refuge
Le Mont Lozère

F- 48190 Bagnols-les-Bains

Tél: 66.48.62.80

Bagnols-les-Bains, le 22/7/19...

M. Martin Hinzinger
Chamerstraße 12a

CH- 6304 Zug

Cher Monsieur,

Suite à votre lettre du 18 ct, nous vous informons que nous pouvons, comme vous le désirez, loger 24 personnes du 13 au 27 octobre.

Nous n'avons pas de chambres individuelles au «Refuge», seulement des dortoirs de 4 ou 6 lits.

Le Refuge se trouve sur la départementale 20, entre Le Bleymard et Le Pont-de-Montvert, à quelques kilomètres du sommet du Mont Lozère.

Nos prix sont les suivants: 40 F par personne et par nuit, plus 10 F pour le chauffage. Le repas de midi ou du soir coûte 60 F, le petit déjeuner 18 F.

Avec votre réservation, nous vous demandons de bien vouloir nous verser 30 % d'arrhes. Nous acceptons les eurochèques.

Nous vous prions de croire, cher Monsieur, à nos sentiments les meilleurs.

Pierre [illegible]

Leçon 10

A Que savez-vous sur Paris?

Testez vos connaissances: (Les photos des pages 108 et 109 vont vous aider.)

1. Paris est la capitale de la France. Pensez-vous qu'il y a, dans la ville de Paris, 778 000, 10 173 400 ou 2 176 000 habitants?

2. Paris n'est pas seulement la capitale de la France, c'est aussi une ville internationale. Combien d'étrangers y a-t-il dans cette ville? Sont-ils 360 000, 650 000 ou 1 200 000?

3. 1887: on construit cette tour pour l'exposition universelle de 1889. Elle a plus de 320 mètres de hauteur. Elle est, aujourd'hui, le symbole de Paris. Comment s'appelle-t-elle?

4. 1163–1345: les Parisiens construisent cette cathédrale, qui se trouve dans l'île de la Cité et que les touristes aiment visiter. Elle a deux tours et une flèche qui monte jusqu'à 90 mètres de hauteur. Comment appelle-t-on cette cathédrale? (En 1831, Victor Hugo a écrit un roman qui porte le nom de ce monument.)

5. Dans ce bâtiment très moderne, il n'y a pas seulement des tableaux. Il y a aussi une cinémathèque, et puis une bibliothèque où vous pouvez apprendre les langues du monde entier, sans payer! Le bâtiment porte le nom d'un Président de la République française. Comment s'appelle-t-il? Avez-vous une idée*?

6. Sous la guillotine, que les révolutionnaires ont mise sur cette place en 1793, les têtes de 1343 hommes et femmes tombent. Au milieu de cette place se trouve, aujourd'hui, un monument que l'Egypte a offert à la France. Alors, est-ce la place de l'Etoile ou la place de la Concorde?

7. Les pièces que Molière (1622–1673) a écrites racontent la vie des Français au XVIIe siècle. On les joue depuis 1680 dans ce théâtre qui se trouve près du Louvre. Quel est son nom?

- Vous avez bien répondu à sept questions? Très bien! Vous avez beaucoup de connaissances sur la capitale.
- Vous avez bien répondu à cinq ou six questions? Bravo! Mais faites un petit voyage à Paris: il vous reste des choses à apprendre.
- Vous avez quatre bonnes réponses, ou moins? Quelle chance! Vous avez tout à découvrir. Paris vous attend.

* Les Parisiens appellent ce bâtiment «Beaubourg» (nom du quartier où on l'a construit).

10 Paris . . .

Ses habitants

18 heures, dans le métro

la Goutte-d'Or,
un quartier arabe

Ses tours

la tour Eiffel

la tour Montparnasse

Ses églises

Notre-Dame de Paris

le Sacré-Cœur

Ses musées

le centre Georges-Pompidou
(centre national d'art et de culture)

le Louvre
(vu à travers la Pyramide)

Ses places

la place Charles-de-Gaulle (l'Etoile)

la place de la Concorde

Ses théâtres

la Comédie-Française

le Théâtre du Soleil (Les acteurs se maquillent.)

10

A 1. Paris … et ma ville (§ 80)

Une classe d'un lycée de Paris est dans votre ville. Vous posez des questions à une des élèves. Vous voulez savoir

1. combien d'habitants il y a à Paris;
2. s'il y a beaucoup d'étrangers;
3. combien ils sont;
4. si elle est déjà montée à la tour Eiffel;
5. si elle a déjà été au centre Pompidou;
6. dans quel quartier il est;
7. comment elle le trouve;
8. si elle a déjà vu une pièce de Molière à la Comédie-Française;
9. où elle habite, à Paris;
10. si elle aime la vie dans la capitale.

a) *Posez les questions. Employez l'interrogation par intonation ou l'interrogation avec* est-ce que. *Donnez des réponses. Exemple:*

1.	Il y a combien d'habitants Combien d'habitants est-ce qu'il y a	à Paris?

b) Pour préparer un échange avec votre classe, des élèves français ont fait un questionnaire. Ils veulent savoir

1. combien d'habitants il y a dans votre ville;
2. si vous avez des monuments intéressants;
3. quelles industries il y a chez vous;
4. s'il est difficile de trouver du travail;
5. si on fait beaucoup pour les jeunes;
6. combien d'élèves il y a dans votre lycée;
7. comment il s'appelle;
8. quels sports vous pouvez y faire;
9. où vous passez votre temps libre.

Quelles questions ont-ils posées? (Employez l'interrogation par inversion.) Exemple:

1. Combien d'habitants **y a-t-il** dans votre ville? *Ensuite, répondez aux questions.*

2. A Paris (§ 81)

Complétez par qui, que, où, d'où.

1. Il y a , à Paris, une place
   … s'appelle, depuis 1971, «place Charles-de-Gaulle», mais
   … les Parisiens continuent à appeler «place de l'Etoile».
2. C'est une grande place
   … partent douze grandes rues et
   … est donc comme une étoile.
3. Au Louvre, il y a des tableaux
   … sont connus dans le monde entier et
   … les touristes aiment regarder.
4. Devant la «Joconde», il y a toujours beaucoup de visiteurs
   … les yeux de la jeune femme invitent à rester et
   … , donc, regardent ce tableau pendant des heures.

5. Le «Théâtre du Soleil» est un théâtre
   … se trouve dans une vieille usine du bois de Vincennes et
   … on joue surtout des pièces modernes.
6. Ariane Mnouchkine, la directrice de ce théâtre, est une femme
   … les acteurs aiment beaucoup,
   … s'est beaucoup intéressée à la Révolution française et
   … en a fait deux pièces de théâtre: «1789» et «1793».
7. Elle a aussi étudié la vie de Molière. C'est un auteur
   … elle trouve très intéressant.
8. Elle en a fait un film
   … 120 acteurs ont joué et
   … on a pu voir dans les cinémas du monde entier.

3. Que savez-vous sur la capitale? (§ 82)

a) *Formez des phrases. Ajoutez le pronom relatif.*
Mettez les verbes au passé composé. Faites attention à l'accord.

1. La tour Montparnasse est
2. Les Grands Boulevards sont
3. Le Sacré-Cœur est
4. Le centre Georges-Pompidou est
5. La tour Eiffel est
6. Notre-Dame est
7. Les Thermes sont

a) une grande tour … on *(construire)* pour une exposition universelle.
b) des monuments romains … on *(découvrir)* au Quartier Latin.
c) une cathédrale … le roi Louis VII *(offrir)* aux Parisiens.
d) un immeuble de 210 mètres de hauteur … on *(construire)* en 1972 à côté de la gare Montparnasse.
e) un centre national d'art et de culture … on *(ouvrir)* au public en 1977.
f) une belle église … on *(construire)* à Montmartre entre 1876 et 1910.
g) de grandes rues … Napoléon III *(ouvrir)* entre 1852 et 1870.

b) *A vous. En classe. Posez des questions à vos camarades.*
Exemple: La Comédie-Française, qu'est-ce que c'est?

B Des conseils pour votre séjour à Paris

Pendant une émission en français à la radio allemande:

Bonjour. Je m'appelle Elisabeth Simon. Vous allez dire: «Mais qu'est-ce qu'elle nous raconte là? Pourquoi est-ce qu'elle se présente?» Eh bien, c'est simple. Je suis la directrice de l'office de tourisme de Paris. Alors, je connais très bien la capitale. Je peux donc répondre à vos questions sans problèmes. A vos questions? Oui, des élèves allemands nous posent souvent des questions sur Paris. Ils nous écrivent même des lettres pour nous demander des renseignements sur la capitale. Par exemple:

- Je ne connais pas Paris. Qui est-ce que je peux contacter pour me loger à bon marché?
- Qui est-ce qui peut nous renseigner sur les restaurants?
- Qu'est-ce qui existe comme moyens de transport pratiques?
- Qu'est-ce qu'il faut voir à Paris? Etc., etc.

Voilà donc nos réponses à Sabine, Claudia, Birgit, Michael, Sven et aux autres.

Centre d'Accueil des Jeunes en France

119, rue Saint-Martin – 4e –
T. 42.77.87.80

> Prix des chambres (1991)
> à la Maison Internationale
> des Jeunes
> 4, rue Titon
> 75011 Paris
>
> 90 F par personne
> (chambre avec douche)

U*n croque-monsieur*

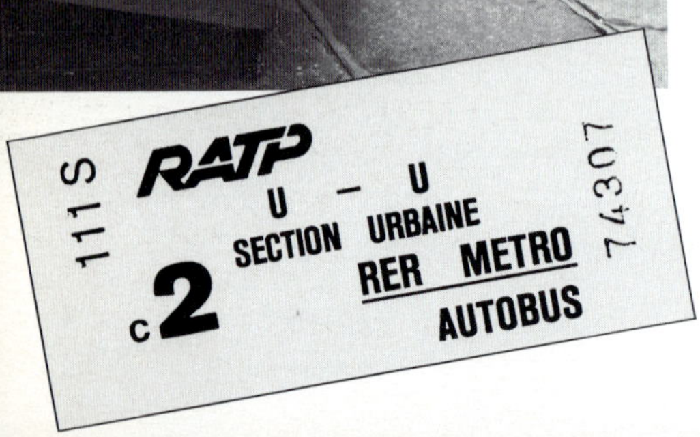

1. Se loger à Paris? Un problème, même pour les Parisiens! Sabine écrit: «Qui peut me dire où je peux me loger à Paris, et pour pas cher?» Alors, vous connaissez, bien sûr, les auberges de jeunesse et les campings: il y en a aussi à Paris! Et puis, il y a les hôtels une, deux, trois ou quatre étoiles. Vous n'avez pas assez d'argent pour prendre une chambre au Ritz? Alors, demandez à l'office de tourisme ou au Centre d'Accueil des Jeunes en France les adresses et les numéros de téléphone des hébergements pour jeunes. Les chambres pour 2, 3, 5 ou 6 personnes sont à des prix très intéressants. Mais il faut réserver. Encore un conseil: ne faites pas comme ce touriste allemand qui a demandé une chambre à l'Hôtel de Ville!

2. «A qui est-ce que je peux m'adresser pour avoir les noms des bons restaurants parisiens?», nous écrit Claudia. Attention, Claudia! Tout ce qui brille n'est pas d'or! Il y a des restaurants très chers où on mange très mal. C'est souvent comme cela dans les restaurants qui se trouvent près des monuments connus ou sur les Grands Boulevards. Un mot sur les «fast foods» et autres «bouffe-vite»: il y en a aussi en France! Bon, je sais que vous aimez y aller. Mais oubliez-les un peu. Vous pouvez manger vite, bien et pour pas cher dans des restaurants français: ça existe! Prenez les petites rues et regardez bien les menus. Pour manger un plat, un seul, entrez dans une brasserie et demandez un croque-monsieur, une saucisse frites ou un sandwich au jambon.
Dites:
«Garçon! Un jambon beurre, s'il vous plaît.»
Ou alors, achetez-vous une baguette, du fromage ou du jambon, et faites-vous un bon sandwich. Voilà! Bon appétit, Claudia! Et écrivez-nous après votre voyage à Paris. Dites-nous alors ce que vous avez trouvé, les noms de vos restaurants, vos bonnes adresses.

3. Qu'est-ce qui a un peu plus de six centimètres sur trois? Avez-vous une idée? Allez! Je vais vous aider encore un peu. Avec ce petit morceau de papier, vous pouvez circuler dans Paris pour peu d'argent. Alors, de quoi s'agit-il? Du ticket de métro, bien sûr! Voilà ma réponse à votre lettre, Birgit. Le métro est pratique et pas cher.

Prix 1991		
1 ticket	5 F 50	
1 carnet	34.50	
«Paris-Visite»		
	3 zones	4 zones + aéroports
3 jours	80 F	150 F
5 jours	130 F	185 F

DIRECTION →
PORTE D'ORLÉANS

Quand vous achetez un carnet de dix tickets, le ticket est très bon marché. Vous pouvez acheter vos carnets dans les stations de métro ou dans les bureaux de tabac.
Vous restez plusieurs jours? Alors, demandez un billet «Paris-Sésame»*. Avec ce billet, vous pouvez faire un nombre illimité de voyages. En 1ère classe! Vous avez votre ticket? Oui? Alors, regardez bien la direction, et n'oubliez pas de changer ou de descendre à la bonne station! Quelquefois, on oublie de descendre, car il y a des jeunes qui chantent ou font de la musique dans le métro. Voilà, Birgit. Mais les vraies découvertes de la capitale, on les fait à pied. Ce qui compte, c'est d'avoir le temps de regarder et de parler aux gens. Rien ne vous renseigne mieux sur Paris.

4. Ce qu'il y a à voir à Paris? Ta question, Michael, n'est pas simple. Tu peux, bien sûr, visiter les monuments connus: la tour Eiffel, le Louvre, le château de Versailles. Un problème: il y a là beaucoup de touristes. Mais il n'y en a jamais ou presque qui se promènent dans les villes nouvelles autour de Paris, des villes où les architectes ont pensé à l'environnement (par exemple: Marne-la-Vallée).
Personne ne connaît le musée de la Poste et on ne voit personne dans le cimetière pour chiens du 18e arrondissement. Un dernier conseil encore: allez à la «Géode», un très grand cinéma qui se trouve à la «Cité des Sciences et de l'Industrie».

La Géode

5. «Je suis à Paris au mois de juillet. Qu'est-ce que je peux y faire?» A quoi pensez-vous, Sven? A la fête du 14 juillet? Au tour de France qui arrive à Paris ce mois-là? Le tour de France ... Imaginez un peu: les coureurs passent près de Versailles et arrivent bientôt à Paris, après 4 000 kilomètres de course. Le premier, le maillot jaune, est au milieu des autres coureurs. Les gens le voient et crient «Bravo! Bravo!» Les coureurs passent, les derniers arrivent. Tout à coup, l'un d'eux tombe. Personne ne connaît ce coureur; les gens ne s'intéressent pas à lui, ils ne disent rien. Il remonte sur son vélo et part vers les Champs-Elysées. Les coureurs du Tour? De vrais champions!

Un coureur du tour de France

*Depuis 1990, ce billet s'appelle «Paris-Visite».

B

1. Reparlons du texte. (§ 84)

Complétez les questions par
qui est-ce qui *ou* qui,
qui est-ce que/qu'est-ce qui/qu'est-ce que.
Ensuite, répondez aux questions.

1. … écrit des lettres à Mme Simon?
2. … Mme Simon propose aux jeunes pour se loger à Paris?
3. … a demandé une chambre à l'Hôtel de Ville de Paris?
4. … est très intéressant dans les hôtels pour jeunes?
5. … peut prendre une chambre dans un hôtel quatre étoiles?
6. … on peut commander dans une brasserie?
7. … a un peu plus de six centimètres sur trois?
8. … Mme Simon renseigne sur le métro?
9. … on peut faire avec un billet «Paris-Sésame»?
10. … fait de la musique dans le métro?
11. … compte, quand on visite Paris?
12. … les gens regardent au milieu des autres coureurs du tour de France?

2. La peur (§ 87)

Nadine a lu le livre sur la bête du Gévaudan.
Pendant la nuit, elle ne peut pas dormir. Elle a peur.
Complétez: a) ne … rien, rien ne …; b) ne … personne, personne ne …

Nadine:	*Evelyne:*
a) – Evelyne, tu vois **quelque chose**?	– Non, je … vois … .
– Mais tu as entendu **quelque chose**?	– Non, je … ai … entendu.
– Tu vas faire **quelque chose**?	– Non, je … vais … faire.
– Mais **quelque chose** se passe ici?	– Non, Nadine, … … se passe ici.
b) – Evelyne, il y a **quelqu'un**.	– Non, Nadine, il … y a … .
– Mais j'ai entendu **quelqu'un**.	– Mais non! Tu … as entendu … .
– Est-ce que tu peux appeler **quelqu'un**?	– Je … vais appeler … .
– Mais **quelqu'un** est à côté de mon lit.	– Voyons, Nadine, … … est à côté de ton lit!

Tout à coup, quelqu'un dit «Je suis la bête du Gévaudan et j'ai faim!»
Evelyne répond: «Il reste du pain dans la cuisine, Antoine.»

3. Seule dans une grande ville (§ 87)

Ce matin, on a trouvé Mme Sophie Durand, 84 ans, morte dans son appartement.

Le commissaire Justin pose des questions à un voisin.
Répondez à la place du voisin et employez
ne … rien/rien ne …/
ne … personne/personne ne …

1. Est-ce que quelque chose s'est passé dans l'immeuble, hier?
2. Est-ce que vous avez entendu quelque chose chez Mme Durand?
3. Est-ce que Mme Durand a contacté quelqu'un dans l'immeuble, hier?
4. Est-ce que quelqu'un fait les courses pour elle?
5. Parlons de la famille de Mme Durand. Vous connaissez quelqu'un de sa famille?
6. Qui est-ce qui peut me renseigner sur sa famille?
7. Qu'est-ce que vous pouvez me dire sur les autres habitants de l'immeuble?
8. Dites-moi, monsieur, est-ce que quelque chose va changer dans l'immeuble, maintenant?

Pauvres gens!

4. Dans les causses

Complétez le dialogue. Accordez les verbes et ajoutez l'adverbe de négation, d'après le contexte.
(*N.* = Nadine; *A.* = Antoine; *E.* = Evelyne; *Ma.* = Marcel, *M.* = Manfred.)

N.: Marcel, tu sais où nous sommes?

Ma.: Non, je ... *(savoir)*.

A.: Alors, il faut trouver ce petit pont sur la carte.

Ma.: La carte est très vieille. Je ... y *(trouver)* le pont.

E.: Antoine, tu connais quelqu'un dans la région?

A.: Non, ici, je ... *(connaître)*.

N.: Eh bien, il faut trouver quelqu'un qui habite ici.

Ma.: Bonne idée! Mais ... *(habiter)* dans ce désert.

A.: Ecoute, c'est très beau ici. Regarde le pont, par exemple. Il ne te plaît pas?

Ma.: Non, ici, ... *(me plaire)*.

M.: Est-ce qu'on a encore des sandwichs? J'ai faim.

E.: Non, il ... *(y avoir)* sandwichs.

M.: Mais, il nous faut quelque chose à manger.

E.: Je regrette, Manfred, mais nous ... *(avoir)*.

Ma.: Nadine, tu as encore de la limonade?

N.: Non, Marcel, tu ... *(avoir)* chance.

E.: Moi, je commence à avoir peur. Est-ce que vous avez déjà vu, en France, un paysage comme le causse Méjean?

N.: Non, moi, je ... *(voir)* paysage comme ça.

E.: Et je ... *(aller faire)* excursion dans ce pays sans quelqu'un de la région!

5. Quelle idée! (§§ 80, 84, 85)

Un Marseillais très riche a eu une idée: acheter la tour Eiffel pour la mettre sur une grande place au milieu de Marseille. Le rédacteur d'un journal parisien lui téléphone. Voilà les réponses du Marseillais. *Retrouvez les questions. (Employez l'interrogation par inversion quand cela est possible.)*

– **Qui** **Qui est-ce qui**	a eu cette idée? – **Moi**.

1. **Moi**.
2. J'ai eu cette idée **en 1988 quand j'ai visité Paris**.
3. Je veux acheter la tour Eiffel **parce que je l'adore**.
4. J'ai parlé de cette histoire **au maire de Paris**.
5. J'ai parlé **du prix de la tour** avec lui.
6. J'ai proposé **995 millions** de francs à la ville de Paris.
7. Je veux mettre la tour **sur la place Jean-Jaurès**.
8. **Ce qui** m'intéresse dans cette affaire, **c'est l'argent des touristes qui vont visiter la tour**.
9. Je pense encore **à une autre affaire** pour faire de l'argent.
10. Il s'agit de **mettre le château de Versailles dans les gorges du Tarn**.

6. Connaissez-vous votre livre? (§ 86)

a) *Testez vos connaissances.*
Posez des questions avec Est-ce que tu sais …?, *puis répondez-y.*
Employez qui, ce qui *ou* ce que.

> – Est-ce que tu sais **ce qu'**on fabrique au Creusot?
> – Non, je ne sais plus **ce qu'**on y fabrique.
>   Oui, je sais **ce qu'**on y fabrique. Ce sont des machines.

1. Qu'est-ce qu'on fabrique au Creusot?
2. Qui est-ce qui travaille comme secrétaire au Creusot?
3. Qu'est-ce qu'il y a comme foire, à Autun?
4. Qui est-ce que la télévision a filmé pendant une de ces foires?
5. Qu'est-ce qui est mauvais pour la vigne?
6. Qui est-ce que Jean-Luc a prié de l'accompagner à Aix?
7. Qu'est-ce qui se trouve au musée Granet?
8. Qui est-ce qui a vendu des documents de sa société à une autre maison?
9. Qu'est-ce qu'on a mis sur la place de la Concorde, en 1793?
10. Qui est-ce qui a écrit un roman sur Notre-Dame de Paris?
11. Qu'est-ce qui porte, à Paris, le nom d'un Président de la République?

b) ☞ *A vous. Posez d'autres questions à vos camarades. Faites un jeu-test.*

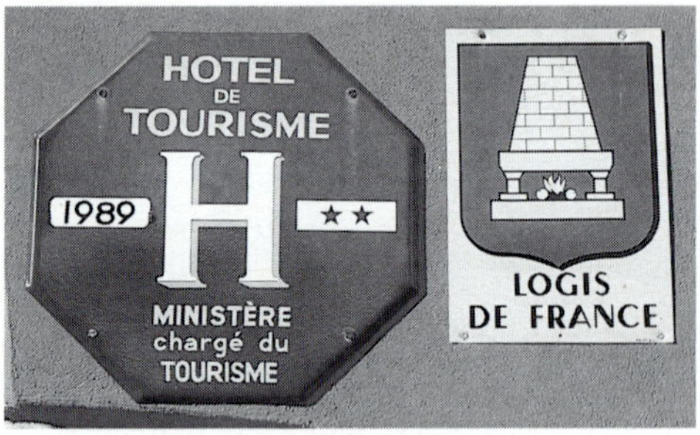

7. Un hôtel pas trop cher

Paris, une petite rue dans un vieux quartier. M. Kramer (K.), un professeur allemand, parle avec la directrice (D.) d'un petit hôtel. Il pose des questions sur les chambres, parce que sa classe veut visiter Paris.

a) *Lisez le dialogue.*

K.: Avez-vous des chambres pour le mois de septembre?
D.: Quand voulez-vous visiter Paris avec vos élèves?
K.: Nous allons visiter la ville du 15 au 21 septembre.
D.: Qu'est-ce que c'est comme groupe?
K.: Il s'agit d'un groupe de 18 élèves qui ont entre 16 et 18 ans.
D.: Il y a combien de filles et de garçons?
K.: Dix filles et huit garçons.
D.: Qui va accompagner les élèves?
K.: Je vais venir avec une collègue.
D.: Alors, attendez … Oui, je peux loger votre groupe.
K.: Qu'est-ce que c'est comme chambres?
D.: J'ai deux chambres à un lit. Les autres sont des chambres à quatre ou cinq lits.
K.: Qu'est-ce qui se trouve dans les chambres? Il y a des salles de bains?
D.: Ce sont des chambres avec douche.
K.: Elles coûtent combien?
D.: Les chambres à un lit sont à 200 francs, et les chambres à quatre ou cinq lits à 90 francs, sans le petit déjeuner. Le petit déjeuner coûte 30 francs.
K.: D'accord. Pouvez-vous réserver deux chambres à quatre lits et deux à cinq lits? Et les deux chambres à un lit, bien sûr!

b) *Racontez au discours indirect. Employez les verbes*
demander, vouloir savoir, répondre, raconter, dire, expliquer, ajouter:
M. Kramer **demande** à la directrice **si** elle … *(Continuez.)*

8. La Provence (§§ 83, 88)

Accordez. Faites attention au temps.

1. Qui *(connaître)* la Provence?
Eh bien, il y a beaucoup de gens qui *(dire)* qu'ils *(connaître)* la Provence, mais qui ne *(savoir)* rien des villes que les Romains y *(construire)*.
Ils *(ne pas comprendre)* qu'en Provence il y a d'autres choses à *(découvrir)* que le soleil et le ciel bleu.
2. La Provence, ce ne sont pas les grands immeubles laids que des responsables du tourisme *(construire)* aujourd'hui, sur les côtes.
Non! Ce qu'il faut *(connaître)*, ce sont les vieux villages et les vieilles villes: Grasse, par exemple, où on *(faire)* des parfums qui sont *(connaître)* dans le monde entier.

9. Comment prendre le métro

Vous êtes à la station «République». Quelqu'un vous demande comment on peut aller à la station «Gare de Lyon». Vous lui expliquez quelle direction il faut prendre, où il faut changer, etc.

a) *Lisez.*

– Pardon, mademoiselle/jeune homme/monsieur, quelle direction est-ce qu'il faut prendre pour aller à la gare de Lyon?

– Vous prenez la direction «Place d'Italie»; c'est la ligne n° 5.
Vous allez jusqu'à «Bastille».
C'est la quatrième station.
Là, il faut changer.
Ensuite, vous prenez la ligne n°1, direction «Château de Vincennes», et vous descendez à la première station.

b) *A vous. En classe.* Vous êtes à la station «République». Quelqu'un vous demande comment on peut aller à ... *Regardez le plan du métro, p. XVI,* et faites des dialogues.

10. Comment dit-on cela en français?

A vous. En classe.
Qu'est-ce qu'on peut dire dans les situations suivantes? *Imaginez des dialogues.*
(Vous pouvez travailler en groupe.)

1. Votre correspondant(e) français(e) vous téléphone. Il/Elle vous invite à passer quinze jours à Paris, pendant les grandes vacances. Vous êtes très content(e).
2. Dans le train, vous faites la connaissance d'un(e) jeune Français(e) qui habite Paris.
   a) Il/Elle vous demande si vous êtes déjà allé(e) en France, ce que vous y avez aimé et ce que vous n'y avez pas aimé.
   b) Il/Elle vous donne des conseils pour votre séjour à Paris.
3. C'est votre premier jour à Paris.
Votre correspondant(e) vous propose un programme: visiter le Louvre et le centre Pompidou le matin, monter à la tour Eiffel et à Notre-Dame l'après-midi.
Est-ce que vous êtes d'accord?
4. Votre copine/copain vous écrit une lettre à Paris. Dans sa lettre, elle/il dit que tout est fini entre vous.
Vous en parlez à votre correspondant(e).
5. Vous vous êtes promené(e) avec votre correspondant(e). A votre retour, vous n'avez plus votre portefeuille. Dans le portefeuille, il y a aussi la clé de l'appartement de votre correspondant(e).
   a) Vous exprimez votre surprise. (Vous ne savez pas si quelqu'un a volé le portefeuille ou si vous l'avez perdu.)
   b) Vous en parlez avec les parents de votre correspondant(e).

Lecture

a) *Racontez ce que vous voyez. Cherchez les mots dans le «Vocabulaire», p. 189.*

b) *Lisez le texte, puis expliquez quelle farce Roland Dorgelès a faite.*

La queue de l'âne

Montmartre. La butte Montmartre. A son sommet, à cent trente mètres, les Parisiens ont construit la basilique du Sacré-Cœur. Montmartre: hier, un village avec des vignes. Aujourd'hui, un quartier de Paris. Hier comme aujourd'hui, une colline qui inspire les peintres et attire les touristes ... Montmartre, dans les années 1900, c'est donc encore un petit village où on rencontre des peintres, comme Pablo Picasso, et des écrivains, comme Roland Dorgelès.

Dorgelès écrit, il aime aussi la bonne peinture. Mais il n'aime pas les peintres qui se moquent du public, qui, vite, mettent des couleurs sur une toile et la vendent très cher. Il n'aime pas les snobs qui achètent ces tableaux, les critiques qui fabriquent la mode. Il se demande alors ce qu'il peut faire pour se moquer de ces gens-là. Et tout à coup, l'idée vient, une idée magnifique, énorme, très simple!

Devant le «Lapin agile», un café de Montmartre, il y a un âne qui s'appelle Lolo. Mais Lolo, ce n'est pas un nom de peintre. Un âne, peintre? Oui, oui. Vous allez voir ...

Roland Dorgelès fixe un pinceau avec de la couleur bleue au bout de la queue de l'âne. Derrière la queue et le pinceau, l'écrivain pose une toile, et il offre une belle carotte à Lolo. Heureux, l'âne remue la queue ... et met du bleu sur la toile, puis du noir et du vert. Maintenant, l'âne en a assez: il ne remue plus la queue. Une carotte, du rouge sur le pinceau, et hop, notre âne pose un joli rouge sur le tableau! La toile est terminée: il faut lui donner un nom, et en trouver un pour le peintre. Dorgelès appelle le tableau: «Coucher de soleil sur l'Adriatique». Et l'artiste? «Hâne»? Non! Tout le monde va comprendre. «Aliboron»? Un aliboron est un homme qui ne sait rien. Là encore, les malins vont comprendre. Pourquoi pas «Baron-Ali»? Mieux: «Boronali»! Oui, «Boronali», ça sonne bien! Un nom italien pour un peintre, c'est magnifique!

Dorgelès se demande ce que les visiteurs du prochain Salon des Indépendants vont penser de cette farce. Le Salon des Indépendants? Une grande exposition de peinture qu'on peut voir une fois par an à Paris ... Le Salon a lieu: les visiteurs admirent le «Coucher de soleil». Quel bleu! Quel vert! Cette mer rouge, que c'est beau, que c'est vrai! Il n'y a personne pour faire des critiques sur l'artiste. Boronali? Un peintre moderne, intéressant, qui montre la route. Enfin, un «connaisseur» achète le tableau, et cher! Bravo Lolo! Non?

Roland Dorgelès écrit alors un texte dans le journal «Le Matin». Titre de l'article: «Un âne, chef d'école». D'école de peinture, bien sûr! La France s'amuse, et admire l'idée de l'écrivain.

(D'après une histoire vraie, présentée par Roland Dorgelès, «Bouquet de bohème»,

Compréhension orale

La complainte de l'heure de pointe (Chanson)

a) *Lisez:*
dépasser: überholen
rouler au pas: Schritt fahren
assiéger: belagern
se mettre au vert: ins Grüne fahren *(sowie Anspielung auf den Wechsel auf Grün bei der Ampel)*
l'air: die Arie/die Luft
avoir des mots: sich streiten

b) *Regardez le plan du métro (p. XVI), puis cherchez les stations:*
- Place des Fêtes
- Place Clichy
- Bastille
- République
- Opéra
- Cambronne
- Gare d'Austerlitz

c) *Ecoutez la chanson une première fois.*
Qu'est-ce que l'auteur nous dit de faire à Paris, à l'heure de pointe?

d) *Ecoutez la chanson une deuxième fois et regardez le texte, p. 120.*

e) *Bilden Sie Gruppen. Erklären Sie die folgenden Wortspiele:*
- La Bastille est assiégée.
- La République est en danger.
- A Cambronne, on a des mots.
- A Austerlitz, c'est Waterloo.

(Zur Klärung der Wortspiele können Sie Wörterbücher und Lexika hinzuziehen).

Révision de grammaire – Le passé composé

Mettez les verbes au passé composé.
Faites attention à l'accord.

Les Leroux à Paris.

Les Leroux à Paris? Les Leroux d'Autun? Eh oui! Florence *(ne pas rester)* au Creusot: elle *(avoir)* des problèmes avec son directeur. Et, à Paris, on lui *(offrir)* une place de secrétaire chez un marchand de meubles.
M. et Mme Leroux, Olivier et Sandrine *(aller)* voir Florence, et, bien sûr, ils *(visiter)* la capitale. Le premier jour, ils *(faire)* la visite des monuments connus: Notre-Dame, la tour Eiffel et le musée du Louvre.
Ils *(prendre)* le métro. «Combien de tickets est-ce que tu *(acheter)*?», *(demander)* Mme Leroux à son mari. M. Leroux *(répondre)*: «Je *(prendre)* trois carnets.»
Le deuxième jour, ils *(se promener)* dans la Cité des Sciences et de l'Industrie, qu'on *(ouvrir)* au public en 1986.
Le troisième jour, un samedi, Florence *(se promener)* avec sa famille au Printemps, un très grand magasin.
Mme Leroux *(s'acheter)* des chaussures pas trop chères. M. Leroux *(vouloir s'acheter)* des chaussures noires. Il les *(essayer)*, mais il *(ne pas les prendre)*: trop grandes!
Olivier *(arriver)* «Regardez, elle est super, la chemise que je *(s'offrir)*, non?»
«Bof!», *(faire)* Sandrine.
L'après-midi, Olivier *(sortir)* seul. Quand il *(revenir)*, il *(dire)*: «Je *(découvrir)* une discothèque formidable.»
«Quelle discothèque est-ce que tu *(découvrir)*?», *(demander)* Florence.
«Le BALAJO, près de la Bastille, et je *(avoir)* deux billets pour ce soir.»
«Quelle chance tu *(avoir)*! Il y a toujours beaucoup de gens au BALAJO.»

La complainte de l'heure de pointe (Chanson)

Refrain:
Dans Paris à vélo,
On dépasse les autos.
A vélo dans Paris,
On dépasse les taxis.

1. Place des Fêtes, on roule au pas.
   Place Clichy, on n'roule pas.
   La Bastille est assiégée.
   Et la République est en danger.

2. L'agent voudrait se mettre au vert.
   L'Opéra rêve de grand air.
   A Cambronne, on a des mots.
   Et à Austerlitz, c'est Waterloo.

Paroles de C. Lemesle et R. Dassin
Musique de JUWENS – Jay

Tour Eiffel (Poème)

Cœur d'acier, cœur de Paris,
Du haut de tes antennes,
Je salue mes amis.

Sœur de la Seine, à sa rive rivetée,
Mince squelette dans Paris érigée,
Séduisante et belle d'une étrange beauté,
Tu gardes la ville et son identité.

Cœur d'acier, cœur de Paris,
Grâce à tes antennes,
Je parle à mes amis.

Gauthier de Monastère, 1988

John (Chanson)

Il dit Bramah, il dit Jéhovah.
Il est Indien, Sibérien, Géorgien.
Il dit Dieu ou Allah.
Il dit Bramah, il dit Jéhovah.
Y'a sur son drapeau
Des étoiles, des couronnes.
Y'a des faucilles, des marteaux.
Qu'importe!
John est mort en plein vol
Au large d'Hanoï
Ou de Madrid.
John est mort dans les flammes
Au sud de Bagdad,
A Port-Saïd.
Il dit Liebe, il dit Love ou Amour.
C'était il y a mille ans,
C'est maintenant, et c'est pour toujours.
Il habite une ferme
Dans le Loir-et-Cher,
Une tente au bord du désert.
Qu'importe!
John est mort en plein vol
Au large d'Hanoï
Ou de Berlin.
John est mort dans les flammes
Au sud de Bagdad
Ou à Pékin.
Il dit Dieu, Jéhovah ou Allah ou Vishnou.
(bis)
Il dit Dieu, Jéhovah ou Allah.
John est mort en plein vol
Un matin d'automne,
Près du Mékong.
John est mort dans les airs,
Au nord des rizières,
Près d'Haïphong.

Paroles et musique
de J. M. Rivat

Vocabulaire

Lautzeichen

Vokale

[a] m**a**d**a**me, M**a**rc; wie das deutsche *a*.
[e] caf**é**, mang**er**, regard**ez**; geschlossenes *e*, etwa wie in *geben*.
[ɛ] il f**ait**, il m**et**, il **est**, m**e**rci; offenes *ä*, etwa wie in *Ärger*.
[i] **i**l, l'am**ie**; geschlossener als das deutsche *i*, Lippen stark spreizen.
[ɔ] p**o**rter, al**o**rs, le c**o**llège; offenes *o*, offener als in *Loch*.
[o] phot**o**, all**ô**, **au**ssi, plat**eau**; geschlossenes *o*, wie in *Rose*.
[ø] d**eux**, monsi**eur**; geschlossenes *ö*, etwa wie in *böse*.
[œ] s**œur**, n**eu**f, h**eu**re; offenes *ö*, bei kurzem Vokal etwa wie in *Röcke*.
[ə] l**e**, r**e**pas; der Laut liegt zwischen [œ] und [ø], näher bei [œ].
[u] r**ou**te, **où**, bonj**ou**r; geschlossenes *u*, etwa wie in *Ufer*.
[y] t**u**, r**ue**, sal**u**t; ähnlich dem deutschen *ü* in *Tür*.

Nasalvokale

[ɛ̃] **un**, bi**en**, l**un**di, p**ain**, vois**in**; nasales [ɛ].
[õ] **on**, s**on**t, n**om**; nasales [o].
[ɑ̃] d**an**s, ch**am**bre, je pr**en**ds; nasales [ɑ].

Die Nasalvokale haben im Deutschen keine Entsprechung.

Beachte: *un, lundi*: Neben [ɛ̃] hört man in Frankreich auch [œ̃] = nasales [œ].

Konsonanten

[f] **f**rère, **ph**oto; wie das deutsche *f*, in *Fibel, Photo*.
[v] **v**erre, au re**v**oir, il arri**v**e; wie das deutsche *w* in *werden*.
[s] **s**œur, tran**s**port, **c**'est, **ç**a, ta**ss**e, récréa**t**ion; stimmloses *s*, wie in *Los*; als Anlaut vor Vokal ist *s* immer stimmlos.
[z] maga**s**in, mai**s**on, il**s**‿arrivent, **z**éro; stimmhaftes *s*, wie in *summen*; zwischen zwei Vokalen ist *s* stimmhaft.
[ʒ] **j**e, bon**j**our, les **g**ens; wie *j* in *Journalist*.
[ʃ] **ch**ien, je **ch**er**ch**e; stimmloses *sch*, wie in *schön*.
[ɲ] ma**gn**ifique; etwa wie in *Kognak*.
[ŋ] in Wörtern aus dem Englischen, z.B. campi**ng**, parki**ng**.
[r] **r**egarder, po**r**ter, jou**r**; Zäpfchen-Reibe-Laut; wird auch am Wortende und vor Konsonant deutlich ausgesprochen.

Die nicht erwähnten Konsonanten sind den deutschen sehr ähnlich.
Bei [p], [b], [t], [d], [k], [g] ist jedoch darauf zu achten, daß sie ohne „Hauchlaut" gesprochen werden.

Halbkonsonanten

[j] b**i**en, fam**ill**e, trava**il**; weicher als das deutsche *j* in *ja*.
[w] **ou**i, t**oi**; flüchtiger [u]-Laut, gehört zum folgenden Vokal.
[ɥ] c**u**isine, je s**u**is, h**u**it; flüchtiger [y]-Laut, gehört zum folgenden Vokal.

Pour faire les exercices du livre

Hier sind die wichtigsten Anweisungen aus den Übungen dieses Buches zusammengestellt.

Lisez les questions et les réponses.	Lesen Sie die Fragen und die Antworten!
Continuez.	Machen Sie weiter!
A vous.	Jetzt sind Sie dran.
En classe.	In der Klasse.
Regardez le dessin.	Schauen Sie die Zeichnung an!
Complétez.	Ergänzen Sie!/Setzen Sie ... ein!
Reparlons du texte.	Sprechen wir noch einmal über den Text.
Répondez.	Antworten Sie!
une ligne	eine Zeile
Regardez la carte de France.	Schauen Sie die Frankreichkarte an!
un transparent	eine Folie
En français.	Auf französisch.
Faites le dialogue.	Erstellen Sie den Dialog!
le perfectionnement	die Erweiterung (von Kenntnissen)/Vervollkommnung
savoir se débrouiller	sich zu helfen wissen
un centre d'intérêt	ein Interessengebiet/Sachfeld
Lisez les mots.	Lesen Sie die Wörter!
Faites des phrases.	Bilden Sie Sätze!
Traduisez en français.	Übersetzen Sie ins Französische!
Complétez les questions par ...	Ergänzen Sie die Fragen durch ...
Complétez les réponses.	Ergänzen Sie die Antworten!
Racontez.	Erzählen Sie!
la lecture	das Lesen
Donnez trois raisons.	Geben Sie drei Gründe an!
la compréhension orale	das Hörverstehen
Juste ou faux?	Richtig oder falsch?
Posez les questions de ... et donnez les réponses.	Stellen Sie die Fragen von ... und geben Sie die Antworten!
Pensez aux apostrophes.	Denken Sie an die Apostrophe!
Relisez le texte.	Lesen Sie den Text noch einmal!
Faites l'interprète.	Spielen Sie den Dolmetscher!
résumer	zusammenfassen
une traduction	eine Übersetzung
les notes	die Notizen
Accordez les verbes.	Gleichen Sie die Verben an!
Transformez.	Formen Sie um!
Employez les éléments de la liste.	Verwenden Sie die Elemente aus der Liste!
Ecoutez les scènes une première fois.	Hören Sie sich die Szenen ein erstes Mal an!
Où est-ce que les scènes ont lieu?	Wo finden die Szenen statt?
si nécessaire	wenn nötig
Faites des dialogues entre les autres personnes de la famille.	Erstellen Sie Dialoge zwischen den anderen Familienmitgliedern!
Employez le futur composé et des pronoms.	Verwenden Sie das futur composé und Pronomen!
Quelquefois, il y a plusieurs possibilités.	Manchmal gibt es mehrere Möglichkeiten.

la première partie d'un texte	der erste Teil eines Textes
Remplacez les mots en italique par ...	Ersetzen Sie die kursiv gedruckten Wörter durch ...
Donnez un titre à chaque partie du texte.	Geben Sie jedem Teil des Textes einen Titel!
Complétez les mots abrégés.	Ergänzen Sie die abgekürzten Wörter!
Transformez les petites annonces en textes complets.	Formen Sie die Kleinanzeigen in vollständige Texte um!
Faites attention à la place et à l'accord de l'adjectif.	Achten Sie auf die Stellung und auf die Angleichung des Adjektivs!
Ajoutez les pronoms sujets.	Fügen Sie die Subjektpronomen hinzu!
Cherchez les expressions ...	Suchen Sie die Ausdrücke ...
Faites deux listes.	Stellen Sie zwei Listen auf!
Justifiez vos réponses.	Begründen Sie Ihre Antworten!
Voilà la traduction allemande.	Hier ist die deutsche Übersetzung.
d'après le modèle	nach dem Muster
... quand cela est possible.	... wenn dies möglich ist.
Faites deux groupes avec les expressions suivantes.	Ordnen Sie die folgenden Ausdrücke in zwei Gruppen!
Faites la même chose pour ...	Machen Sie dasselbe mit ...
Racontez au passé composé.	Erzählen Sie im passé composé!
Plusieurs mots interrogatifs sont possibles.	Mehrere Fragewörter sind möglich.
Imaginez des dialogues.	Erfinden Sie Dialoge!
d'après le contexte	dem Inhalt entsprechend
Choisissez pour chaque situation une des réactions suivantes.	Wählen Sie für jede Situation eine der folgenden Reaktionen aus.
Exprimez votre surprise ou votre admiration.	Drücken Sie Ihre Überraschung oder Bewunderung aus!
Mettez les verbes au mode et au temps corrects.	Setzen Sie die Verben in den richtigen Modus und in die richtige Zeit!
Faites un plan de l'action.	Gliedern Sie die Handlung!
Ecrivez le scénario.	Schreiben Sie das Drehbuch!
Employez l'interrogation par intonation.	Verwenden Sie die Intonationsfrage!
Employez l'interrogation par inversion.	Verwenden Sie die Inversionsfrage!
Formez des phrases.	Bilden Sie Sätze!
un pronom relatif	ein Relativpronomen
un adverbe de négation	ein Verneinungsadverb
un jeu-test	ein Quiz
Racontez au discours indirect.	Erzählen Sie in der indirekten Rede!
Regardez le plan du métro.	Schauen Sie den Metroplan an!

Symbole und Abkürzungen

→	Comparez avec …	Vergleichen Sie mit …
≠	le contraire de …	das Gegenteil von …
(f)	féminin	Femininum *(Fem.)*
(m)	masculin	Maskulinum *(Mask.)*
(f, plur)	féminin, pluriel	Femininum, Plural *(Pl.)*
(m, plur)	masculin, pluriel	Maskulinum, Plural
(fam)	familier	umgangssprachlich *(ugs.)*
qn	quelqu'un	jemand *(jd.)*/jemanden *(jdn.)*
à qn	à quelqu'un	jemandem *(jdm.)*
qc	quelque chose	etwas *(etw.)*
p. ex.	par exemple	zum Beispiel
s.t.p.	s'il te plaît	bitte *(du-Form)*
s.v.p.	s'il vous plaît	bitte *(Sie-Form)*
conj.	conjonction	Konjunktion *(Konj.)*

3. Ps.	3. Person
wörtl.	wörtlich
dtsch.	deutsch
frz.	französisch
unv. Pp.	unverbundenes Personalpronomen
staatl.	staatlich
Jh.	Jahrhundert

Leçon 1

une leçon [ynləsõ]	eine Lektion
*****1 = un** [ɛ̃]	eins

A Le Tarn

le Tarn [lətarn]	*Fluß in Frankreich*
voilà [vwala]	da ist/das ist
la France [lafrɑ̃s]	Frankreich
une rivière [ynrivjɛr]	ein Fluß
Le Tarn **est** une rivière. [lətarnɛtynrivjɛr]	Der Tarn ist ein Fluß.
quatre [katr]	vier
un jeune [ɛ̃ʒœn], **une jeune** [ynʒœn]	ein Jugendlicher, eine Jugendliche
quatre jeunes [katrəʒœn]	vier Jugendliche
deux [dø]	zwei
une fille [ynfij], **les** filles [lefij]	ein Mädchen, die Mädchen
et [e]	und
un garçon [ɛ̃garsõ], **les** garçons [legarsõ]	ein Junge, die Jungen
ce sont [səsõ]	es sind/das sind
c'est [sɛ]	es ist/das ist
Florence [flɔrɑ̃s], **Martine** [martin]	*weibl. Vornamen*
Jean-Luc [ʒɑ̃lyk], **Olivier** [ɔlivje]	*männl. Vornamen*
Leroux [ləru], **Morel** [mɔrɛl], **Lassalle** [lasal]	*Familiennamen*
le frère [ləfrɛr]	der Bruder
Olivier est le frère **de** Florence. [ɔlivjeɛləfrɛrdəflɔrɑ̃s]	Olivier ist der Bruder von Florence.
la sœur [lasœr]	die Schwester
la sœur **d'**Olivier [lasœrdɔlivje]	die Schwester von Olivier
un ami [ɛ̃nami], **une amie** [ynami]	ein Freund, eine Freundin
l'ami *(m)* [lami], **l'amie** *(f)* [lami]	der Freund, die Freundin
les vacances *(f, plur)* [levakɑ̃s]	die Ferien/der Urlaub
Les jeunes sont **en vacances.** [leʒœnsõtɑ̃vakɑ̃s]	Die Jugendlichen sind in den Ferien/im Urlaub.
un centre [ɛ̃sɑ̃tr]	ein Zentrum
un canoë [ɛ̃kanɔe]	ein Kanu
un centre de canoë [ɛ̃sɑ̃trədəkanɔe]	ein Kanuzentrum
avec [avɛk]	mit
sur [syr]	auf
Ils sont sur le Tarn. [ilsõsyrlətarn]	Sie *(3. Ps. Pl. Mask.)* sind auf dem Tarn.
Elles sont sur le Tarn. [ɛlsõsyrlətarn]	Sie *(3. Ps. Pl. Fem.)* sind auf dem Tarn.

**un*: Neben [ɛ̃] hört man in Frankreich auch [œ̃] = nasales [œ]

Max [maks]	*männl. Vorname; hier: Hundename*
un chien [ɛ̃ʃjɛ̃]	ein Hund
là [la]	da
aussi [osi]	auch
Max est **là aussi.** [maksɛlaosi]	Max ist auch da.
Max est là.	Max ist da.
Il est avec Olivier. [ilɛtavɛkɔlivje]	Er ist mit Olivier (zusammen).
Martine est là.	Martine ist da.
Elle est là. [ɛlɛla]	Sie ist da.
derrière [dɛrjɛr]	hinter
dans [dɑ̃]	in
l'eau *(f)* [lo]	das Wasser
C'est super! *(fam)* [sɛsypɛr]	Das ist super! *(ugs.)*
Le Tarn, **c'est** super! [lətarnsɛsypɛr]	Der Tarn ist super!

Exercices

un exercice [ɛ̃nɛgzɛrsis]	eine Übung
(N) **qui** [ki]	wer
Qui est Florence? [kiɛflɔrɑ̃s]	Wer ist Florence?
Qui sont les filles? [kisɔ̃lefij]	Wer sind die Mädchen?
– Florence, **qui est-ce**? [flɔrɑ̃skiɛs]	– Florence, wer ist das?
– **C'est** une amie de Martine. [sɛtynamidəmartin]	– Sie ist eine Freundin von Martine.
où [u]	wo/wohin
Où est Martine? [uɛmartin]	Wo ist Martine?
Où sont les garçons? [usɔ̃legarsɔ̃]	Wo sind die Jungen?
3 **en France** [ɑ̃frɑ̃s]	in Frankreich

B Retour à Autun

un retour [ɛ̃rətur]	eine Rückkehr/Rückfahrt
à [a]	in/nach
Autun [otɛ̃]	*Stadt in Burgund*
Retour à Autun [rəturaotɛ̃]	Rückkehr nach Autun
madame (Mme) Leroux [madamləru]	Frau Leroux
monsieur (M.) Leroux [məsjøləru]	Herr Leroux
Sandrine [sɑ̃drin]	*weibl. Vorname*
une salle de séjour [ynsaldəseʒur]	ein Wohnzimmer
la mère [lamɛr]	die Mutter
le père [ləpɛr]	der Vater
une cuisine [ynkɥizin]	eine Küche
Bonjour. [bɔ̃ʒur]	Guten Tag./Guten Morgen.
Salut. *(fam)* [saly]	Grüß dich./Grüß euch. *(ugs.)*
maman [mamɑ̃]	Mama/Mutti
papa [papa]	Papa/Vati
être [ɛtr]	sein
je suis [ʒəsɥi]	ich bin
tu es [tyɛ]	du bist
il est [ilɛ]	er ist
elle est [ɛlɛ]	sie ist
nous sommes [nusɔm]	wir sind
vous êtes [vuzɛt]	ihr seid/Sie sind
ils sont [ilsɔ̃]	sie *(Mask.)* sind
elles sont [ɛlsɔ̃]	sie *(Fem.)* sind
Nous sommes de retour. [nusɔmdərətur]	Wir sind zurück.
Ah! [a]	Ah!/Ach! *(Ausruf)*
André [ɑ̃dre]	*männl. Vorname*
oui [wi]	ja
Oh! [o]	Oh!/Ach! *(Ausruf)*
Ça va? [sava]	Wie geht's?/Geht's (dir/euch/Ihnen) gut?
Et vous? [evu]	Und euch/Ihnen?/Und wie geht's euch/Ihnen?
Ça va bien. [savabjɛ̃]	Es geht (mir/uns) gut.
merci [mɛrsi]	danke
Nous, ça va bien, merci. [nusavabjɛ̃mɛrsi]	Danke. Uns geht's gut.
un ami [ɛ̃nami], **des amis** [dezami]	ein Freund, Freunde
Bonjour, monsieur.	Guten Tag/Guten Morgen (, mein Herr).
mademoiselle (Mlle) [madmwazɛl]	Fräulein

non [nõ]	nein
Beaune [bon]	*Stadt in Burgund*
Martine **est de** Beaune. [martinɛdəbon]	Martine ist aus Beaune.
moi [mwa]	ich *(ohne Verb gebraucht)*
Moi, je suis d'Autun.	Ich *(betont)* bin aus Autun.
toi [twa]	du *(ohne Verb gebraucht)*
une assiette [ynasjɛt], **des** assiettes [dezasjɛt]	ein Teller, Teller
un verre [ɛ̃vɛr], **des** verres [devɛr]	ein Glas, Gläser
mais [mɛ]	aber
une côtelette [ynkɔtlɛt]	ein Kotelett
Ah non! [anõ]	*hier:* Das gibt's doch wohl nicht!

Exercices

1 Il est **d'où**? [ilɛdu]	Woher ist er?
3 **Paris** [pari], **Orléans** [ɔrleɑ̃], **Strasbourg** [strasbur], **Lyon** [ljõ], **Bordeaux** [bɔrdo], **Avignon** [aviɲõ]	*Städte in Frankreich*
Annie [ani], **Christine** [kristin], **Nicole** [nikɔl]	*weibl. Vornamen*
Philippe [filip], **Marc** [mark], **Pascal** [paskal]	*männl. Vornamen*
Tavan [tavɑ̃], **Rivière** [rivjɛr], **Simon** [simõ], **Laval** [laval]	*Familiennamen*
5 **Au revoir.** [ɔrvwar]	Auf Wiedersehen.

Perfectionnement

Savoir se débrouiller

je m'appelle [ʒəmapɛl]	ich heiße
Moi, c'est Nicole. [mwasɛnikɔl]	Ich bin Nicole.
Comment ça va? [kɔmɑ̃sava]	Wie geht's?
très bien [trɛbjɛ̃]	sehr gut
mal [mal]	schlecht
pas mal [pamal]	nicht schlecht/ganz gut
comme ci, comme ça *(fam)* [kɔmsi,kɔmsa]	so la la *(ugs.)*

Centre d'intérêt – En classe

une carte [ynkart]	eine (Land-)Karte
une image [ynimaʒ]	ein Bild/eine Abbildung
une porte [ynpɔrt]	eine Tür
une lampe [ynlɑ̃p]	eine Lampe
un tableau [ɛ̃tablo], **des** tableaux [detablo]	eine (Wand-)Tafel, Tafeln
une chaise [ynʃɛz]	ein Stuhl
une table [yntabl]	ein Tisch
Petit [pəti]	*Familienname*
Pierre [pjɛr]	*männl. Vorname*
un livre [ɛ̃livr]	ein Buch
la terre [latɛr]	die Erde/der Boden
par terre [partɛr]	auf dem Boden
un élève [ɛ̃nelɛv], **une élève** [ynelɛv]	ein Schüler, eine Schülerin
un cahier [ɛ̃kaje]	ein Heft
une classe [ynklas]	ein Klassenzimmer/eine Klasse
Qui est à la porte? [kiɛtalapɔrt]	Wer ist an der Tür?
un professeur [ɛ̃prɔfɛsœr]	ein Lehrer/eine Lehrerin

Leçon 2

A Habiter et travailler à Autun

habiter [abite]	wohnen
il/elle habite [ilabit/ɛlabit]	er/sie wohnt
ils/elles habitent [ilzabit/ɛlzabit]	sie wohnen
Elle habite **à Autun.** [ɛlabitaotɛ̃]	Sie wohnt in Autun.
travailler [travaje]	arbeiten
il/elle travaille [iltravaj/ɛltravaj]	er/sie arbeitet
ils/elles travaillent [iltravaj/ɛltravaj]	sie arbeiten

Elle travaille **à Autun.**	Sie arbeitet in Autun.
les Leroux [lelәru]	die (Familie) Leroux
une cité [ynsite]	eine Siedlung
«La Croix-Verte» [lakrwavɛrt]	*Name einer Siedlung in Autun (wörtl.: „das grüne Kreuz")*
la Bourgogne [laburgɔɲ]	Burgund
Autun est **en Bourgogne.** [otɛ̃ɛtɑ̃burgɔɲ]	Autun befindet sich in Burgund.
un élève [ɛ̃nelɛv], **une élève** [ynelɛv]	ein Schüler, eine Schülerin
un collège [ɛ̃kɔlɛʒ]	ein „Collège" *(weiterführende Schule für alle 11–15jährigen Schüler; entspricht der Sekundarstufe I)*
«Le Vallon» [lәvalõ]	*Name eines „Collège" (wörtl.: „das kleine Tal")*
un lycée [ɛ̃lise]	ein „Lycée" *(entspricht der Sekundarstufe II/der Oberstufe des Gymnasiums)*
Bonaparte [bɔnapart]	*Familienname Napoléons (Napoléon Bonaparte, 1769–1821; frz. Kaiser 1804–1815; für kurze Zeit Schüler in Autun)*
Olivier est **au lycée Bonaparte.** [ɔlivjeɛto lysebɔnapart]	Olivier ist auf dem „Lycée Bonaparte".
arriver [arive]	(an-)kommen
il/elle arrive [ilariv/ɛlariv]	er/sie kommt an
ils/elles arrivent [ilzariv/ɛlzariv]	sie kommen an
une maison [ynmɛzõ]	ein Haus
Florence arrive **à la maison.** [flɔrɑ̃sarivalamɛzõ]	Florence kommt nach Hause.
regarder qc [rәgarde]	etw. anschauen/betrachten

une annonce [ynanõs]	eine Anzeige
un journal [ɛ̃ʒurnal], **des journaux** [deʒurno]	eine Zeitung, Zeitungen
chercher qc [ʃɛrʃe]	etw. suchen
il/elle cherche [ilʃɛrʃ/ɛlʃɛrʃ]	er/sie sucht
ils/elles cherchent [ilʃɛrʃ/ɛlʃɛrʃ]	sie suchen
un travail [ɛ̃travaj], **des travaux** [detravo]	eine Arbeit, Arbeiten; *hier:* eine Arbeitsstelle
chez [ʃe]	bei/zu
Neyrat [nɛra]	*Firmenname*
Il travaille **chez Neyrat.** [iltravajʃenɛra]	Er arbeitet bei Neyrat.
on [õ]	man
fabriquer qc [fabrike]	etw. herstellen
il/elle fabrique [ilfabrik/ɛlfabrik]	er/sie stellt her
on fabrique [õfabrik]	man stellt her
ils/elles fabriquent [ilfabrik/ɛlfabrik]	sie stellen her
un parapluie [ɛ̃paraplɥi]	ein Regenschirm
un programmeur [ɛ̃prɔgramœr], **une programmeuse** [ynprɔgramøz]	ein Programmierer, eine Programmiererin
devant [dәvɑ̃]	vor
un ordinateur [ɛ̃nɔrdinatœr]	ein Computer
le tourisme [lәturism]	der Fremdenverkehr
un touriste [ɛ̃turist], **une touriste** [ynturist]	ein Tourist, eine Touristin
un office de tourisme [ɛ̃nɔfisdәturism]	ein Verkehrsamt
Elle travaille **à l'office de tourisme.** [ɛltravaj alɔfisdәturism]	Sie arbeitet im Verkehrsamt.
donner qc à qn [dɔne]	jdm. etw. geben
il/elle donne [ildɔn/ɛldɔn]	er/sie gibt
on donne [õdɔn]	man gibt
ils/elles donnent [ildɔn/ɛldɔn]	sie geben

une information [ynɛ̃fɔrmasjõ]	eine Information/ Auskunft
Elle donne des informations **aux touristes.** [ɛldɔnde zɛ̃fɔrmasjõoturist]	Sie gibt den Touristen Auskünfte.
une photo [ynfɔto]	ein Foto
montrer qc à qn [mõtre]	jdm. etw. zeigen
il/elle montre [ilmõtr/ɛlmõtr]	er/sie zeigt
on montre [õmõtr]	man zeigt
ils/elles montrent [ilmõntr/ɛlmõtr]	sie zeigen
un prospectus [ɛ̃prɔspɛktys],	ein Prospekt,
des prospectus [deprɔspɛktys]	Prospekte
Elle montre un prospectus **à un monsieur.** [ɛlmõtrɛ̃ prɔspɛktysaɛ̃məsjø]	Sie zeigt einem Herrn einen Prospekt.
sous [su]	unter
un Romain [ɛ̃rɔmɛ̃],	ein Römer,
une Romaine [ynrɔmɛn]	eine Römerin
Augustodunum [ogystodynɔm]	*Name der Stadt Autun unter den Römern*
une porte [ynpɔrt]	eine Tür/ein Tor
l'Arroux *(m)* [laru]	*kleiner Fluß, der durch Autun fließt*
la porte d'Arroux [lapɔrtədaru]	*römisches Tor in Autun*
un saint [ɛ̃sɛ̃],	ein Heiliger,
une sainte [ynsɛ̃t]	eine Heilige
saint André	der heilige Andreas
la porte Saint-André (St-André) [lapɔrtəsɛ̃tɑ̃dre]	*römisches Tor in Autun*
une époque [ynepɔk]	eine Epoche/Zeit
La porte d'Arroux est de l'époque des Romains. [... ɛdəlepɔkderɔmɛ̃]	Die „Porte d'Arroux" stammt aus der Römerzeit.
un monument [ɛ̃mɔnymɑ̃]	ein Denkmal/ Monument
un autre monument [ɛ̃notrə ...]	ein anderes/weiteres Denkmal
une cathédrale [ynkatedral]	eine Kathedrale
saint Lazare [sɛ̃lazar]	der heilige Lazarus
une place [ynplas]	ein Platz
saint Louis [sɛ̃lwi]	Ludwig der IX. *(König von Frankreich von 1226 bis 1270)*
une fête [ynfɛt]	ein Fest
un marché [ɛ̃marʃe]	ein Markt

Exercices

2 **réparer qc** [repare]	etw. reparieren
il/elle répare [ilrepar/ɛlrepar]	er/sie repariert
on répare [õrepar]	man repariert
ils/elles réparent [ilrepar/ɛlrepar]	sie reparieren
3 **Datec** [datɛk]	*fiktive Firmennamen*
Canosport [kanospɔr]	
Cristal [kristal]	
Offset [ɔfsɛt]	
4 **une machine** [ynmaʃin]	eine Maschine
une phrase [ynfraz]	ein Satz
une machine à phrases [ynmaʃinafraz]	eine Satzmaschine
5 **Martin** [martɛ̃]	*Familienname*
les Martin [lemartɛ̃]	die Familie Martin/ (die) Martins

B C'est la rentrée.

la rentrée [larɑ̃tre]	der Schulanfang/ Wiederbeginn der Arbeit *(nach den Sommerferien)*
8 = huit [ɥit]	acht
septembre *(m)* [sɛptɑ̃br]	September
le 8 septembre [ləɥisɛptɑ̃br]	der 8. September
aujourd'hui [oʒurdɥi]	heute

retourner [rəturne]	zurückkehren
je retourne [ʒərəturn]	ich kehre zurück
tu retournes [tyrəturn]	du kehrst zurück
il/elle retourne [ilrəturn/ɛlrəturn]	er/sie kehrt zurück
on retourne [õrəturn]	man kehrt zurück
nous retournons [nurəturnõ]	wir kehren zurück
vous retournez [vurəturne]	ihr kehrt zurück/ Sie kehren zurück
ils/elles retournent [ilrəturn/ɛlrəturn]	sie kehren zurück
Retourne. [rəturn]	Kehr zurück!
Retournons. [rəturnõ]	Laßt uns zurückkehren!
Retournez. [rəturne]	Kehrt zurück!/ Kehren Sie zurück!
une école [ynekɔl]	eine Schule *(allgemein)*
Ils retournent à l'école. [ilrəturnalekɔl]	Sie gehen wieder in die Schule.
Nous sommes **chez les Leroux.** [nusɔmʃeleləru]	Wir sind bei (den) Leroux (zu Hause).
7 = sept [sɛt]	sieben
l'heure *(f)* [lœr]	die Stunde/Uhrzeit
Il est sept heures. [ilɛsɛtœr]	Es ist sieben (Uhr).
entrer [ɑ̃tre]	eintreten
j'entre [ʒɑ̃tr]	
tu entres [tyɑ̃tr]	
il entre [ilɑ̃tr]	
nous entrons [nuzɑ̃trõ]	
vous entrez [vuzɑ̃tre]	
ils entrent [ilzɑ̃tr]	
une chambre [ynʃɑ̃br]	ein (Schlaf-)Zimmer
Debout, Olivier! [dəbuɔlivje]	Olivier, aufstehen!
écouter qn/qc [ekute]	jdm./einer Sache zuhören
j'écoute [ʒekut]	
tu écoutes [tyekut]	
il écoute [ilekut]	
nous écoutons [nuzekutõ]	
vous écoutez [vuzekute]	
ils écoutent [ilzekut]	
Ecoute. [ekut]	Hör mal zu!
oublier qc [ublije]	etw. vergessen
j'oublie [ʒubli]	
tu oublies [tyubli]	
il oublie [ilubli]	
nous oublions [nuzublijõ]	
vous oubliez [vuzublije]	
ils oublient [ilzubli]	
une barbe [ynbarb]	ein Bart
La barbe! *(fam)*	So ein Mist! *(ugs.)*
Est-ce que Sandrine est là? [ɛskəsɑ̃drinɛla]	Ist Sandrine da?
encore [ɑ̃kɔr]	noch
une salle de bains [ynsaldəbɛ̃]	ein Badezimmer
alors [alɔr]	dann/also; nun
rester [rɛste]	bleiben
je reste [ʒərɛst]	
tu restes [tyrɛst]	
il reste [ilrɛst]	
nous restons [nurɛstõ]	
vous restez [vurɛste]	
ils restent [ilrɛst]	
un lit [ɛ̃li]	ein Bett
Je reste au lit. [ʒərɛstoli]	Ich bleibe im Bett.
sept heures et quart [sɛtœrekar]	Viertel nach sieben
ouvrir qc [uvrir]	etw. aufmachen/ öffnen
j'ouvre [ʒuvr]	
tu ouvres [tyuvr]	
il ouvre [iluvr]	
nous ouvrons [nuzuvrõ]	
vous ouvrez [vuzuvre]	
ils ouvrent [ilzuvr]	
une minute [ynminyt]	eine Minute
Oui, minute! [wiminyt]	Ja. Warte noch eine Minute!/Ja, Sekunde!
tout de suite [tutsɥit]	sofort/gleich
sept heures et demie [sɛtœredmi]	halb acht
faire qc [fɛr]	etw. machen/tun
il fait [ilfɛ]	
ils font [ilfõ]	
un enfant [ɛ̃nɑ̃fɑ̃], **une enfant** [ynɑ̃fɑ̃]	ein Kind *(Mask. + Fem.)*
Que font les enfants? [kəfõlezɑ̃fɑ̃]	Was machen die Kinder?

Bof! *(fam)* [bɔf]	*Ausdruck der Gleichgültigkeit und des Überdrusses; hier:* Mehr schlecht als recht! *(ugs.)*
Que fait Florence? [kəfɛflɔrɑ̃s]	Was macht Florence?
11 = onze [ɔ̃z]	elf
à 11 heures [aɔ̃zœr]	um elf (Uhr)
Le Creusot [ləkrøzo]	*Industriestadt südöstlich von Autun*
Elle est au Creusot. [ɛlɛtokrøzo]	Sie ist in Le Creusot.
pour [pur]	für/wegen
une place [ynplas]	ein Platz/eine (Arbeits-)Stelle
un secrétaire [ɛ̃səkretɛr],	ein Sekretär,
une secrétaire [ynsəkretɛr]	eine Sekretärin
Elle est au Creusot, pour une place de secrétaire.	Sie ist in Le Creusot wegen einer Sekretärinnenstelle.
8 heures moins le quart [ɥitœrmwɛ̃lkar]	Viertel vor acht
quitter qc/qn [kite]	etw./jdn. verlassen
je quitte [ʒəkit]	
tu quittes [tykit]	
il quitte [ilkit]	
nous quittons [nukitɔ̃]	
vous quittez [vukite]	
ils quittent [ilkit]	
un appartement [ɛ̃napartəmɑ̃]	eine Wohnung
rentrer [rɑ̃tre]	nach Hause gehen/nach Hause kommen
je rentre [ʒərɑ̃tr]	
tu rentres [tyrɑ̃tr]	
il rentre [ilrɑ̃tr]	
nous rentrons [nurɑ̃trɔ̃]	
vous rentrez [vurɑ̃tre]	
ils rentrent [ilrɑ̃tr]	
A quelle heure? [akɛlœr]	Um wieviel Uhr?
à midi *(m)* [amidi]	um 12 Uhr *(mittags)*
à minuit *(m)* [aminɥi]	um 12 Uhr *(nachts)*/um Mitternacht
moi aussi [mwaosi]	ich auch
ensemble [ɑ̃sɑ̃bl]	zusammen
apporter qc [apɔrte]	etw. (mit-)bringen
j'apporte [ʒapɔrt]	
tu apportes [tyapɔrt]	
il apporte [ilapɔrt]	
nous apportons [nuzapɔrtɔ̃]	
vous apportez [vuzapɔrte]	
ils apportent [ilzapɔrt]	
une baguette [ynbagɛt]	ein „Baguette" *(frz. Stangenweißbrot)*
s'il vous plaît [silvuplɛ]	bitte *(Sie-Form)*
s'il te plaît [siltəplɛ]	bitte *(du-Form)*
d'accord [dakɔr]	einverstanden
Est-ce qu'on apporte aussi le journal?	Sollen wir auch die Zeitung mitbringen?
Eh! [e]	He!
Tu restes **à la maison.** [tyrɛstalamɛzɔ̃]	Du bleibst zu Hause.

Exercices

2	**Quelle heure est-il?** [kɛlœrɛtil]	Wieviel Uhr ist es?
	raconter qc [rakɔ̃te]	etw. erzählen
	une classe [ynklas]	ein Klassenzimmer/eine Klasse
	travailler en classe	in der Klasse arbeiten
	de 8:30 à 11:30 [dəɥitœredmi aɔ̃zœredmi]	von halb neun bis halb zwölf (Uhr)
	une radio [ynradjo]	ein Radio
6	**malade** [malad]	krank

Perfectionnement

Lecture – Au «Café des écoles»

un café [ɛ̃kafe]	eine Wirtschaft/ein Wirtshaus
le «Café des écoles» [ləkafedezekɔl]	*hier: Name eines Wirtshauses*
le café	der Kaffee
Dablanc [dablɑ̃]	*Familienname*
Juliette [ʒyljɛt]	*weibl. Vorname*
Raymond [rɛmɔ̃]	*männl. Vorname*
une salle [ynsal]	ein Saal
une table [yntabl]	ein Tisch

Paul [pɔl]	*männl. Vorname*
un mari [ɛ̃mari]	ein Ehemann
une omelette [ynɔmlɛt]	ein Omelett/ Eierkuchen
le sucre [ləsykr]	der Zucker
comme [kɔm]	wie
toujours [tuʒur]	immer
un bar [ɛ̃bar]	eine Theke
aimer qc/qn [ɛme]	etw./jdn. lieben/ mögen
un client [ɛ̃klijɑ̃], **une cliente** [ynklijɑ̃t]	ein Kunde, eine Kundin
et puis [epɥi]	und dann/außerdem
On est bien. [ɔ̃nɛbjɛ̃]	Man fühlt sich wohl.
depuis [dəpɥi]	seit
un mois [ɛ̃mwa]	ein Monat
annoncer qc [anɔ̃se]	etw. ankündigen
demain [dəmɛ̃]	morgen
saluer qn [salɥe]	jdn. (be)grüßen
m'sieur = monsieur *(fam)* [msjø]	Herr *(ugs.)*
être à la retraite [ɛtralarətrɛt]	im Ruhestand sein

Compréhension orale – Devant le lycée Bonaparte

Gilles [ʒil]	*männl. Vorname*
depuis [dəpɥi]	seit
un professeur [ɛ̃prɔfɛsœr]	ein Lehrer/ eine Lehrerin
un(e) prof *(fam)* [ɛ̃/ ynprɔf]	ein(e) Lehrer(in) *(ugs.)*
les parents *(m, plur)* [leparɑ̃]	die Eltern
sonner [sɔne]	klingeln/läuten
Ça sonne. [sasɔn]	Es klingelt/läutet.

Révision

● *Verbes avec un complément d'objet* (Verben mit einem Objekt)

regarder qn/qc	jdn./etw. anschauen/ betrachten
chercher qn/qc	jdn./etw. suchen
fabriquer qc	etw. herstellen
réparer qc	etw. reparieren
écouter qn/qc	jdm./einer Sache zuhören
oublier qn/qc	jdn./etw. vergessen
faire qc	etw. machen/tun
quitter qn/qc	jdn./etw. verlassen
compléter qc	etw. ergänzen

● *Verbes avec deux compléments d'objet* (Verben mit zwei Objekten)

ouvrir qc à qn	jdm. etw. auf-machen/öffnen
apporter qc à qn	jdm. etw. bringen
raconter qc à qn	jdm. etw. erzählen
donner qc à qn	jdm. etw. geben
montrer qc à qn	jdm. etw. zeigen

● *Les nombres de 1 à 12* (Die Zahlen von 1 bis 12)

1 = **un**
2 = **deux**
3 = **trois**
4 = **quatre**
5 = **cinq**
6 = **six**
7 = **sept**
8 = **huit**
9 = **neuf**
10 = **dix**
11 = **onze**
12 = **douze**

Leçon 3

A Les Morvandiaux, qui est-ce?

le Morvan [ləmɔrvɑ̃]	*Mittelgebirge östlich von Autun*
un Morvandiau [ɛ̃mɔrvɑ̃djo]	ein Bewohner des Morvan
les Morvandiaux [lemɔrvɑ̃djo]	die Leute aus dem Morvan *(Volkstanzgruppe aus Autun)*
Les Morvandiaux, c'est nous!	Die „Morvandiaux", das sind wir!
avoir qc [avwar]	etw. haben
j'ai [ʒe]	
tu as [tya]	
il a [ila]	
nous avons [nuzavõ]	
vous avez [vuzave]	
ils ont [ilzõ]	
une question [ynkɛstjõ]	eine Frage
une réponse [ynrepõs]	eine Antwort
un groupe [ɛ̃grup]	eine Gruppe
un groupe folklorique [ɛ̃grupfɔlklɔrik]	eine Volkstanz–gruppe
faire qc [fɛr]	etw. machen/tun
je fais [ʒəfɛ]	
tu fais [tyfɛ]	
il fait [ilfɛ]	
nous faisons [nufəzõ]	
vous faites [vufɛt]	
ils font [ilfõ]	
danser [dɑ̃se]	tanzen
chanter qc [ʃɑ̃te]	etw. singen
une danse [yndɑ̃s]	ein Tanz
Qu'est-ce que vous faites **comme** danses? [kɛskəvufɛtkɔmdɑ̃s]	Was für Tänze machen Sie/macht ihr?
Qu'est-ce que c'est? [kɛskəsɛ]	Was ist das?
la musique [lamyzik]	die Musik
Qu'est-ce que c'est comme musique?	Was für eine Musik ist das?
la musique **du** Morvan [lamyzikdymɔrvɑ̃]	die Musik des Morvan
le centre **de la** France [ləsɑ̃trədəlafrɑ̃s]	Zentralfrankreich
Pourquoi? [purkwa]	Warum?
parce que [parskə]	weil
faire de la danse folklorique	Volkstanz betreiben
une tradition [yntradisjõ]	eine Tradition
moderne [mɔdɛrn]	modern
un adulte [ɛ̃nadylt], **une adulte** [ynadylt]	ein Erwachsener, eine Erwachsene
un groupe d'adultes	eine Erwachsenen-gruppe
ou [u]	oder
intéresser qn [ɛ̃terɛse]	jdn. interessieren
le plaisir [ləplɛzir]	das Vergnügen/die Freude
le plaisir **des** jeunes [ləplɛzirdeʒœn]	die Freude der jungen Leute
il y a [ilja]	es gibt/es ist/es sind
une personne [ynpɛrsɔn]	eine Person
Il y a **combien de** personnes dans le groupe? [iljakõbjɛ̃ dəpɛrsondɑ̃ləgrup]	Wieviele Personen gibt es/sind in der Gruppe?
l'âge *(m)* [laʒ]	das Alter
Quel âge est-ce qu'elles ont? [kɛlaʒɛskɛlzõ]	Wie alt sind sie?
le grand-père [ləgrɑ̃pɛr], **les** grands-pères [legrɑ̃pɛr]	der Großvater, die Großväter
la grand-mère [lagrɑ̃mɛr], **les** grands-mères [legrɑ̃mɛr]	die Großmutter, die Großmütter
un an [ɛ̃nɑ̃]	ein Jahr
dix ans [dizɑ̃]	zehn Jahre
soixante-neuf [swasɑ̃tnœf]	neunundsechzig
soixante-neuf ans [swasɑ̃tnœvɑ̃]	neunundsechzig Jahre
Ça va de l'enfant de 10 ans au grand-père de 69 ans.	Das geht vom 10jährigen Kind bis zum 69jährigen Großvater.

maintenant [mɛ̃tnɑ̃]	jetzt
aimer qn/qc [ɛme]	jdn./etw. lieben/ mögen
aimer faire qc [ɛmefɛr]	etw. gerne tun
J'aime danser. [ʒɛmdɑ̃se]	Ich tanze gerne.
contacter qn [kɔ̃takte]	jdn. kontaktieren/ sich mit jdm. in Verbindung setzen
Marchand [marʃɑ̃]	*Familienname*
21 = vingt et un [vɛ̃teɛ̃]	einundzwanzig
une rue [ynry]	eine Straße *(in der Stadt)*

Exercices

2	**l'allemand** *(m)* [lalmɑ̃]	Deutsch/die deutsche Sprache
	en allemand [ɑ̃nalmɑ̃]	auf deutsch
	un exercice d'allemand [ɛ̃nɛgzɛrsisdalmɑ̃]	eine Deutschaufgabe
3	**le rock** [lərɔk]	der Rock'n'Roll
	le sport [ləspɔr]	der Sport
4	**une forêt** [ynfɔrɛ]	ein Wald
	un lac [ɛ̃lak]	ein See
5	**une auberge de jeunesse** [ynobɛrʒdəʒœnɛs]	eine Jugendherberge

B Un coup de téléphone

un coup [ɛ̃ku]	ein Schlag; *hier:* ein Anruf
le téléphone [lətelefɔn]	das Telefon
un coup de téléphone [ɛ̃kudətelefɔn]	ein Telefonanruf
sonner [sɔne]	klingeln/läuten
Allô? [alo]	Hallo? *(am Telefon)*
C'est moi.	Ich bin es.
préparer qc [prepare]	etw. vorbereiten
une foire [ynfwar]	eine Messe/ Ausstellung
un meuble [ɛ̃mœbl]	ein Möbel
la Foire du Meuble [lafwardymœbl]	*Möbelmesse in Autun*
un problème [ɛ̃prɔblɛm]	ein Problem
avoir la grippe [avwarlagrip]	Grippe haben
penser à qn [pɑ̃sea]	an jdn. denken
A qui est-ce que vous pensez? [akiɛskəvupɑ̃se]	An wen denkt ihr/ denken Sie?
Pas moi! [pamwa]	Nicht ich!
Pourquoi pas? [purkwapa]	Warum nicht?
Je **ne** danse **pas**. [ʒəndɑ̃spa]	Ich tanze nicht.
si [si]	doch
puis [pɥi]	dann/darauf
et puis [epɥi]	und dann/außerdem
des gens [deʒɑ̃] *(m, plur)*	Leute
aimer mieux qc [ɛmemjø]	etw. lieber mögen
aimer mieux faire qc	etw. lieber tun
J'aime mieux regarder.	Ich schaue lieber zu.
un costume [ɛ̃kɔstym]	ein (Trachten-) Anzug/ein Kostüm
Je **n'ai pas de** costume. [ʒənepadkɔstym]	Ich habe kein Kostüm.
Hum ... [œm]	Hm ...
jouer [ʒue]	spielen
un instrument [ɛ̃nɛ̃strymɑ̃]	ein Instrument
Je joue **d'un** instrument. [ʒəʒu...]	Ich spiele ein Instrument.
une vielle [ynvjɛl]	eine Drehleier
Je joue **de la** vielle.	Ich spiele Drehleier.
une excursion [ynɛkskyrsjɔ̃]	ein Ausflug
un exemple [ɛ̃nɛgzɑ̃pl]	ein Beispiel
par exemple [parɛgzɑ̃pl]	zum Beispiel
très [trɛ]	sehr
On est très amis. [ɔ̃nɛtrɛzami]	Wir sind sehr eng miteinander befreundet.
le temps [lətɑ̃]	die Zeit
avoir le temps	Zeit haben
demain [dəmɛ̃]	morgen
A demain!	Bis morgen!
bon [bɔ̃]	gut
Ah bon?	Ach so?

	Formidable! [fɔrmidabl]	Toll!
	Quand est-ce que tu rentres? [kɑ̃tɛskətyrɑ̃tr]	Wann kommst du nach Hause?
	Où est-ce que c'est? [uɛskəsɛ]	Wo ist das?

Exercices

1	**Oui, c'est ça.** [wisɛsa]	Ja, das stimmt.
	téléphoner à qn [telefɔne]	jdn. anrufen/mit jdm. telefonieren
2	**écouter la radio**	Radio hören
3	**Bon rétablissement!** [bɔ̃retablismɑ̃]	Gute Besserung!
	un texte [ɛ̃tɛkst]	ein Text
6	**avoir le téléphone** [avwarlətelefɔn]	Telefon haben
	un instrument de musique	ein Musikinstrument
	la télévision [latelevizjɔ̃]	das Fernsehen
	regarder la télévision	fernsehen

C Florence danse.

déjà [deʒa]	schon/bereits
un magasin [ɛ̃magazɛ̃]	ein Geschäft/Laden
un magasin de journaux	ein Zeitungsladen
Catherine [katrin]	*weibl. Vorname*
Patrick [patrik]	*männl. Vorname*
c'est un plaisir de faire qc	es ist ein Vergnügen, etw. zu tun
danser en groupe	in der Gruppe tanzen
la fin [lafɛ̃]	das Ende
à la fin	am Ende/zum Schluß
en costume folklorique	im Trachtenanzug
la peur [lapœr]	die Angst
avoir peur	Angst haben
Ne regarde pas. [nərəgardəpa]	Schau nicht hin!
Ne regardons pas.	Schauen wir nicht hin!
Ne regardez pas.	Schaut/Schauen Sie nicht hin!
commencer qc [kɔmɑ̃se]	etw. anfangen/beginnen
Ça commence. [sakɔmɑ̃s]	Es fängt an.
une caméra [ynkamera]	eine (Film-, Fernseh-)Kamera
glisser [glise]	ausrutschen
tomber [tɔ̃be]	fallen
crier [krije]	rufen/schreien
ils crient [ilkri]	sie rufen/schreien
Bravo! [bravo]	Bravo!
filmer qn [filme]	jdn. filmen
avoir mal [avwarmal]	Schmerzen haben
Tu as encore mal? [tyaɑ̃kɔrmal]	Hast du noch Schmerzen?/Tut es dir noch weh?
Ce n'est pas un problème. [sənɛpazɛ̃prɔblɛm]	Das ist kein Problem.
Michel [miʃɛl]	*männl. Vorname*
Hein, Michel? *(fam)* [ɛ̃miʃɛl]	Nicht wahr, Michel? *(ugs.)*
c'est bien de faire qc [sɛbjɛ̃ ...]	es ist gut/schön, etw. zu tun
Les Leroux regardent Florence à la télévision.	(Die) Leroux schauen sich Florence im Fernsehen an.

Exercices

2	**la Saône** [lason]	*Fluß in Frankreich*
3	**Il est quelle heure?** [ilɛkɛlœr] / **Vous avez l'heure?** [vuzavelœr]	Wieviel Uhr ist es?
4	**une fenêtre** [ynfənɛtre]	ein Fenster
5	**un reporter** [ɛ̃rəpɔrtɛr]	ein Reporter/eine Reporterin
	Dijon [diʒɔ̃]	*Stadt in Burgund*
	le Mont Beuvray [ləmɔ̃bøvrɛ]	*Berg südwestlich von Autun*
	Bibracte [bibrakt]	*ehemalige gallische Befestigung auf dem Mont Beuvray; heute Ausgrabungsstätte*

Vercingétorix [vɛrsɛ̃ʒetɔriks] — *gallischer Fürst (72–46 v. Chr.)*
Alésia [alezja] — *gallische Festung in Burgund (Vercingétorix wurde dort von Caesar gefangengenommen.)*
«**Astérix**» [asteriks] — *Titel und Name des Haupthelden einer berühmten frz. Comicstrip-Reihe*

Perfectionnement

Centre d'intérêt - Les sports, les jeux et les instruments de musique

un jeu [ɛ̃ʒø], **des** jeux [deʒø]	ein Spiel, Spiele
le tennis [lətenis]	das Tennis
le football [ləfutbol]	der Fußball/das Fußballspiel
le foot *(fam)* [ləfut]	der Fußball *(ugs.)*
la pétanque [lapetɑ̃k]	das Pétanque-/Boulespiel
la natation [lanatasjɔ̃]	das Schwimmen
le vélo [ləvelo]	das Fahrrad/Fahrradfahren
l'athlétisme *(m)* [latletism]	die Leichtathletik
le ski [ləski]	der Ski/das Skifahren
les dés *(m, plur)* [lede]	die Würfel/das Würfelspiel
les échecs *(m, plur)* [lezeʃɛk]	das Schachspiel
les cartes *(f, plur)* [lekart]	die Karten/das Kartenspiel
le scrabble [ləskrabœl]	das Scrabble
la flûte [laflyt]	die Flöte/das Flötenspiel
le piano [ləpjano]	das Klavier/Klavierspiel
la guitare [lagitar]	die Gitarre/das Gitarrenspiel
l'accordéon *(m)* [lakɔrdeɔ̃]	das Akkordeon/die Ziehharmonika/das Akkordeonspiel
jouer au tennis	Tennis spielen
C'est pas mal. *(fam)* = **Ce n'est pas mal.**	Das ist nicht schlecht. *(ugs.)*
Ah non, alors!	*hier:* Bloß das nicht!

Compréhension orale - Chez les Leroux

un film [ɛ̃film]	ein Film
la télé *(fam)* [latele] = **la télévision**	das Fernsehen *(ugs.)*
c'est pourquoi	deshalb
une basilique [ynbazilik]	eine Basilika
Vézelay [vezlɛ]	*Ort in Burgund mit einer berühmten romanischen Basilika*
un Allemand [ɛ̃nalmɑ̃], **une Allemande** [ynalmɑ̃d]	ein Deutscher, eine Deutsche
visiter qc [vizite]	etw. besichtigen
un pique-nique [ɛ̃piknik], **des pique-niques** [depiknik]	ein Picknick, Picknicke
samedi *(m)* [samdi]	Samstag/am Samstag
un car [ɛ̃kar]	ein (Reise-)Bus
complet [kɔ̃plɛ]	(voll)besetzt/belegt

Révision de grammaire

un camping [ɛ̃kɑ̃piŋ]	ein Campingplatz
Mayence [majɑ̃s]	Mainz
un dossier [ɛ̃dɔsje]	eine Materialsammlung

Révision

● *Les nombres de 13 à 69*

13 = **treize**	20 = **vingt**	27 = **vingt-sept**
14 = **quatorze**	21 = **vingt et un**	28 = **vingt-huit**
15 = **quinze**	22 = **vingt-deux**	29 = **vingt-neuf**
16 = **seize**	23 = **vingt-trois**	30 = **trente**
17 = **dix-sept**	24 = **vingt-quatre**	40 = **quarante**
18 = **dix-huit**	25 = **vingt-cinq**	50 = **cinquante**
19 = **dix-neuf**	26 = **vingt-six**	60 = **soixante**

● **La famille* [lafamij]

les grands-parents* [legrɑ̃parɑ̃]: **la grand-mère **le grand-père**

les parents* [leparɑ̃]: **la mère / **la maman** **le père** / **le papa**

les enfants: *__la fille__ **la sœur** *__le fils__ [ləfis] **le frère**

● *Exclamations* (Ausrufe)

C'est super! *(fam)*	Das ist super! *(ugs.)*	**D'accord!**	Einverstanden!
Ah!	Ah!/Ach!	**Eh!**	He!
Oh!	Oh!/Ach!	**Pas moi!**	Nicht ich!
Ah non!	Oh nein!/Das gibt's doch wohl nicht!	**A demain!**	Bis morgen!
		Ah bon?	Ach so?
Debout!	Aufstehen!	**Formidable!**	Toll!
La barbe! *(fam)*	So ein Mist! *(ugs.)*	**Bon rétablissement!**	Gute Besserung!
Oui, minute!	Ja, Sekunde!	**Bravo!**	Bravo!
Oui, tout de suite!	Ja, sofort!		
Bof! *(fam)*	*Ausdruck der Gleichgültigkeit und des Überdrusses (ugs.)*		

* *Wörter, die hier zur Vervollständigung zusätzlich eingeführt werden*

Leçon 4

A Un club journal au collège du Vallon

● *Les classes du collège*

Je suis en 6e (sixième) *(f)*.	[sizjɛm]	= entspricht der 6. Klasse
en 5e (cinquième) *(f)*.	[sɛ̃kjɛm]	= entspricht der 7. Klasse
en 4e (quatrième) *(f)*.	[katrijɛm]	= entspricht der 8. Klasse
en 3e (troisième) *(f)*.	[trwazjɛm]	= entspricht der 9. Klasse

● *Les classes du lycée*

Je suis en seconde *(f)*.	[sgõd]	= entspricht der 10. Klasse
en première *(f)*.	[prəmjɛr]	= entspricht der 11. Klasse
en terminale *(f)*.	[tɛrminal]	= entspricht der 12. Klasse

En terminale, on passe le baccalauréat/ [ləbakalɔrea] **le bac.** *(fam)* [ləbak]	= In der „Terminale“ macht man das Abitur/ das Abi. *(ugs.)*

un club [ɛ̃klœb]	ein Klub
un club journal [ɛ̃klœbʒurnal]	ein Zeitungsklub
Sandrine **va** au collège du Vallon.	Sandrine geht ins „Collège du Vallon“.
Anne [an]	*weibl. Vorname*
François [frɑ̃swa]	*männl. Vornamen*
David [david]	*männl. Vornamen*
Jean-Pierre [ʒɑ̃pjɛr]	*männl. Vornamen*
Bernard [bɛrnar]	*männl. Vornamen*
Pascal [paskal]	*männl. Vornamen*
écrire qc à qn [ekrir]	jdm. etw. schreiben
j'écris [ʒekri]	
tu écris [tyekri]	
il écrit [ilekri]	
nous écrivons [nuzekrivõ]	
vous écrivez [vuzekrive]	
ils écrivent [ilzekriv]	
l'écho *(m)* [leko]	das Echo
un autre, une autre [ɛ̃notr, ynotr]	ein anderer, eine andere, ein anderes
les autres [lezotr]	die anderen
un camarade [ɛ̃kamarad], **une camarade** [ynkamarad]	ein (Klassen-) Kamerad, eine (Klassen-) Kameradin
mardi [mardi]	Dienstag
le mardi	dienstags/jeden Dienstag
jeudi [ʒødi]	Donnerstag
le jeudi	donnerstags/jeden Donnerstag
pour faire qc	um etw. zu tun
un article [ɛ̃nartikl]	ein Artikel
toujours [tuʒur]	immer/immer noch
octobre [ɔktɔbr]	Oktober
un rédacteur [ɛ̃redaktœr], **une rédactrice** [ynredaktris]	ein Redakteur, eine Redakteurin
premier, première [prəmje, prəmjɛr]	erster, erste, erstes
un étage [ɛ̃netaʒ]	eine Etage/ein Stock
le premier étage [ləprəmjɛretaʒ]	der erste Stock
discuter de qc [diskytedə]	etw. besprechen
un numéro [ɛ̃nymero]	eine Nummer
un numéro spécial [ɛ̃nymerospesjal]	eine Sondernummer
l'Allemagne *(f)* [lalmaɲ]	Deutschland
en Allemagne [ɛ̃nalmaɲ]	in/nach Deutschland

un échange [ɛ̃neʃɑ̃ʒ]	ein Austausch
entre [ɑ̃tr]	zwischen
la neuvième [lanœvjɛm]	die 9. Klasse
Delmas [dɛlmas]	*Familienname*
un chef [ɛ̃ʃɛf]	ein Chef/eine Chefin
un rédacteur en chef, une rédactrice en chef	ein Chefredakteur, eine Chefredakteurin
une page [ynpaʒ]	eine Seite
mon texte [mõtekst]	mein Text
nos amis [nozami]	unsere Freunde
une semaine [ynsəmɛn]	eine Woche
ta photo [tafɔto]	dein Foto
une interview [ynɛ̃tɛrvju]	ein Interview
ton interview [tõnɛ̃tɛrvju]	dein Interview
un professeur [ɛ̃prɔfɛsœr]	ein Lehrer/eine Lehrerin
un(e) prof *(fam)* [ɛ̃/ynprɔf]	ein(e) Lehrer(in) *(ugs.)*
le français [ləfrɑ̃sɛ]	Französisch/die französische Sprache
un prof **de** français *(fam)*	ein Französischlehrer *(ugs.)*
la **deuxième** page [ladøzjɛmpaʒ]	die 2. Seite
un dessin [ɛ̃desɛ̃]	eine Zeichnung
mes dessins [medesɛ̃]	meine Zeichnungen
tes dessins [tedesɛ̃]	deine Zeichnungen
après [aprɛ]	nach/danach
d'abord [dabɔr]	zuerst/zunächst
un loisir [ɛ̃lwazir]	eine Freizeitbeschäftigung
dire qc à qn [dir]	jdm. etw. sagen
je dis [ʒədi]	
tu dis [tydi]	
il dit [ildi]	
nous disons [nudizõ]	
vous dites [vudit]	
ils disent [ildiz]	
donc [dõk]	also
Dites donc. [ditdõ(k)]	Sagt mal!/Sagen Sie mal!
arrêter qc [arɛte]	mit etw. aufhören
votre article [vɔtrartikl]	euer/Ihr Artikel
Vous écrivez **que** vous aimez l'école.	Ihr schreibt, daß ihr die Schule mögt.
C'est bien ça?	Das stimmt doch, oder?
notre article [nɔtrartikl]	unser Artikel
un copain *(fam)* [ɛ̃kɔpɛ̃],	ein Freund *(ugs.)*,
une copine *(fam)* [ynkɔpin]	eine Freundin *(ugs.)*
une proposition [ynprɔpozisjõ]	ein Vorschlag
vos propositions [voprɔpozisjõ]	eure/Ihre Vorschläge
un idiot [ɛ̃nidjo], **une idiote** [ynidjɔt]	ein Idiot, eine Idiotin

Exercices

2 **une caméra vidéo** [ynkameravideo]	eine Videokamera
3 **une carte** [ynkart]	eine (Post-)Karte
aimer bien qn	jdn. gern mögen
j'aime bien qc	etw. gefällt mir gut

B L'écho du Vallon

● *Les jours de la semaine*

un jour [ɛ̃ʒur]	ein Tag
lundi [lɛ̃di]	Montag
mardi [mardi]	Dienstag
mercredi [mɛrkrədi]	Mittwoch
jeudi [ʒødi]	Donnerstag
vendredi [vɑ̃drədi]	Freitag
samedi [samdi]	Samstag
dimanche [dimɑ̃ʃ]	Sonntag

● *Les mois de l'année*

un mois [ɛ̃mwa]	ein Monat
une année [ynane]	ein Jahr *(in seinem Verlauf gesehen)*
janvier [ʒɑ̃vje]	Januar
en janvier	im Januar
au mois de janvier	im Monat Januar
février [fevrije]	Februar
mars [mars]	März
avril [avril]	April
mai [mɛ]	Mai
juin [ʒɥɛ̃]	Juni
juillet [ʒɥijɛ]	Juli
août [u(t)]	August
septembre [sɛptɑ̃br]	September
octobre [ɔktɔbr]	Oktober
novembre [nɔvɑ̃br]	November
décembre [desɑ̃br]	Dezember

La semaine d'une élève de troisième: Sandrine Leroux

sa classe [saklas]	seine/ihre Klasse
un matin [ɛ̃matɛ̃]	ein Morgen
le lundi matin [ləlɛ̃dimatɛ̃]	montag morgens
ses camarades [sekamarad]	seine/ihre Kameraden, Kameradinnen
un cours [ɛ̃kur]	eine Unterrichtsstunde
leur premier cours [lœrprəmjekur]	ihre *(Pl.)* erste Unterrichtsstunde
une récréation [ynrekreasjõ]	eine Pause
une cantine [ynkɑ̃tin]	eine Kantine
aller [ale] je vais [ʒəvɛ] tu vas [tyva] il va [ilva] nous allons [nuzalõ] vous allez [vuzale] ils vont [ilvõ] Va. Allons. Allez.	gehen/fahren
son copain *(fam)* [sõkɔpɛ̃]	sein/ihr Freund *(ugs.)*
un après-midi [ɛ̃naprɛmidi], **des après-midi**	ein Nachmittag, Nachmittage
l'après-midi *(m)*	nachmittags/jeden Nachmittag
une heure de cours [ynœrdəkur]	eine Stunde Unterricht
un kilomètre [ɛ̃kilɔmɛtr]	ein Kilometer
Il habite **à** vingt kilomètres **d'**Autun.	Er wohnt 20 Kilometer von Autun entfernt.
un devoir [ɛ̃dəvwar]	eine Hausaufgabe
le dîner [lədine]	das Abendessen
avant [avɑ̃]	vor *(zeitlich)*
terminer qc [tɛrmine]	etw. beenden
par semaine [parsəmɛn]	pro Woche/in der Woche
avoir classe	Unterricht haben
Ils n'ont pas classe.	Sie haben keinen Unterricht.
un soir [ɛ̃swar]	ein Abend
aller chez qn	zu jdm. (nach Hause) gehen/fahren
leurs devoirs [lœrdəvwar]	ihre *(Pl.)* Hausaufgaben

Interview de M. Morelié, professeur de français

Morelié [mɔrəlje]	*Familienname*
Voilà!	*hier:* So ist das!
trop [tro]	zu viel/zu sehr
un livre [ɛ̃livr]	ein Buch
demander à qn de faire qc [dəmɑ̃dedəfɛr]	jdn. darum bitten/von jdm. verlangen, etw. zu tun
lire qc [lir] je lis [ʒəli] tu lis [tyli] il lit [illi] nous lisons [nulizõ] vous lisez [vulize] ils lisent [illiz]	etw. lesen

pendant [pɑ̃dɑ̃]	während
beaucoup [boku]	viel
une rédaction [ynredaksjɔ̃]	ein (Schul-)Aufsatz
corriger qc [kɔriʒe]	etw. korrigieren/verbessern
avoir qc à corriger	etw. zu korrigieren haben
le cinéma [ləsinema]	das Kino
le théâtre [ləteatr]	das Theater
quelquefois [kɛlkəfwa]	manchmal
aller en Allemagne	nach Deutschland fahren
comment [kɔmɑ̃]	wie
Comment est-ce qu'on dit ça en français?	Wie sagt man das auf französisch?
vous avez le bonjour de qn	jd. läßt euch/Sie grüßen
Euh! [œ]	Hm!

Exercices

1 **On est/Nous sommes le combien, aujourd'hui?**	Den wievielten haben wir heute?
C'est le combien, aujourd'hui?	Der wievielte ist heute?
2 **une machine à écrire**	eine Schreibmaschine
4 **C'est à vous, ça?**	Gehört das Ihnen/euch?
6 **Bien sûr.** [bjɛ̃syr]	Klar./Natürlich.
Lucien [lysjɛ̃]	*männl. Vorname*
Sophie [sɔfi]	*weibl. Vorname*
Durand [dyrɑ̃]	*Familienname*
7 **un numéro de téléphone**	eine Telefonnummer

C

C'est vrai. [sɛvrɛ]	Das stimmt./Das ist wahr.
un devoir de français	eine Französischaufgabe
les mathématiques *(f, plur)* [lematematik]	die Mathematik
les maths *(f, plur; fam)* [lemat]	Mathe *(ugs.)*
la technologie [latɛknɔlɔʒi]	die Technologie; *hier:* das Werken/der Werkunterricht
la techno *(fam)* [latɛkno]	das Werken *(ugs.)*
seulement [sœlmɑ̃]	nur
l'informatique *(f)* [lɛ̃fɔrmatik]	die Informatik
répondre qc à qn [repɔ̃dr] je réponds [ʒərepɔ̃] tu réponds [tyrepɔ̃] il répond [ilrepɔ̃] nous répondons [nurepɔ̃dɔ̃] vous répondez [vurepɔ̃de] ils répondent [ilrepɔ̃d]	jdm. etw. antworten
zéro [zero]	null
Au lycée, on travaille **plus**. [... plys]	Im „Lycée" arbeitet man mehr.
Rocher [rɔʃe]	*Familienname*
demander à qn si ...	jdn. fragen, ob ...
On demande aux élèves **s'ils** aiment le collège.	Man fragt die Schüler, ob sie das „Collège" mögen.
eh bien [ebjɛ̃]	nun
attendre qc [atɑ̃dr] j'attends [ʒatɑ̃] tu attends [tyatɑ̃] il attend [ilatɑ̃] nous attendons [nuzatɑ̃dɔ̃] vous attendez [vuzatɑ̃de] ils attendent [ilzatɑ̃d]	auf etw. warten/etw. erwarten
Nous allons à Ingelheim **dans deux mois.**	Wir fahren in zwei Monaten nach Ingelheim.
Ferrat [fɛra]	*Familienname*
J'ai 8 sur 20.	Ich habe 8 von 20 Punkten. *(frz. Notensystem: 20=beste Note; 0=schlechteste Note)*
les études *(f, plur)* [lezetyd]	das Studium; *hier:* das Lernen
Je n'aime pas les études.	Ich mag das Lernen nicht.
les parents *(m, plur)* [leparɑ̃]	die Eltern
un restaurant [ɛ̃rɛstɔrɑ̃]	ein Restaurant/Speiselokal

Rattier [ratje]	*Familienname*
un correspondant [ɛ̃kɔrɛspɔ̃dɑ̃], **une correspondante** [ynkɔrɛspɔ̃dɑ̃t]	ein Brief-/Austauschpartner, eine Brief-/Austauschpartnerin
le Minitel [ləminitɛl]	*entspricht dem deutschen BTX-System (Bildschirmtext)*
Richard [riʃar]	*männl. Vorname*
Charvin [ʃarvɛ̃]	*Familienname*
Isabelle [izabɛl]	*weibl. Vorname*
Garnier [garnje]	*Familienname*
trouver qc [truve]	etw. finden

Exercices

1 **«La Gazette»** [lagazɛt]	*Name einer Zeitung aus Autun*
présenter qn/qc à qn [prezɑ̃te]	jdm. jdn./etw. vorstellen

Perfectionnement

Savoir se débrouiller - Pardon, madame, je ne comprends pas.

Pardon, madame, ... [pardɔ̃madam]	Entschuldigen Sie ...
comprendre qc [kɔ̃prɑ̃dr]	etw. verstehen/begreifen
je comprends [ʒəkɔ̃prɑ̃]	
tu comprends [tykɔ̃prɑ̃]	
il comprend [ilkɔ̃prɑ̃]	
nous comprenons [nukɔ̃prənɔ̃]	
vous comprenez [vukɔ̃prəne]	
ils comprennent [ilkɔ̃prɛn]	
expliquer qc [ɛksplike]	etw. erklären
un mot [ɛ̃mo]	ein Wort
en d'autres mots [ɑ̃dotrəmo]	mit anderen Worten
une expression [ynɛksprɛsjɔ̃]	ein Ausdruck
l'anglais *(m)* [lɑ̃glɛ]	Englisch/die englische Sprache
en anglais [ɑ̃nɑ̃glɛ]	auf englisch
parler [parle]	sprechen
vite [vit]	schnell
répéter qc [repete]	etw. wiederholen

Compréhension orale - On fait un journal!

Rufus [ryfys], **Clotaire** [klɔtɛr]	*männl. Vornamen (ungewöhnlich; hier aus humoristischen Gründen gewählt)*
Nicolas [nikɔla]	*männl. Vorname*
un costume du dimanche	ein Sonntagsanzug
un pantalon [ɛ̃pɑ̃talɔ̃]	eine Hose
fermer [fɛrme]	zugehen/zumachen/schließen
qc ferme	etw. geht zu/schließt
fermer qc	etw. zumachen/schließen
parler de qc [parledə]	über etw. sprechen
Quel journal? [kɛlʒurnal]	Welche/Was für eine Zeitung?
Quelle barbe, le chef! [kɛlbarbləʃɛf]	*Wortspiel:* 1. Was hat der Chef für einen schönen Bart! 2. Was für eine Nervensäge ist der Chef!
un prénom [ɛ̃prenɔ̃]	ein Vorname

Lecture - L'école en France

l'école maternelle *(f)* [lekɔlmatɛrnɛl]	*entspricht dem Vorschulunterricht*
l'école élémentaire *(f)* [lekɔlelemɑ̃tɛr]	die Grundschule
l'enseignement général *(m)* [lɑ̃sɛɲəmɑ̃ʒeneral]	die Allgemeinbildung
le lycée d'enseignement général	das allgemeinbildende Gymnasium
la technique [latɛknik]	die Technik
l'enseignement technique *(m)*	die technische Bildung
le lycée d'enseignement technique	das technische Gymnasium
l'enseignement professionnel *(m)* [lɑ̃sɛɲəmɑ̃prɔfɛsjɔnɛl]	die berufliche Bildung
le lycée professionnel	die Berufsfachschule
un apprentissage [ɛ̃naprɑ̃tisaʒ]	eine Lehre

une langue [ynlɑ̃g] — eine Sprache
une université [ynyniversite] — eine Universität
un examen [ɛ̃nɛgzamɛ̃] — eine Prüfung/ein Examen
un concours [ɛ̃kõkur] — eine Auswahlprüfung
souvent [suvɑ̃] — oft
un programme [ɛ̃prɔgram] — ein Programm
technologique [tɛknɔlɔʒik] — technologisch; *hier:* technisch
le bac technologique *(fam)* — das technische Abitur *(ugs.)*
faire des études [fɛrdezetyd] — studieren
un institut universitaire de technologie [ɛ̃nɛ̃stityyniversitɛr ...] **(un IUT)** [ɛ̃niyte] — *entspricht einer Fachhochschule*

une entreprise [ynɑ̃trəpriz] — ein Unternehmen/eine Firma
un brevet d'études professionnelles [ɛ̃brəvɛ ...] **(un BEP)** [ɛ̃beəpe] — *der Berufsfachschulabschluß/das Abschlußzeugnis einer Berufsfachschule*
la carrosserie [lakarɔsri] — die Karosserie/der Fahrzeugbau
en carrosserie — im Fach Fahrzeugbau
ensuite [ɑ̃sɥit] — anschließend
un garage [ɛ̃garaʒ] — eine Garage/Autowerkstatt
un cuisinier [ɛ̃kɥizinje], — ein Koch,
une cuisinière [ynkɥizinjɛr] — eine Köchin
inviter qn [ɛ̃vite] — jdn. einladen
un nom [ɛ̃nõ] — ein (Familien-)Name
une profession [ynprɔfɛsjõ] — ein Beruf

Leçon 5

A Aloxe-Corton

● *Les quatre saisons*

une saison [ynsɛzõ]	eine Jahreszeit		
le printemps [ləprɛ̃tɑ̃]	der Frühling	**au printemps** [oprɛ̃tɑ̃]	im Frühling
l'été *(m)* [lete]	der Sommer	**en été** [ɑ̃nete]	im Sommer
l'automne *(m)* [lotɔn]	der Herbst	**en automne** [ɑ̃notɔn]	im Herbst
l'hiver *(m)* [livɛr]	der Winter	**en hiver** [ɑ̃nivɛr]	im Winter

Aloxe-Corton [alɔskɔrtõ] — *Ort in Burgund*
un nom [ɛ̃nõ] — ein Name
une région [ynreʒjõ] — eine Gegend
le vin [ləvɛ̃] — der Wein
Hambourg [ɑ̃bur] — Hamburg
Berne [bɛrn] — Bern
Londres [lõdr] — London
New York [nujɔrk] — New York
Santenay [sɑ̃tnɛ] — *Ort in Burgund*

une vigne [ynviɲ] — 1. ein Weinberg 2. ein Weinstock/eine Weinrebe
un vignoble [ɛ̃viɲɔbl] — ein Weinbaugebiet
une côte [ynkot] — *hier:* ein (Ab-)Hang
Nuits [nɥi] = **Nuits-St-Georges** [nɥisɛ̃ʒɔrʒ] — *Ort in Burgund*
la Côte de Nuits — *das Weinbaugebiet von Nuits-St-Georges*

un village [ɛ̃vilaʒ]	ein Dorf
un habitant [ɛ̃nabitɑ̃], **une habitante** [ynabitɑ̃t]	ein Ein-/Bewohner, eine Ein-/Bewohnerin
la qualité [lakalite]	die Güte/Qualität
être de première qualité	von bester Qualität/erster Güte sein
une voiture [ynvwatyr]	ein Wagen/Auto
descendre [dɛsɑ̃dr] je descends [ʒədɛsɑ̃] tu descends [tydɛsɑ̃] il descend [ildɛsɑ̃] nous descendons [nudɛsɑ̃dɔ̃] vous descendez [vudɛsɑ̃de] ils descendent [ildɛsɑ̃d]	aussteigen/hinuntergehen
un vigneron [ɛ̃viɲərɔ̃], **une vigneronne** [ynviɲərɔn]	ein Weinbauer/Winzer, eine Weinbäuerin/Winzerin
Charles [ʃarl]	*männl. Vorname*
un marchand [ɛ̃marʃɑ̃], **une marchande** [ynmarʃɑ̃d]	ein Händler, eine Händlerin
un marchand de vin	ein Weinhändler
souvent [suvɑ̃]	oft
un client [ɛ̃klijɑ̃], **une cliente** [ynklijɑ̃t]	ein Kunde, eine Kundin
un client d'Allemagne	ein Kunde aus Deutschland
la Suisse [lasɥis]	die Schweiz
une cave [ynkav]	ein Keller
Il montre sa cave **aux clients.**	
Il **leur** montre sa cave.	Er zeigt ihnen *(den Kunden)* seinen Keller.
inviter qn à faire qc [ɛ̃viteafɛr]	jdn. einladen, etw. zu tun
déguster un vin [degysteɛ̃vɛ̃]	einen Wein probieren/kosten/eine Weinprobe machen
Il invite **ses clients** à déguster ses vins.	
Il **les** invite à déguster ses vins. [illezɛ̃vit ...]	Er lädt sie *(die Kunden)* ein, seine Weine zu probieren.
le vin rouge [... ruʒ]	der Rotwein
Il donne un vin rouge **à M. Peters.**	
Il **lui** donne un vin rouge. [illɥidɔn ...]	Er gibt ihm einen Rotwein.
mille [mil]	tausend
cent [sɑ̃]	hundert
1987 [milnœfsɑ̃katrəvɛ̃sɛt/diznœfsɑ̃katrəvɛ̃sɛt]	1987
ensuite [ɑ̃sɥit]	anschließend
cracher [kraʃe]	spucken
la terre [latɛr]	die Erde/der Boden
par terre	auf den/dem Boden
Il crache **le vin** par terre.	
Il **le** crache par terre.	Er spuckt ihn *(den Wein)* auf den Boden
Il aime **le vin rouge**.	
Il **l'**aime beaucoup. [illɛmboku]	Er mag ihn *(den Wein)* sehr.
une bouteille [ynbutɛj]	eine Flasche
Charlemagne [ʃarləmaɲ]	Karl der Große *(Er besaß einen Weinberg in Aloxe-Corton.)*
le vin blanc [... blɑ̃]	der Weißwein
prendre qc [prɑ̃dr] je prends [ʒəprɑ̃] tu prends [typrɑ̃] il prend [ilprɑ̃] nous prenons [nuprənɔ̃] vous prenez [vuprəne] ils prennent [ilprɛn]	etw. nehmen
Il prend **la bouteille** et **la** regarde.	Er nimmt die Flasche und schaut sie sich an.
vendre qc à qn [vɑ̃dr] je vends [ʒəvɑ̃] tu vends [tyvɑ̃] il vend [ilvɑ̃] nous vendons [nuvɑ̃dɔ̃] vous vendez [vuvɑ̃de] ils vendent [ilvɑ̃d]	jdm. etw. verkaufen
un franc (1F) [ɛ̃frɑ̃]	ein französischer Franc
une bouteille **à** 250 F	eine Flasche zu 250 F
commander qc [kɔmɑ̃de]	etw. bestellen

le total [lətɔtal] der Gesamtbetrag/die Gesamtsumme
au total insgesamt
cela [səla] das/dies *(Form des Schriftfranzösischen für „ça")*
un homme [ɛ̃nɔm] ein Mann/Mensch
parler [parle] sprechen
parler de qc à qn mit jdm. über etw. sprechen/jdm. von etw. erzählen
la fille [lafij] *hier:* die Tochter
cela **ne l'**intéresse **pas** de faire qc es interessiert ihn/sie nicht, etw. zu tun
une procession [ynprɔsɛsjõ] eine Prozession/ein Umzug
saint Vincent [sɛ̃vɛ̃sɑ̃] *der Schutzpatron der Winzer*
la Saint-Vincent *Fest des heiligen Vinzenz*

Exercices

2 **un voisin** [ɛ̃vwazɛ̃], ein Nachbar,
une voisine [ynvwazin] eine Nachbarin
aider qn [ede] jdm. helfen
3 **Noël** *(m)* [nɔɛl] Weihnachten
offrir qc à qn [ɔfrir] jdm. etw. schenken/anbieten

B La lettre de Martine

une lettre [ynlɛtr] ein Brief
cher, chère [ʃɛr] lieber, liebe
savoir qc [savwar] etw. wissen
je sais [ʒəsɛ]
tu sais [tysɛ]
il sait [ilsɛ]
nous savons [nusavõ]
vous savez [vusave]
ils savent [ilsav]
savoir qc par qn etw. durch jdn. wissen
savoir faire qc etw. tun können *(= wissen, wie man es macht)*
savoir l'allemand Deutsch können
une idée [ynide] eine Idee
qc me plaît [... plɛ] etw. gefällt mir
je **t'**écris [ʒətekri] ich schreibe dir
Pardon! [pardõ] Entschuldigung!

le retard [lərətar] die Verspätung
une famille [ynfamij] eine Familie
un lycée viticole [ɛ̃lysevitikɔl] eine Weinbauschule
vouloir qc [vulwar] etw. wollen
je veux [ʒəvø]
tu veux [tyvø]
il veut [ilvø]
nous voulons [nuvulõ]
vous voulez [vuvule]
ils veulent [ilvœl]
Je veux être vigneronne. [ʒəvøzɛtrəviɲərɔn] Ich will Winzerin werden.
apprendre qc [aprɑ̃dr] etw. lernen
j'apprends [ʒaprɑ̃]
tu apprends [tyaprɑ̃]
il apprend [ilaprɑ̃]
nous apprenons [nuzaprənõ]
vous apprenez [vuzaprəne]
ils apprennent [ilzaprɛn]
apprendre à faire qc lernen, wie man etw. tut
continuer qc [kõtinɥe] etw. fortsetzen
continuer à faire qc fortsetzen, etw. zu tun/etw. weitermachen
Sylvie [silvi] *weibl. Vorname*
faire de l'allemand Deutsch als Fach haben/Deutsch lernen
comprendre qn [kõprɑ̃dr] jdn. verstehen
je comprends [ʒəkõprɑ̃]
tu comprends [tykõprɑ̃]
il comprend [ilkõprɑ̃]
nous comprenons [nukõprənõ]
vous comprenez [vukõprəne]
ils comprennent [ilkõprɛn]
à peu près [apøprɛ] in etwa/ungefähr
parler (le) français französisch sprechen
comme ton père wie dein Vater
pouvoir [puvwar] können
je peux [ʒəpø]
tu peux [typø]
il peut [ilpø]
nous pouvons [nupuvõ]
vous pouvez [vupuve]
ils peuvent [ilpœv]

pouvoir faire qc	etw. tun können *(= die Möglichkeit/ Gelegenheit/ Erlaubnis haben, etw. zu tun)*
nous pouvons **nous** écrire [nupuvõnuzekrir]	wir können uns schreiben
comme ça nous plaît	wie es uns gefällt
aider qn à faire qc [edeafɛr]	jdm. helfen, etw. zu tun
ajouter qc à qc [aʒute]	einer Sache etw. hinzufügen/beifügen
un tracteur [ɛ̃traktœr]	ein Traktor
les grands-parents *(m, plur)* [legrɑ̃parɑ̃]	die Großeltern
un chat [ɛ̃ʃa], **une chatte** [ynʃat]	eine Katze/ein Kater, eine *(weibl.)* Katze
Minette [minɛt]	*Katzenname*
le droit [lədrwa]	das Rechtswesen, Jura/das Recht
faire des études de droit	Jura studieren
un garçon bien	ein netter/prima Junge

une photo de famille	ein Familienfoto
les vacances d'été	die Sommerferien
passer [pase]	verbringen
quinze jours	2 Wochen/**14** Tage
ici [isi]	hier
Mes parents **vous** invitent. [meparɑ̃vuzɛ̃vit]	Meine Eltern laden euch ein.
les vendanges *(f, plur)* [levɑ̃dɑ̃ʒ]	die Weinernte/ Weinlese
vite [vit]	schnell *(als Adverb)*
donner le bonjour à qn	jdn. grüßen/jdm. einen Gruß bestellen
Amicalement, ... [amikalmɑ̃]	Herzliche Grüße, ...
P.S. *(m)* [peɛs] = **post-scriptum** *(m)* [pɔstskriptɔm]	P.S. (Postskriptum)

Exercices

4 **Je veux bien.**	Gerne.
regretter qc [rəgrɛte]	etw. bedauern

Révision

● *Ecrire une lettre à un(e) ami(e)*

Autun, le 1er mai [... ləprəmjemɛ]	Autun, den 1. Mai
Autun, le 1er août [... ləprəmjɛru(t)]	Autun, den 1. August
Autun, le 8 mai [... ləɥimɛ]	Autun, den 8. Mai
Autun, le 11 mai [... ləõzmɛ]	Autun, den 11. Mai
(Ma) chère Sandrine,	(Meine) liebe Sandrine!
(Mon) cher Olivier,	(Mein) lieber Olivier!
Merci pour ta lettre.	Danke für Deinen Brief.
Aujourd'hui, je peux répondre à ta lettre.	Heute kann ich Deinen Brief beantworten.
Pardon pour le retard!	Entschuldige die Verspätung!
C'est dimanche. Alors, j'ai le temps de t'écrire.	Es ist Sonntag. Da habe ich Zeit, Dir zu schreiben.
Comment est-ce que tu vas?	Wie geht es Dir?
Comment vont tes parents?	Wie geht es Deinen Eltern?
Dans ta lettre, tu me demandes comment ça va. Moi, ça va bien. Et toi?	In Deinem Brief fragst Du mich, wie es mir geht. Mir geht es gut. Und Dir?
Réponds vite pour me parler de toi.	Antworte schnell, um mir von Dir zu erzählen.

▸▸

J'attends ta réponse.	Ich warte auf Deine Antwort.	**Salut aux copains.**	Grüße an die Freunde.
Tu as le bonjour de mes parents.	Meine Eltern lassen Dich grüßen.	**Salut.**	*hier:* Viele Grüße.
(Donne le) bonjour à tes parents.	Grüße Deine Eltern!	**Au revoir.**	Auf Wiedersehen.
		Amicalement, ...	Herzliche Grüße, ...
		***Je t'embrasse, ...** [ʒətɑ̃bras]	Ich umarme Dich, ...

**Ausdruck, der hier zur Vervollständigung zusätzlich eingeführt wird*

C Les vendanges

beau [bo]	schön
Il fait beau.	Es ist schön(es Wetter).
chaud [ʃo]	warm/heiß
Il fait chaud.	Es ist warm/heiß.
le ciel [ləsjɛl]	der Himmel
avoir peur de qc	vor etw. Angst haben
avoir peur pour qc	um etw. Angst haben
la pluie [laplɥi]	der Regen
surtout [syrtu]	vor allem/besonders
un orage [ɛ̃nɔraʒ]	ein Gewitter
le raisin [lərɛzɛ̃]	die Weintraube
200 habitants **de plus** [... dəplys]	200 Einwohner mehr
quelques [kɛlk]	einige
depuis une semaine [dəpɥiynsəmɛn]	seit einer Woche
du matin au soir	von morgens bis abends
le dos [lədo]	der Rücken
Le dos fait très mal.	Der Rücken tut sehr weh.
le matin du 8 octobre	am Morgen des 8. Oktober
aller faire qc	etw. tun werden
On va terminer les vendanges demain?	Werden wir morgen mit der Weinernte fertig (werden)?
une table [yntabl]	ein Tisch
une cour [ynkur]	ein Hof
fêter qc [fɛte]	etw. feiern
le malheur [ləmalœr]	das Unglück/Unheil
Ne parle pas de malheur!	Mal nicht den Teufel an die Wand!
un vendangeur [ɛ̃vɑ̃dɑ̃ʒœr],	ein Weinleser,
une vendangeuse [ynvɑ̃dɑ̃ʒøz]	eine Weinleserin
Le/la voilà!	Da ist er/sie!
Les voilà!	Da sind sie!
être à table	zu Tisch sein
l'apéritif *(m)* [laperitif]	der Aperitif *(appetitanregendes alkoholisches Getränk vor dem Essen)*
tout le monde [tulmõd]	alle/jeder/alle Welt
tout à coup [tutaku]	plötzlich
le soleil [ləsɔlɛj]	die Sonne
Les vendangeurs **ne** travaillent **plus.**	Die Weinleser arbeiten nicht mehr.
Plus de soleil! [plydsɔlɛj]	Keine Sonne mehr!
un nuage [ɛ̃nɥaʒ]	eine Wolke
pleuvoir [pløvwar]	regnen
Il pleut. [ilplø]	Es regnet.
éclater [eklate]	ausbrechen/platzen/zerspringen
L'orage éclate.	Das Gewitter geht los.
la grêle [lagrɛl]	der Hagel
casser qc [kase]	etw. zerbrechen/zerschlagen
La grêle va me casser les vignes.	Der Hagel wird mir die Weinstöcke zerschlagen.
Ça alors!	Na, so was!
un jour de grêle	ein Tag mit Hagel

Révision

● *Le temps*

le temps	das Wetter
Quel temps fait-il? [kɛltɑ̃fɛtil] / **Il fait quel temps?** [... kɛltɑ̃]	Wie ist das Wetter?
le beau temps	das schöne Wetter
Il fait beau (temps).	Es ist schön(es Wetter).
le soleil	die Sonne
***Il fait soleil.**	Es ist sonnig./Die Sonne scheint.
Il fait chaud.	Es ist warm/heiß.
Il fait *mauvais [movɛ] **(temps).**	Es ist schlecht(es Wetter).
Il y a des nuages dans le ciel.	Es sind Wolken am Himmel.
la pluie	der Regen
pleuvoir	regnen
Il pleut.	Es regnet.
un orage	ein Gewitter
***Il va y avoir de l'orage./*Il va faire de l'orage.**	Es wird ein Gewitter geben.
L'orage éclate.	Das Gewitter geht los.
la grêle	der Hagel
***grêler** [grɛle]	hageln
***Il grêle.** [ilgrɛl]	Es hagelt.
le froid [ləfrwa]	die Kälte
Il fait froid. [... frwa]	Es ist kalt.
Il ne fait pas chaud.	Es ist nicht gerade warm.
la neige [lanɛʒ]	der Schnee
neiger [nɛʒe]	schneien
Il neige. [ilnɛʒ]	Es schneit.
***un degré** [ɛ̃dəgre]	ein Grad
***Il fait zéro (degré).**	Es ist null Grad.
***Il fait moins deux.**	Es ist minus 2 Grad/2 Grad unter Null.
***Il fait plus trois.** [... plys ...]	Es ist plus 3 Grad/3 Grad über Null.

**Wörter und Ausdrücke, die hier zur Vervollständigung zusätzlich eingeführt werden*

Exercices

1 **Lille** [lil] / **Rennes** [rɛn] / **Narbonne** [narbɔn]	*Städte in Frankreich*
Sébastien [sebastjɛ̃]	*männl. Vorname*

Perfectionnement

Lecture – La Bourgogne, qu'est-ce que c'est?

Pascale [paskal]	*weibl. Vorname*
Radio-France-Bourgogne [radjofrɑ̃sburgɔɲ]	*staatl. Rundfunksender für Burgund*
un carrefour [ɛ̃karfur]	eine Kreuzung
une autoroute [ynɔtɔrut]	eine Autobahn
vers [vɛr]	nach/in Richtung auf
le sud [ləsyd]	der Süden *(als Himmelsrichtung)*
Eh oui! [ewi]	Nun ja!
un million [ɛ̃miljõ]	eine Million
des millions de voitures	Millionen von Autos
passer par	fahren durch
comme ça	so/auf diese Weise
un Parisien [ɛ̃parizjɛ̃], **une Parisienne** [ynparizjɛn]	ein Pariser, eine Pariserin
descendre [desɑ̃dr]	*hier:* hinunterfahren
la Provence [laprɔvɑ̃s]	die Provence
la Méditerranée [lameditɛrane]	das Mittelmeer
au bord de la Méditerranée	am Mittelmeer

la Belgique [labɛlʒik]	Belgien
la Hollande [laɔlɑ̃d]	Holland
«l'Autoroute du Soleil»	*Autobahn von Paris zur Côte d'Azur*
en voiture *(f)*	mit dem Auto
un train [ɛ̃trɛ̃]	ein Zug
en train [ɑ̃trɛ̃]	mit dem Zug
le T.G.V. [ləteʒeve] = **le train à grande vitesse**	der „T.G.V." *(Hochgeschwindigkeitszug)*
Lausanne [lozan]	*Stadt in der Schweiz*
monter [mõte]	einsteigen
un petit déjeuner [ɛ̃ptideʒœne]	ein Frühstück
Et **quand** on pense que ... [ekɑ̃tõpɑ̃skə]	Und wenn man daran denkt, daß ...
un canal [ɛ̃kanal], **des canaux** [dekano]	ein Kanal, Kanäle
la Loire [lalwar]	*Fluß in Frankreich*
le canal du Centre	*Kanal von der Saône zur Loire*
un coq [ɛ̃kɔk]	ein Hahn; *hier:* ein Huhn
un coq au vin [ɛ̃kɔkovɛ̃]	ein Huhn in Rotweinsauce
un escargot [ɛ̃nɛskargo]	eine Weinbergschnecke
un bœuf [ɛ̃bœf], **des bœufs** [debø]	ein Ochse/Rind, Ochsen/Rinder
le bœuf	*hier:* das Rindfleisch
une église [ynegliz]	eine Kirche
une basilique [ynbazilik]	eine Basilika
sainte Madeleine [sɛ̃tmadlɛn]	die heilige Magdalena
Vézelay [vezlɛ], **Tournus** [turny], **Saulieu** [soljø], **Fontenay** [fõtnɛ], **Cluny** [klyni], **Montceau-les-Mines** [mõsolemin]	*Dörfer und Städte in Burgund*
la beauté [labote]	die Schönheit
C'est d'une beauté!	Das ist von einer Schönheit!/Das ist wirklich schön!
l'industrie *(f)* [lɛ̃dystri]	die Industrie
progresser [prɔgrɛse]	Fortschritte machen/sich ausweiten
le fer [ləfɛr]	das Eisen
travailler le fer	Eisen verarbeiten
une locomotive [ynlɔkɔmɔtiv]	eine Lokomotive
le lac des Settons [ləlakdesɛtõ]	*See im Morvan*
prendre un bain [prɑ̃drɛ̃bɛ̃]	ein Bad nehmen/baden

Compréhension orale – Jacquemart

Jacquemart [ʒakmar]	*(veralteter) männl. Vorname*
l'histoire *(f)* [listwar]	die Geschichte
une église [ynegliz]	eine Kirche
une ville [ynvil]	eine Stadt
Notre-Dame [nɔtrədam]	*Kirche in Dijon*
une horloge [ynɔrlɔʒ]	eine (Turm-)Uhr
un coup [ɛ̃ku]	*hier:* ein Schlag
donner les trois coups	dreimal auf die Glocke schlagen
un costume de l'époque	ein zeitgenössisches Kostüm
la Flandre [laflɑ̃dr]	Flandern
Courtrai [kurtrɛ]	*Stadt in Belgien*
Yolem [jɔlɛm]	*Familienname*
sans [sɑ̃]	ohne
une femme [ynfam]	eine Frau
Jacqueline [ʒaklin]	*weibl. Vorname*
Jacquelinet *(m)* [ʒaklinɛ], **Jacquelinette** *(f)* [ʒaklinɛt]	*humoristische Verkleinerungsformen von „Jacqueline"*
un quart d'heure [ɛ̃kardœr]	eine Viertelstunde
sonner les quarts d'heure	die Viertelstunden schlagen
porter qc [pɔrte]	etw. tragen

Leçon 6

A La tarte au citron

une tarte [yntart]	ein (Obst-)Kuchen
un citron [ɛ̃sitrõ]	eine Zitrone
une tarte **au** citron	ein Zitronenkuchen
un anniversaire [ɛ̃nanivɛrsɛr]	ein Geburtstag
un dessert [ɛ̃desɛr]	ein Nachtisch/Dessert

un repas [ɛ̃rəpa]	eine Mahlzeit/ ein Essen
une fête [ynfɛt]	ein Fest
un repas **de** fête	ein Festessen
la farine [lafarin]	das Mehl
de la farine	Mehl
le lait [ləlɛ]	die Milch
du lait	Milch
l'eau *(f)*	das Wasser
de l'eau	Wasser
le beurre [ləbœr]	die Butter
un œuf [ɛ̃nœf], **des œufs** [dezø]	ein Ei, Eier
le sucre [ləsykr]	der Zucker
le sel [ləsɛl]	das Salz
la pâte [lapat]	der Teig
falloir [falwar]	brauchen/müssen
Il faut du sel. [ilfodysɛl]	Man braucht Salz.
Il te faut du sel.	Du brauchst Salz.
Il te faut prendre du sel.	Du mußt Salz nehmen.
un gramme [ɛ̃gram]	ein Gramm
130 grammes **de** farine	130 Gramm Mehl
jaune [ʒon]	gelb
un jaune **d'**œuf [ɛ̃ʒondœf], des jaunes **d'**œufs [deʒondø]	ein Eigelb, Eigelbe
une cuillère [ynkɥijɛr]	ein Löffel; *hier:* ein Eßlöffel
une cuillère **de** sucre	ein Eßlöffel Zucker
peu [pø]	wenig
un peu de sel [ɛ̃pødsɛl]	ein wenig/ein bißchen Salz
très peu **d'**eau [trɛpødo]	sehr wenig Wasser
la crème [lakrɛm]	die Sahne; *hier:* die Creme
un litre [ɛ̃litr]	ein Liter
un litre **de** lait [ɛ̃litrədəlɛ]	ein Liter Milch
un quart [ɛ̃kar]	ein Viertel
un quart **de** litre [ɛ̃kardəlitr]	ein Viertelliter
mélanger qc et qc [melɑ̃ʒe] nous mélang**e**ons [numelɑ̃ʒɔ̃]	eine Sache mit einer anderen mischen
mettre qc [mɛtr] je mets [ʒəmɛ] tu mets [tymɛ] il met [ilmɛ] nous mettons [numɛtɔ̃] vous mettez [vumɛte] ils mettent [ilmɛt]	etw. stellen/legen/ hängen; *hier:* etw. hineintun
une boule [ynbul]	eine Kugel
le zeste [ləzɛst]	die (Zitronen-, Orangen-)Schale
Il ne faut pas de sel.	Man braucht kein Salz.
faire bouillir qc [fɛrbujir]	etw. zum Kochen bringen
trop [tro]	zuviel/zu sehr
trop **de** sucre [trodsykr]	zuviel Zucker
verser qc dans qc [vɛrse]	etw. in etw. hineingießen
un mélange [ɛ̃melɑ̃ʒ]	eine Mischung
chauffer qc [ʃofe]	etw. heizen; *hier:* etw. erhitzen
sans [sɑ̃]	ohne
sans beurre	ohne Butter
sans faire qc	ohne etw. zu tun
le jus [ləʒy]	der Saft
étaler qc [etale]	etw. ausbreiten; *hier:* etw. auswalzen
beurrer qc [bœre]	etw. mit Butter bestreichen
un moule à tarte [ɛ̃mulatart]	eine Kuchenform
beaucoup [boku]	viel
beaucoup **de** beurre	viel Butter
un four [ɛ̃fur]	ein Backofen
une demi-heure [yndəmijœr]	eine halbe Stunde
prendre qc dans qc	eine Sache aus einer anderen herausnehmen

Exercices

(N) **une boisson** [ynbwasɔ̃]	ein Getränk
le thé [ləte]	der Tee
le café [ləkafe]	der Kaffee; die Wirtschaft, das Wirtshaus
la bière [labjɛr]	das Bier
assez [ase]	genug
assez **de** bière	genug Bier

la limonade [lalimɔnad]	die Limonade
l'orangina *(m)* [lɔrɑ̃ʒina]	*Limonadenmarke (Limonade mit Orangengeschmack)*
l'eau minérale *(f)* [lomineral]	das Mineralwasser
2 **une crêpe** [ynkrɛp]	eine „Crêpe" *(dünner Eierpfannkuchen)*
une poêle [ynpwal]	eine Pfanne
retourner une crêpe	eine „Crêpe" wenden

B Jean-Luc et Martine font des courses.

les courses *(f)* [lekurs]	die Einkäufe/Besorgungen
faire des courses	Einkäufe/Besorgungen machen
un supermarché [ɛ̃sypɛrmarʃe]	ein Supermarkt
acheter qc [aʃte]	etw. kaufen
j'achète [ʒaʃɛt]	
tu achètes [tyaʃɛt]	
il achète [ilaʃɛt]	
nous achetons [nuzaʃtõ]	
vous achetez [vuzaʃte]	
ils achètent [ilzaʃɛt]	
une boîte [ynbwat]	eine Dose/Schachtel
un escargot [ɛ̃nɛskargo]	eine Weinbergschnecke
une boîte **d'**escargots	eine Dose Weinbergschnecken
une entrée [ynɑ̃tre]	ein Eingang/eine Einfahrt; *hier:* eine (warme) Vorspeise
l'ail *(m)* [laj]	der Knoblauch
la viande [lavjɑ̃d]	das Fleisch
un bœuf [ɛ̃bœf], **des bœufs** [debø]	ein Ochse/Rind, Ochsen/Rinder
la viande **de** bœuf/ **le bœuf**	das Rindfleisch
le bœuf bourguignon [ləbœfburgiɲõ]	Rindfleisch nach Burgunder Art
un plat [ɛ̃pla]	eine Platte/ein Gericht
le plat principal [ləplaprɛ̃sipal]	das Hauptgericht
une boucherie [ynbuʃri]	eine Metzgerei/Fleischerei *(, die alle Fleischsorten, jedoch nur wenige Wurstwaren führt)*
une charcuterie [ynʃarkytri]	eine Metzgerei/Fleischerei *(, die nur Schweinefleisch sowie Wurstwaren führt)*
une boucherie-charcuterie	*entspricht einer dtsch. Metzgerei/Fleischerei*
une ville [ynvil]	eine Stadt
le centre-ville [ləsɑ̃trəvil]	das Stadtzentrum/die Stadtmitte
une caisse [ynkɛs]	eine Kasse
payer qc [peje]	etw. zahlen/bezahlen
je paie [ʒəpɛ]	
tu paies [typɛ]	
il paie [ilpɛ]	
nous payons [nupejõ]	
vous payez [vupeje]	
ils paient [ilpɛ]	
un parking [ɛ̃parkiŋ]	ein Parkplatz
retrouver qn [rətruve]	jdn. treffen
passer	*hier:* hingehen/vorbeigehen
passer (dans un magasin)	(in ein Geschäft) gehen
une épicerie [ynepisri]	ein Lebensmittelgeschäft
le fromage [ləfrɔmaʒ]	der Käse
une boulangerie [ynbulɑ̃ʒri]	eine Bäckerei
une pâtisserie [ynpatisri]	eine Konditorei
une boulangerie-pâtisserie	eine Bäckerei und Konditorei
C'est à vous? [sɛtavu]	Sind Sie dran?
un vendeur [ɛ̃vɑ̃dœr], **une vendeuse** [ynvɑ̃døz]	ein Verkäufer, eine Verkäuferin
désirer qc [dezire]	etw. wünschen
je voudrais [ʒəvudrɛ]	ich möchte
une glace [ynglas]	ein Eis
une glace au café [ynglasokafe]	ein Mokkaeis
Et avec ça?	Und außerdem?
C'est tout. [sɛtu]	Das ist alles.
Ça fait combien?	Wieviel macht das?

Bon anniversaire! [bɔnanivɛrsɛr]	Herzlichen Glückwunsch zum Geburtstag!	**rendre qc à qn** [rɑ̃dr]	jdm. etw. zurückgeben
un cornet (de glace) [ɛ̃kɔrnɛ]	ein (Eis-)Hörnchen	**embrasser qn** [ɑ̃brase]	jdn. umarmen/küssen
		Il va mieux. [ilvamjø]	Es geht ihm besser.

Révision

● *Les magasins*

un magasin	ein Geschäft/Laden	**une charcuterie**	eine Metzgerei/Fleischerei *(, die nur Schweinefleisch sowie Wurstwaren führt)*
un magasin de journaux	ein Zeitungsladen		
***un grand magasin** [ɛ̃grɑ̃magazɛ̃]	ein Kaufhaus		
***un fruit** [ɛ̃frɥi]	eine Frucht/Obstsorte	**une boucherie-charcuterie**	*entspricht einer dtsch. Metzgerei/Fleischerei*
***un légume** [ɛ̃legym]	eine Gemüsesorte		
***un magasin de fruits et légumes** [...dəfrɥize...]	ein Obst- und Gemüseladen	**une boulangerie**	eine Bäckerei
		une pâtisserie	eine Konditorei
		une boulangerie-pâtisserie	eine Bäckerei und Konditorei
un marché	ein Markt		
un supermarché	ein Supermarkt	**vendre qc à qn**	jdm. etw. verkaufen
une épicerie	ein Lebensmittelgeschäft	**un vendeur, une vendeuse**	ein Verkäufer, eine Verkäuferin
une boucherie	eine Metzgerei/Fleischerei *(, die alle Fleischsorten, jedoch nur wenige Wurstwaren führt)*	**un marchand, une marchande**	ein Händler, eine Händlerin
		un client, une cliente	ein Kunde, eine Kundin

● *Les courses*

les courses *(f)*	die Einkäufe/Besorgungen	**– Voilà.**	– Hier (, Ihre „Baguettes").
faire des courses	Einkäufe/Besorgungen machen	**– Et avec ça?**	– Und außerdem?
aller/passer à la/dans une boucherie	zur/in eine Metzgerei gehen	**– C'est tout, merci. Ça fait combien?**	– Das ist alles, danke. Wieviel macht das?
aller/passer chez un/le marchand de vin	zu einem/zum Weinhändler gehen	**– Ça fait 6 francs.**	– Das macht 6 Francs.
		– Voilà 10 francs.	– Hier sind 10 Francs.
aller au marché	zum Markt gehen	**– Et voilà 4 francs. Merci.**	– Und hier sind 4 Francs zurück. Danke.
sur le/au marché	auf dem Markt		
acheter qc	etw. kaufen	**– Au revoir, *messieurs dames.** [mesjødam]	– Auf Wiedersehen (meine Damen und Herren).
– C'est à vous, mademoiselle?	– Sind Sie dran, Fräulein?		
– Oui, c'est à moi.	– Ja, ich bin dran.	**rendre qc à qn**	jdm. etw. zurückgeben
– Vous désirez?	– Sie wünschen?		
– Je voudrais deux baguettes.	– Ich möchte zwei „Baguettes".	**payer à la caisse**	an der Kasse zahlen/bezahlen

* *Wörter und Ausdrücke, die hier zur Vervollständigung zusätzlich eingeführt werden*

Exercices

2 **un morceau** [ɛ̃mɔrso], **des** morceau**x** [demɔrso]	ein Stück, Stücke
un morceau **de** viande	ein Stück Fleisch

C Les dix-huit ans de Martine

commencer qc [kɔmɑ̃se] nous commen**ç**ons [nukɔmɑ̃sɔ̃]	etw. anfangen/ beginnen
commencer **par** qc	mit etw. anfangen/ beginnen
autour de [oturdə]	um ... herum
un couvert [ɛ̃kuvɛr]	ein Gedeck/Besteck
boire qc [bwar] je bois [ʒəbwa] tu bois [tybwa] il boit [ilbwa] nous buvons [nubyvɔ̃] vous buvez [vubyve] ils boivent [ilbwav]	etw. trinken
le «Kir» [ləkir]	*burgundische Spezialität: Weißwein mit schwarzem Johannisbeerlikör*
le cassis [ləkasis]	die schwarze Johannisbeere
la crème de cassis	der Johannisbeerlikör
l'appétit *(m)* [lapeti]	der Appetit
Bon appétit! [bɔnapeti]	Guten Appetit!
Je bois **de l'eau.** J'**en** bois. [ʒɑ̃bwa]	Ich trinke welches.
la faim [lafɛ̃]	der Hunger
avoir faim	Hunger haben
Je **n'**ai **pas faim.**	Ich habe keinen Hunger.
Je **n'**ai **pas d'appétit.**	Ich habe keinen Appetit.
féliciter qn [felisite]	jdn. beglückwünschen
préférer qc [prefere] je préf**è**re [ʒəprefɛr] tu préf**è**res [typrefɛr] il préf**è**re [ilprefɛr] nous préférons [nupreferɔ̃] vous préférez [vuprefere] ils préf**è**rent [ilprefɛr]	etw. vorziehen/lieber haben
Je préfère **le** lait.	Ich trinke lieber Milch.
préférer faire qc	vorziehen, etwas zu tun/etw. lieber tun
passer qc à qn	jdm. etw. reichen/ geben
le pain [ləpɛ̃]	das Brot
Gustave [gystav]	*männl. Vorname*
un docteur [ɛ̃dɔktœr]	ein Arzt/Doktor
sans sel	ohne Salz
avec du sel	mit Salz
un légume [ɛ̃legym]	eine Gemüsesorte
une pomme de terre [ynpɔmdətɛr]	eine Kartoffel
la vie [lavi]	das Leben
manger qc [mɑ̃ʒe] nous man**ge**ons [numɑ̃ʒɔ̃]	etw. essen
Mathilde [matild]	*weibl. Vorname*
appeler qn [aple] j'appe**ll**e [ʒapɛl] tu appe**ll**es [tyapɛl] il appe**ll**e [ilapɛl] nous appelons [nuzaplɔ̃] vous appelez [vuzaple] ils appe**ll**ent [ilzapɛl]	jdn. (an-)rufen
Vous appelez ça «manger»?	Das nennen Sie „essen"?
la salade [lasalad]	der Salat
un plateau [ɛ̃plato], **des** plateau**x** [deplato]	ein Tablett, Tablette; *hier:* eine Platte, Platten
un plateau **de** fromages	eine Käseplatte
porter qc	etw. tragen; *hier:* etw. bringen
une fourchette [ynfurʃɛt]	eine Gabel
un couteau [ɛ̃kuto], **des** couteau**x** [dekuto]	ein Messer, Messer
Je parle **de qc.** J'**en** parle.	Ich spreche darüber.
divorcer [divɔrse]	sich scheiden lassen
la Provence [laprɔvɑ̃s]	die Provence
en Provence	in die/der Provence

Aix-en-Provence [ɛksɑ̃prɔvɑ̃s]	*Stadt in der Provence*
accompagner qn [akɔ̃paɲe]	jdn. begleiten
un rêve [ɛ̃rɛv]	ein Traum
une salle à manger	ein Eßzimmer

Exercices

3 **mettre la table**	den Tisch decken
8 **la soif** [laswaf]	der Durst
avoir soif	Durst haben
Je **n'**ai **pas soif.**	Ich habe keinen Durst.
fermer qc	etw. zumachen/schließen
9 **la publicité** [lapyblisite]	die Reklame/Werbung

Révision

● *Les couverts*

un couvert	ein Gedeck/Besteck

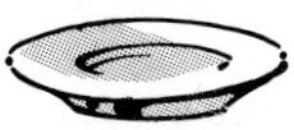

une assiette	ein Teller

un verre	ein Glas

une fourchette	eine Gabel

un couteau, des couteaux	ein Messer, Messer

une cuillère	ein Löffel

***une cuillère à café**	ein Kaffeelöffel

***une serviette** [ynsɛrvjɛt]	eine Serviette
mettre la table/le couvert	den Tisch decken

● *A table*

être à table	zu Tisch sein
– **On prend l'apéritif** *(m)*?	– Wollen wir einen Aperitif trinken?
– **Oui, je veux bien.**	– Ja, gerne.
– **Bon appétit!**	– Guten Appetit!
– **Merci, vous aussi.**	– Danke, gleichfalls.
– **C'est bon?**	– Schmeckt es Ihnen?
– **Hmm! C'est très bon.**	– Hmm! Das ist sehr gut.
– **Vous voulez du vin?**	– Möchten Sie Wein?
– **Non, merci. Je ne bois pas de vin.**	– Nein, danke. Ich trinke keinen Wein.
– **Vous pouvez me passer le pain, s'il vous plaît?**	– Können Sie mir bitte das Brot reichen?
– **Oui … Voilà.**	– Ja … Hier ist es.
– **Vous voulez encore de la viande?**	– Möchten Sie noch Fleisch?
– **Non, merci. Je n'ai plus faim./Oui, je veux bien. Mais, vous n'en mettez pas trop, s'il vous plaît.**	– Nein, danke. Ich habe keinen Hunger mehr./Ich bin satt./Ja, gerne. Aber legen Sie mir bitte nicht zuviel auf!

* *Wörter und Ausdrücke, die hier zur Vervollständigung zusätzlich eingeführt werden*

Perfectionnement

Savoir se débrouiller – Au restaurant

un menu [ɛ̃məny]	ein Menü *(Speisenfolge)*
la charcuterie	*hier:* die Wurstwaren
une assiette **de** charcuterie	eine Platte mit Wurstwaren
un œuf **à la** crème	ein Ei in Sahnesauce
une omelette [ynɔmlɛt]	ein Omelett
une omelette **au** fromage	ein Omelett mit Käse
un coq [ɛ̃kɔk]	ein Hahn; *hier:* ein Huhn
un coq **au** vin [ɛ̃kɔkovɛ̃]	ein Huhn in Rotweinsauce
un supplément [ɛ̃syplemɑ̃]	ein Zuschlag
le porc [ləpɔr]	das Schweinefleisch
une côtelette **de** porc	ein Schweinekotelett
des pommes de terre nature *(f)* [...natyr]	Pellkartoffeln
des pommes frites *(f)* [depɔmfrit]	Pommes frites
des haricots verts *(m)* [dearikovɛr]	grüne Bohnen
un fruit [ɛ̃frɥi]	eine Frucht/Obstsorte
une pâtisserie	*hier:* ein Gebäck/Kuchen
la pâtisserie **du** jour	das Tagesgebäck
le service [ləsɛrvis]	die Bedienung
Service compris. [sɛrviskɔ̃pri]	Bedienung inbegriffen.
Duc [dyk]	*Familienname*
un hors-d'œuvre [ɛ̃ɔrdœvr], **des hors-d'œuvre** [deɔrdœvr]	eine (kalte) Vorspeise, (kalte) Vorspeisen
une spécialité [ynspesjalite]	eine Spezialität
un quart de rouge [ɛ̃kardəruʒ]	ein Viertel Rotwein
une carafe d'eau [ynkarafdo]	eine Karaffe Wasser
une banane [ynbanan]	eine Banane
une pomme [ynpɔm]	ein Apfel
une poire [ynpwar]	eine Birne
l'addition *(f)* [ladisjɔ̃]	die Rechnung *(im „Café" oder im Restaurant)*

Compréhension orale – Les vacances de Caroline

Caroline [karɔlin]	*weibl. Vornamen*
Jeanne [ʒan]	*weibl. Vornamen*
un festival [ɛ̃fɛstival], **des festivals** [defɛstival]	Festspiele/ein Festival, Festivals
un collègue [ɛ̃kɔlɛg], **une collègue** [ynkɔlɛg]	ein Kollege, eine Kollegin
le petit déjeuner [ləptideʒœne]	das Frühstück
un croissant [ɛ̃krwasɑ̃]	ein (Butter-) Hörnchen
la confiture [lakɔ̃fityr]	die Marmelade/Konfitüre
le déjeuner [lədeʒœne]	das Mittagessen
un menu [ɛ̃məny]	ein Menü *(Speisenfolge)*
la soupe [lasup]	die Suppe
un film [ɛ̃film]	ein Film

Le temps (Poème)

un poème [ɛ̃pɔɛm]	ein Gedicht
Arrêtez-vous.	Bleiben Sie/Bleibt stehen!
enfin [ɑ̃fɛ̃]	schließlich/endlich
vivre [vivr]	leben
Ne me parlez pas.	Sprechen Sie/Sprecht nicht mit mir!
une affaire [ynafɛr]	ein Geschäft
un homme d'affaires	ein Geschäftsmann
la poésie [lapɔezi]	die Dichtung
Vous n'y pensez pas! [vunipɑ̃sepa]	*wörtl.:* Sie denken nicht daran!; *hier:* Wo denken Sie hin!
si	*hier:* wenn/falls
un instant [ɛ̃nɛ̃stɑ̃]	ein Augenblick
rire [rir]	lachen
devenir [dəvənir]	werden
un poète [ɛ̃pɔɛt]	ein(e) Dichter(in)
un papier [ɛ̃papje]	ein Papier
perdre qc [pɛrdr]	etw. verlieren
vous pourriez [vupurje]	Sie könnten/ihr könntet

Le Sud (Chanson)

le Sud [ləsyd]	der Süden *(als Gegend)*
une chanson [ynʃɑ̃sõ]	ein Lied/Chanson
un endroit [ɛ̃nɑ̃drwa]	ein Ort
ressembler à qc/qn [rəsɑ̃blea]	einer Sache/jdm. gleichen/ähneln
la Louisiane [lalwizjan]	Louisiana
un endroit **qui** ressemble à la Louisiane	ein Ort, der Louisiana ähnelt
l'Italie *(f)* [litali]	Italien
le linge [ləlɛ̃ʒ]	die Wäsche
étendu [etɑ̃dy]	*hier:* aufgehängt
une terrasse [yntɛras]	eine Terrasse
joli [ʒɔli]	hübsch
un refrain [ɛ̃rəfrɛ̃]	ein Refrain
On dirait le Sud. [õdirɛ...]	Man könnte meinen, es sei der Süden.
durer [dyre]	dauern
longtemps [lõtɑ̃]	lange *(als Adverb)*
sûrement [syrmɑ̃]	bestimmt *(als Adverb)*
plus de [plydə]	mehr als
un million [ɛ̃miljõ]	eine Million
une année [ynane]	ein Jahr *(in seinem Verlauf gesehen)*
plein de *(fam)* [plɛ̃də]	viele *(ugs.)*
ils se roulent [ilsərul]	sie wälzen sich
la pelouse [lapəluz]	der Rasen
même [mɛm]	sogar
une tortue [yntɔrty]	eine Schildkröte
rouge [ruʒ]	rot
un poisson rouge [ɛ̃pwasõ...]	ein Goldfisch
ne ... rien [nərjɛ̃]	nichts
manquer [mɑ̃ke]	fehlen

Leçon 7

A Sur le cours Mirabeau

un cours	*in Straßennamen:* eine Allee
Mirabeau [mirabo]	*frz. Politiker (1749–1791)*
le midi de la France/ le Midi Aix est dans *le Midi.*	Südfrankreich
un arbre	ein Baum
grand, grande [grɑ̃, grɑ̃d] → le *grand*-père	groß
une terrasse [yntɛras] Il y a beaucoup de gens à *la terrasse* du café.	eine Terrasse
petit, petite [pəti, pətit] ≠ grand, grande	klein
choisir qc [ʃwazir] *je choisis* [ʒəʃwazi], *tu choisis, il choisit, nous choisissons* [nuʃwazisõ], *vous choisissez, ils choisissent* [ilʃwazis]; dire: «Je voudrais ça.»	etw. (aus-)wählen
un platane [ɛ̃platan] *Un platane* est un arbre.	eine Platane
sortir de [sɔrtir] *je sors* [ʒəsɔr], *tu sors, il sort, nous sortons* [nusɔrtõ], *vous sortez, ils sortent* [ilsɔrt]; ≠ entrer dans	(heraus-)kommen aus
un étudiant [ɛ̃netydjɑ̃], **une étudiante** [ynetydjɑ̃t] Jean-Luc est *étudiant* en droit.	ein Student, eine Studentin
le même, la même [ləmɛm, lamɛm] ≠ un autre, une autre	der-, die-, dasselbe
une petite heure [ynpətitœr]	ein Stündchen *(wörtl:* eine kleine Stunde)
un garçon (de café) Il travaille dans un café.	ein Kellner
servir qc à qn [sɛrvir] *je sers* [ʒəsɛr], *tu sers, il sert, nous servons* [nusɛrvõ], *vous servez, ils servent* [ilsɛrv]; Le garçon *sert* des boissons aux clients.	jdm. etw. servieren
servir qn	jdn. bedienen

Evelyne [evlin] un prénom féminin	*weibl. Vorname*
dormir [dɔrmir] *je dors* [ʒədɔr], *tu dors, il dort, nous dormons* [nudɔrmõ], *vous dormez, ils dorment* [ildɔrm]	schlafen
bon, bonne [bõ, bɔn] Hmm! Il est *bon*, le fromage!	gut
prochain [prɔʃɛ̃], **prochaine** [prɔʃɛn] *Le prochain* cours est à 11 heures.	nächste(r, s)
réfléchir à qc [refleʃir] *je réfléchis* [ʒərefleʃi], *nous réfléchissons* [nurefleʃisõ], *ils réfléchissent* [ilrefleʃis]; Je vais *réfléchir* à la question.	sich etw. überlegen/über etw. nachdenken
l'addition *(f)* Garçon! *L'addition,* s'il vous plaît!	die Rechnung *(im „Café" oder im Restaurant)*
Antoine [ɑ̃twan] un prénom masculin	*männl. Vorname*
une fois *la* prochaine *fois*	ein Mal/einmal
Marcel [marsɛl] un prénom masculin	*männl. Vorname*
Estelle [ɛstɛl] un prénom féminin	*weibl. Vorname*
avec elle/elles avec Estelle: *avec elle*; avec Estelle et Evelyne: *avec elles*	mit ihr/ihnen *(unv. Pp. Fem.)*
Morénas [mɔrena] un nom de famille	*Familienname*
être heureux [... œrø], **heureuse** [œrøz] **de (faire) qc** Les Morénas *sont heureux* d'avoir Jean-Luc et sa mère.	über etw. glücklich sein/glücklich sein, etw. zu tun
chez lui/eux [ʃelɥi, ʃezø] chez Jean-Luc: *chez lui*; chez les Morénas: *chez eux*	bei ihm/ihnen *(unv. Pp. Mask.)* zu Hause
Jean-Luc, lui... *Jean-Luc, lui,* n'est pas heureux.	Jean-Luc *(betont)*
malheureux [malœrø], **malheureuse** [malœrøz] ≠ heureux, heureuse	unglücklich
mauvais [movɛ], **mauvaise** [movɛz] ≠ bon, bonne	schlecht
l'humeur *(f)* [lymœr]	die Laune
être de mauvaise humeur *(f)* [...movɛzymœr] Jean-Luc a des problèmes: il est souvent *de mauvaise humeur.*	schlechte Laune haben
quand *(conj.)* *Quand* Jean-Luc pense à Martine, il est malheureux.	wenn/als *(Konj.)*
triste malheureux,-euse	traurig
l'argent *(m)* [larʒɑ̃] Le temps, c'est de *l'argent.*	das Geld
avoir des problèmes d'argent ne pas avoir assez d'argent	Geldprobleme haben
être riche [ɛtrəriʃ] avoir beaucoup d'argent	reich sein
gagner de l'argent [gaɲe...] Combien d'*argent* est-ce que tu *gagnes* par mois?	Geld verdienen
sympathique [sɛ̃patik]	sympathisch/nett
Nadine [nadin] un prénom féminin	*weibl. Vorname*
l'histoire *(f)* [listwar] Nadine fait des études d'*histoire.*	die Geschichte *(als Fach)*
Pâques *(f, plur)* [pak] une fête au printemps	Ostern
le ski [ləski] un sport d'hiver	das Skifahren/der Ski
faire du ski Tu sais *faire du ski?*	skifahren

monter à qc aller sur qc	auf etw. steigen
une victoire [ynviktwar]	ein Sieg
la Sainte-Victoire [lasɛ̃tviktwar] Marcel va monter à *la Sainte-Victoire.*	*Berg in der Nähe von Aix-en-Provence*
le paysage [ləpeizaʒ]	die Landschaft
Cézanne [sezan] *Cézanne* a fait beaucoup de paysages.	*frz. Maler des Impressionismus (1839–1906)*
une église [ynegliz] Le dimanche matin, Nadine va à *l'église.*	eine Kirche
joli, jolie [ʒoli] Le paysage est très *joli*; il me plaît beaucoup.	hübsch
avoir de la chance [...ʃɑ̃s] Tu es en vacances? *Tu as de la chance!*	Glück haben
la lavande [lalavɑ̃d]	der Lavendel
cultiver qc [kyltive] En Provence, on *cultive* la lavande.	etw. anbauen
un plateau, des plateau**x** Nous montons *au plateau.*	*hier:* ein Gebirgsplateau
le Vaucluse [ləvoklyz] une région en Provence	*Gegend und Departement in der Provence*
le plateau de Vaucluse	*Gebirgsplateau in Vaucluse*
l'essence *(f)* [lɛsɑ̃s] *l'essence* de lavande	die Essenz; *hier:* das Öl
une parfumerie [ynparfymri]	eine Parfümfabrik/Parfümerie
Grasse [gras] une ville où il y a beaucoup de parfumeries	*Stadt an der Côte d'Azur*
sentir (qc) [sɑ̃tir] *je sens* [ʒəsɑ̃], *nous sentons* [nusɑ̃tõ], *ils sentent* [ilsɑ̃t]; Antoine *sent* la lavande: *sentez.*	(nach etw.) riechen
une usine [ynyzin] là où on fabrique qc	eine Fabrik
finir qc [finir] *je finis* [ʒəfini], *nous finissons* [nufinisõ], *ils finissent* [ilfinis]; terminer qc ≠ commencer qc	etw. beenden/*hier:* etw. austrinken
partir (à) [partir] *je pars* [ʒəpar], *nous partons* [nupartõ], *ils partent* [ilpart]; quitter qc/qn pour aller à	(weg-)gehen/(ab-)fahren (nach)
un champ [ɛ̃ʃɑ̃] Voilà *un* joli *champ* de lavande.	ein Feld

Exercices

2	**un prix** [ɛ̃pri]	ein Preis
4	**une date** Le 13 avril, c'est *une date.*	ein Datum
	une université [ynyniversite] Jean-Luc fait ses études à *l'université* d'Aix.	eine Universität
5	**un programme**	ein Programm
	la journée [laʒurne] Bonne *journée!*	der Tag/Tagesablauf
	une tasse On boit le café dans *une tasse.*	eine Tasse
	une tasse **de** café du café dans une tasse	eine Tasse Kaffee
	déjeuner [deʒœne] boire et manger, le matin	*hier:* frühstücken
6	**un parfum** [ɛ̃parfɛ̃]	ein Parfüm

B Le journal de Jean-Luc

un journal Jean-Luc écrit *un journal.*	*hier:* ein Tagebuch
Lavandon [lavɑ̃dõ] le nom d'une parfumerie	*Name einer Parfümfabrik*

être seul,e [sœl] ≠ être avec qn	allein/einsam sein
une côte	*hier:* eine Küste
la côte d'Azur [lakotdazyr] Grasse est sur *la côte d'Azur.*	die Côte d'Azur
Cannes [kan] une ville de la côte d'Azur	*Stadt an der Côte d'Azur*
venir à/de [vənir] *je viens* [ʒəvjɛ̃], *tu viens, il vient, nous venons* [nuvənõ], *vous venez, ils viennent* [ilvjɛn]; Je vais au cinéma. *Tu viens* avec moi?	kommen zu, nach/von
y [i] Les touristes vont à la parfumerie: ils *y* vont.	hierhin, hier/dorthin, dort
en [ɑ̃] Ils sortent de la parfumerie: ils *en* sortent.	daher/von dort
J'**en** suis très heureux, -euse. Je suis très heureux, -euse de cela/de faire cela.	Ich bin darüber sehr glücklich.
une montagne [ynmõtaɲ] La Sainte-Victoire est *une montagne.*	ein Berg/Gebirge
provençal,e [prɔvɑ̃sal] **provençaux, -ales** [prɔvɑ̃so, prɔvɑ̃sal] de Provence	provenzalisch/aus der Provence
un paysan [ɛ̃peizɑ̃], **une paysanne** [ynpeizan] Il/Elle travaille dans les champs.	ein Bauer, eine Bäuerin
l'industrie *(f)* [lɛ̃dystri] *l'industrie* du parfum	die Industrie/der Industriezweig
important,e [ɛ̃pɔrtɑ̃, ɛ̃pɔrtɑ̃t] grand,e	wichtig/bedeutend

exporter qc La France *exporte* des parfums.	exportieren/ausführen
un produit [ɛ̃prɔdɥi] Les parfums sont *des produits* importants pour Grasse.	ein Produkt/Erzeugnis
faire un tour Antoine et Jean-Luc *font un tour* dans la région de Grasse.	eine Spazierfahrt/einen Spaziergang machen
bleu,e [blø] Quand il fait beau, le ciel est *bleu.*	blau
magnifique [maɲifik] très beau, formidable	herrlich
Il fait un temps magnifique. Il fait très beau.	Das Wetter ist herrlich.
intéressant,e [ɛ̃terɛsɑ̃, ɛ̃terɛsɑ̃t] C'est *intéressant*: cela m'intéresse.	interessant
C'est intéressant **à** regarder.	Das ist interessant anzusehen.
Valbonne [valbɔn] une petite ville de la côte d'Azur	*kleine Stadt in der Nähe von Grasse*
Sophia-Antipolis [sɔfjaɑ̃tipɔlis]	*Wissenschafts- und Technologiezentrum in der Nähe von Grasse*
la recherche [larəʃɛrʃ] A Sophia-Antipolis, on fait de *la recherche.*	die Forschung
Biot [bjo] un village de la côte d'Azur	*Dorf in der Nähe von Grasse*
un vase [ɛ̃vaz] A Biot, on fabrique *des vases.*	eine Vase
un sandwich [ɛ̃sɑ̃dwitʃ], **des sandwich(e)s** [desɑ̃dwitʃ] du pain avec du beurre et du fromage, p.ex.	ein Sandwich/belegtes Brot, Sandwiches/belegte Brote
la mer [lamɛr] A Cannes, il y a *la mer.*	das Meer

le bord [ləbɔr]	der Rand/das Ufer
au bord de la mer Cannes est *au bord de la mer.*	am Meer
vert,e [vɛr, vɛrt] La salade est *verte.*	grün
blanc, blanche [blɑ̃, blɑ̃ʃ] Le lait est *blanc.*	weiß
le vent [ləvɑ̃] Au bord de la mer, il y a toujours un peu de *vent.*	der Wind
un immeuble [ɛ̃nimœbl] une grande maison avec des appartements	ein (Miets-)Haus
laid,e [lɛ, lɛd] ≠ joli,e	häßlich
une route *Les routes* de montagne montent beaucoup.	eine (Land-)Straße
la vue J'ai une chambre avec *vue* sur la mer.	die Aussicht/der Ausblick
avoir une vue magnifique sur qc	einen herrlichen Ausblick auf etw. haben
Tanneron [tanrɔ̃] un village de la côte d'Azur	*Dorf in der Nähe von Grasse*
faire un mauvais rêve	einen schlechten Traum/einen Alptraum haben
noir,e [nwar] Il va y avoir un orage: le ciel est *noir.*	schwarz
mort,e [mɔr, mɔrt] sans vie	tot
horrible [ɔribl] très laid/ très mauvais	gräßlich/grauenhaft
un feu [ɛ̃fø], **des** feux [defø] En Provence, il y a souvent *des feux* de forêt en été.	ein Feuer/Brand

dernier, dernière [dɛrnje, dɛrnjɛr] ≠ premier, première	letzte(r, s)
brûler [bryle] Il y a un feu de forêt: la forêt *brûle.*	brennen
J'y pense. Je pense à qc: j'*y* pense.	Ich denke daran.
être content,e de (faire) qc [kɔtɑ̃, kɔtɑ̃t] être heureux,-euse de (faire) qc	über etw. froh/zufrieden sein; froh/zufrieden sein, etw. zu tun
Je suis bien content,e. Je suis très content,e.	Ich bin sehr froh/zufrieden.
plusieurs [plyzjœr]	mehrere
jouer à qc On *joue aux* cartes?	ein Spiel spielen
la pétanque [lapetɑ̃k] jouer à *la pétanque:* jouer aux boules	das Pétanque-/Boulespiel

Exercices

3	**le petit déjeuner** → déjeuner (le matin)	das Frühstück
	la Sainte-Baume [lasɛ̃tbom] une montagne de la région d'Aix-en-Provence	*Berg in der Nähe von Aix-en-Provence*
5	**un festival** [ɛ̃fɛstival], **des festivals** [defɛstival] *le festival* de musique d'Aix-en-Provence	Festspiele/ein Festival, Festivals
	un billet [ɛ̃bijɛ] Pour entrer dans un cinéma, il faut avoir *un billet.*	eine Eintrittskarte/Fahrkarte/ein Geldschein
	un concert [ɛ̃kɔ̃sɛr] On va *au concert* pour écouter de la musique.	ein Konzert
	un sujet Sur la photo, il y a un arbre. C'est *le sujet* de la photo.	ein Motiv

7 **Val-Thorens** [valtɔrɛ̃s]	*sehr moderner Wintersportort in den frz. Alpen*
un pied [ɛ̃pje]	ein Fuß
La Grande Motte [lagrɑ̃dmɔt] une ville au bord de la Méditerranée	*sehr moderner Badeort am Mittelmeer*
une mobylette [ynmɔbilɛt] Tu aimes faire de *la mobylette* (*fam*: de la mob)?	ein Mofa
revenir venir encore une fois	wiederkommen/ zurückkommen

Perfectionnement

Centre d'intérêt - Faire sa toilette

Isola 2000 [izɔladømil]	*Wintersportort in den frz. Meeralpen*
un hôtel [ɛ̃notɛl]	ein Hotel
faire sa toilette [fɛrsatwalɛt]	sich waschen
une douche	eine Dusche
prendre une douche	duschen
se laver [səlave]	sich waschen
Nadine se lave. [...səlav]	Nadine wäscht sich.
un lavabo [ɛ̃lavabo]	ein Waschbecken
un gant de toilette [ɛ̃gɑ̃...]	ein Waschlappen
une savonnette [ynsavɔnɛt]	eine Toilettenseife
une serviette [ynsɛrvjɛt]	ein Handtuch
s'essuyer [sesɥije]	sich abtrocknen
Nadine s'essuie. [...sesɥi]	Nadine trocknet sich ab.
une dent [yndɑ̃]	ein Zahn
le dentifrice [lədɑ̃tifris]	die Zahnpasta
une brosse à dents [ynbrɔs...]	eine Zahnbürste
se laver les dents	sich die Zähne putzen
un peigne [ɛ̃pɛɲ]	ein Kamm
se peigner [səpeɲe]	sich kämmen
Nadine se peigne. [...səpɛɲ]	Nadine kämmt sich.
un mouchoir [ɛ̃muʃwar]	ein Taschentuch
le papier [ləpapje]	das Papier
un mouchoir en papier	ein Papiertaschentuch
se moucher	sich die Nase putzen
la crème solaire [lakrɛmsɔlɛr]	die Sonnencreme
le visage [ləvizaʒ]	das Gesicht
sentir bon	gut riechen
se regarder	sich betrachten
une glace	*hier:* ein Spiegel
Nadine se regarde dans la glace.	Nadine betrachtet sich im Spiegel.
la neige [lanɛʒ]	der Schnee

Compréhension orale - Dans les magasins

1 **Peuchère!** [pøʃɛr] Malheureux,-euse!	Oje! *(provenzalischer Ausruf)*
l'Italie *(f)* [litali] J'arrive d'*Italie.*	Italien
Nîmes [nim] une ville de Provence	*Stadt in der Provence*
2 **une recette** [ynrəsɛt] Je ne sais pas préparer le plat. Tu me donnes *la recette?*	ein Rezept
une carte postale [ynkartpɔstal] On écrit des lettres et *des cartes postales.*	eine Postkarte
3 **un prix** [ɛ̃pri], **des prix** [depri] Regarde *le prix*: 200 francs!	ein Preis, Preise
une carafe [ynkaraf] Tu me passes *la carafe* d'eau, s.t.p.?	eine Karaffe
un verre à eau un verre pour mettre de l'eau	ein Wasserglas
coûter Le verre coûte 30 francs.	kosten

Révision de grammaire

1 **Lagarde-d'Apt** [lagardədapt] un village du plateau de Vaucluse	*Dorf auf dem „Plateau de Vaucluse"*
un pont Il y a *un* joli *pont* sur la rivière.	eine Brücke
près de [prɛdə] à quelques kilomètres de	in der Nähe von
Apt [apt] une ville de Provence	*Stadt in der Provence*
2 **un tribunal** [ɛ̃tribynal], **des tribunaux** [detribyno]	ein Gericht, Gerichte
la cathédrale St-Sauveur [lakatedralsɛ̃sovœr]	*romanische Kathedrale in Aix-en-Provence (5.–16. Jh.)*
un siècle [ɛ̃sjɛkl] On est au XXe *siècle.*	ein Jahrhundert
un degré [ɛ̃dəgre] Aujourd'hui, il fait 13° (13 *degrés*).	ein Grad
un millimètre 630 mm = 630 *millimètres*	ein Millimeter

Révision

● *L'infinitif avec «à», «de» ou sans préposition*
(Der Infinitiv mit «à», «de» oder ohne Präposition)

aider qn à faire qc	jdm. helfen, etw. zu tun
apprendre à faire qc	lernen, wie man etw. tut
***apprendre à qn à faire qc**	jdm. beibringen, etw. zu tun
avoir qc à faire	etw. zu tun haben
***chercher à faire qc**	versuchen, etw. zu tun
***commencer à faire qc**	anfangen, etw. zu tun
continuer à faire qc	fortfahren, etw. zu tun/etw. weitermachen
inviter qn à faire qc	jdn. einladen, etw. zu tun
***penser à faire qc**	daran denken, etw. zu tun
***arrêter de faire qc**	aufhören, etw. zu tun
demander à qn de faire qc	jdn. bitten/auffordern, etw. zu tun
***finir de faire qc**	eine Tätigkeit beenden/abschließen
cela intéresse qn de faire qc	es interessiert jdn., etw. zu tun
***oublier de faire qc**	vergessen, etw. zu tun
aimer faire qc	etw. gerne tun
aimer mieux faire qc	etw. lieber tun
aller faire qc	etw. tun werden/gehen, um etw. zu tun
***désirer faire qc**	wünschen, etw. zu tun
devoir faire qc	etw. tun müssen
il faut faire qc	man muß etw. tun
***partir faire qc**	weggehen/-fahren, um etw. zu tun
***passer faire qc**	vorbeigehen, um etw. zu tun
***penser faire qc**	etw. zu tun gedenken
pouvoir faire qc	etw. tun können/dürfen
préférer faire qc	vorziehen, etw. zu tun/etw. lieber tun
savoir faire qc	etw. tun können
vouloir faire qc	etw. tun wollen

**Infinitivanschlüsse, die hier zur Vervollständigung zusätzlich eingeführt werden*

Leçon 8

A Savoir parler des langues

● *Noms de pays et nationalités* (Ländernamen und Nationalitätsbezeichnungen)

l'Europe *(f)* [lørɔp]	Europa	**européen, européenne** [ørɔpeɛ̃, ørɔpeɛn]	europäisch
		un Européen, une Européenne	ein Europäer, eine Europäerin
l'Allemagne *(f)* [lalmaɲ]	Deutschland	**allemand, allemande** [almɑ̃, almɑ̃d]	deutsch
la R.F.A. [laɛrɛfa] = **la République** [larepyblik ...] **fédérale d'Allemagne**	die Bundesrepublik Deutschland	**un Allemand, une Allemande**	ein Deutscher, eine Deutsche
*** (l'ex-R.D.A.** [lɛksɛrdea] = **l'ex-République démocratique** [...demɔkratik...] **allemande)**	(die ehemalige Deutsche Demokratische Republik)		
l'Angleterre *(f)* [lɑ̃glətɛr]	England	**anglais, anglaise** [ɑ̃glɛ, ɑ̃glɛz]	englisch
la Grande-Bretagne [lagrɑ̃dbrətaɲ]	Großbritannien	**un Anglais, une Anglaise**	ein Engländer, eine Engländerin
l'Autriche *(f)* [lotriʃ]	Österreich	**autrichien, autrichienne** [otriʃjɛ̃, otriʃjɛn]	österreichisch
		un Autrichien, une Autrichienne	ein Österreicher, eine Österreicherin
la Belgique [labɛlʒik]	Belgien	**belge** [bɛlʒ]	belgisch
		un Belge, une Belge	ein Belgier, eine Belgierin
l'Espagne *(f)* [lɛspaɲ]	Spanien	**espagnol, espagnole** [ɛspaɲɔl]	spanisch
		un Espagnol, une Espagnole	ein Spanier, eine Spanierin
la France [lafrɑ̃s]	Frankreich	**français, française** [frɑ̃sɛ, frɑ̃sɛz]	französisch
		un Français, une Française	ein Franzose, eine Französin
la Hollande [laɔlɑ̃d] **les Pays-Bas** *(m,plur)* [lepɛiba]	Holland die Niederlande	**hollandais, hollandaise** [ɔlɑ̃dɛ, ɔlɑ̃dɛz]	holländisch
		un Hollandais, une Hollandaise	ein Holländer, eine Holländerin

* *Name, der hier zur Vervollständigung zusätzlich eingeführt wird*

l'Italie *(f)* [itali]	Italien	**italien, italienne** [italjɛ̃, italjɛn]	italienisch
		un Italien, une Italienne	ein Italiener, eine Italienerin
la Suisse [lasɥis]	die Schweiz	**suisse** [sɥis]	schweizerisch
		un Suisse, une Suisse	ein Schweizer, eine Schweizerin
● *Attention!* [atɑ̃sjɔ̃]	(Achtung!)		
Il est **F**rançais.	Er ist Franzose.		
Elle est **F**rançaise.	Sie ist Französin.		
Ils parlent (le) français.	Sie sprechen Französisch		

une langue [ynlɑ̃g]	eine Sprache
Je parle deux *langues:* l'allemand et le français.	
un secrétariat [ɛ̃səkretarja]	ein Sekretariat
là où des secrétaires travaillent	
voir qc/qn [vwar]	etw./jdn. sehen
je vois [ʒəvwa], *tu vois, il voit, nous voyons* [nuvwajɔ̃], *vous voyez, ils voient* [ilvwa];	
j'ai vu [ʒevy]	ich habe gesehen
– Regarde l'annonce. – *Je* ne la *vois* pas!	
Voyons!	Hör mal!
– Jean est malade. – *Voyons*, ce n'est pas vrai!	
un salon	eine Ausstellung/Messe
une foire	
une pointe [ynpwɛ̃t]	eine Spitze
une technologie de pointe [...tɛknɔlɔʒi...]	eine Spitzentechnologie
une technologie très moderne	
un palais [ɛ̃palɛ]	ein Palast; *hier:* eine Halle
ici: un grand immeuble	
un congrès [ɛ̃kɔ̃grɛ]	ein Kongreß
Aujourd'hui, il y a *un congrès* à Sophia-Antipolis.	
un Palais des Congrès	eine Kongreßhalle
Le salon est *au Palais des Congrès* d'Aix.	
l'accueil *(m)* [lakœj]	der Empfang
On cherche qn pour *l'accueil* des gens.	
un(e) congressiste [ɛ̃/ynkɔ̃grɛsist]	ein(e) Kongreßteilnehmer(in)
Il/Elle est à un congrès.	
l'anglais *(m)* [lɑ̃glɛ]	Englisch/die englische Sprache
Evelyne et Antoine savent *l'anglais.*	
l'espagnol *(m)* [lɛspaɲɔl]	Spanisch/die spanische Sprache
Evelyne parle *l'espagnol.*	
aller voir qn	zu jdm. gehen/jdn. besuchen
aller retrouver qn/aller chez qn	
tomber [tɔ̃be]	fallen
La pluie *tombe.*	
Cela tombe bien.	Das trifft sich gut.
Tu parles l'allemand? *Cela tombe bien:* Peter est là.	

un(e) responsable [ɛ̃/ynrɛspõsabl] Qui est *le responsable* du salon?	ein(e) Verantwortliche(r)
libre [libr] La place n'est pas *libre:* il y a déjà qn.	frei
Mazot [mazo] un nom de famille	*Familienname*
vous avez parlé (parler) [vuzaveparle] *Vous avez parlé* avec M. Mazot?	ihr habt/Sie haben gesprochen
hier [jɛr] ≠ aujourd'hui, demain	gestern
nous avons eu (avoir) [nuzavõy] *Nous avons eu* de la chance!	wir haben gehabt
expliquer qc à qn [ɛksplike] montrer à qn comment il faut faire qc	jdm. etw. erklären
un visiteur [ɛ̃vizitœr], **une visiteuse** [ynvizitøz] *ici:* qn qui vient au salon	ein Besucher, eine Besucherin
un renseignement [ɛ̃rɑ̃sɛɲəmɑ̃] une information	eine Auskunft/Information
une conférence [ynkõferɑ̃s]	
1. faire/donner *une conférence*	ein Vortrag
2. être en *conférence*	eine Besprechung/Konferenz
un train [ɛ̃trɛ̃] Tu prends *le train* pour aller à Aix?	ein Zug
un horaire [ɛ̃nɔrɛr] p.ex.: les heures où des trains partent et où ils arrivent	ein Fahrplan
un avion [ɛ̃navjõ] Tu prends le train ou *l'avion?*	ein Flugzeug
un hôtel [ɛ̃notɛl]	ein Hotel
C'est pas mal. *(fam.)* = Ce n'est pas mal.	Das ist nicht schlecht. *(ugs.)*
un malin [ɛ̃malɛ̃], **une maline** [ynmalin]	ein Schlauberger, eine Schlaubergerin
Ne fais pas le malin! – J'ai une très grande voiture. – *Ne fais pas le malin!*	Gib nicht so an!
il a été (être) [ilaete] – *Il a* déjà *été* en France? – Oui, *il y a* déjà *été.*	er ist gewesen
il a attendu (attendre) [ilaatɑ̃dy] *Il a attendu* une demi-heure!	er hat gewartet
réagir [reaʒir] *je réagis* [ʒəreaʒi], *nous réagissons* [nureaʒisõ], *ils réagissent* [ilreaʒis];	reagieren
j'ai réagi [ʒereaʒi] Evelyne *a* bien *réagi.*	ich habe reagiert
tu as fait (faire) [tyafɛ] Qu'est-ce que *tu as fait?*	du hast getan/gemacht
j'ai compris (comprendre) [ʒekõpri] Pardon, monsieur, *je* n'*ai* pas *compris.*	ich habe verstanden
répéter qc [repete] dire qc encore une fois	etw. wiederholen
marcher [marʃe] *Nous avons marché* pendant des heures.	laufen/(zu Fuß) gehen
Ça a très bien marché. – Alors, tu as parlé avec M. Mazot? – Oui. Et *ça a très bien marché.*	Das ist sehr gut gelaufen./Das hat sehr gut geklappt.

B Au stand d'information

un stand [ɛ̃stɑ̃d] Antoine et Evelyne travaillent à *un stand.*	ein Stand
un stand d'information là où on donne des renseignements aux visiteurs	ein Informationsstand
un taxi [ɛ̃taksi] On prend *un taxi?*	ein Taxi

jeune	jung
Luc a 18 ans: il est *jeune.*	
un bus [ɛ̃bys]	ein (Stadt-)Bus
Le bus arrive à quelle heure?	
une gare	ein Bahnhof
Les trains y arrivent et en partent.	
Genève [ʒənɛv]	Genf
une ville de Suisse	
Vienne [vjɛn]	Wien
une ville d'Autriche	
une exposition [ynɛkspozisjõ]	eine Ausstellung
l'exposition Cézanne: on y présente des travaux de Cézanne.	
la pollution [lapɔlysjõ]	die Verschmutzung
La pollution des eaux est un problème très important.	
une société [ynsɔsjete]	eine Gesellschaft/ Firma
M. Leroux travaille pour *la société* Neyrat.	
G.E.R.M.E. *(m)* [ʒɛrm]	*Name einer Forschungs- und Studiengesellschaft*
Groupe d'Etudes et de Recherches de Microbiologie et de l'Environnement	
ils ont dit (dire) [ilzõdi]	sie haben gesagt
Qu'est-ce qu'*ils ont dit?*	
une station de taxis [ynstasjõ ...]	ein Taxistand
là où on peut prendre un taxi	
à côté de [akɔtedə]	neben/ganz in der Nähe von
Il y a une station de taxis *à côté de* la gare.	
à droite de [adrwatdə]	rechts von
à gauche de [agoʃdə]	links von
≠ à droite de	
un arrêt [ɛ̃narɛ]	ein Halt/eine Haltestelle
un arrêt de bus	eine Bushaltestelle
Les bus y arrivent et en partent.	
en face de [ɑ̃fasdə]	gegenüber von
Le restaurant n'est pas à côté, mais *en face de* la gare.	
un aéroport [ɛ̃naerɔpɔr]	ein Flughafen
Les avions en partent et y arrivent.	
Marseille [marsɛj]	*Großstadt in der Nähe von Aix-en-Provence*
une grande ville, à 30 km d'Aix-en-Provence	
un musée [ɛ̃myze]	ein Museum
On y fait des expositions.	
Granet [granɛ]	*Name eines Museums in Aix-en-Provence (benannt nach dem Maler François Granet aus Aix, 1775–1849)*
le nom d'un musée d'Aix-en-Provence	
loin (de) [lwɛ̃də]	weit entfernt (von)
à des kilomètres (de)	
aller à pied	zu Fuß gehen
Marcher, c'est *aller à pied.*	
au milieu de [omiljødə]	in der Mitte von
au centre de	
près de [prɛdə]	bei/in der Nähe von
à côté de; ≠ loin de	
une main	eine Hand
Nous avons deux pieds et deux *mains.*	
tenir qc [tənir]	etw. halten
je tiens [ʒətjɛ̃], *nous tenons* [nutənõ], *ils tiennent* [iltjɛn]; *j'ai tenu* [ʒetəny]	
Il tient son billet d'avion à la main.	
Vandervelde [vɑ̃dɛrvɛld/fandərvɛld]	*flämischer Familienname*
un nom de famille	
un Flamand [ɛ̃flamɑ̃], **une Flamande** [ynflamɑ̃d]	ein Flame, eine Flämin
M. Vandervelde est *Flamand.*	

voler qc [vɔle]	etw. stehlen
un document [ɛ̃dɔkymɑ̃]	ein Dokument
une valise [ynvaliz] Vous pouvez m'aider à porter *ma valise,* s.v.p.?	ein Koffer
une mallette [ynmalɛt] une petite valise pour mettre des documents	ein Diplomaten-koffer
la police Quand qn a volé qc, on appelle *la police.*	die Polizei
un agent de police [ɛ̃naʒɑ̃ ...] *M. l'agent,* on a volé ma valise.	ein Polizist
une traduction J'écris en allemand un texte français: je fais *une traduction.*	eine Übersetzung
il/elle est sorti(e) (sortir) [... sɔrti] A quelle heure est-ce qu'*elle est sortie* de sa chambre?	er/sie ist aus-/hinausgegangen
la réception [laresɛpsjõ] A l'hôtel, il y a *une réception* pour l'accueil des clients.	der Empfang/die Rezeption
il a pris (prendre) [... pri] *Il a pris* le bus ou un taxi?	er hat genommen
il/elle est allé(e) (aller) [... ale] *Elle est allée* chez Jean-Luc.	er/sie ist gegangen
il a mis (mettre) [... mi] Qu'est-ce qu'*il a mis* dans sa mallette?	er hat hineingetan
la consigne [lakõsiɲ] à la gare: on peut y mettre sa valise	die Gepäckauf-bewahrung
garder qc *Il a gardé* sa mallette avec lui: il n'a pas mis sa mallette à la consigne.	etw. behalten
il a ouvert (ouvrir) [... uvɛr] Pourquoi est-ce qu'*il a ouvert* sa mallette?	er hat aufgemacht
un complot [ɛ̃kõplo]	ein Komplott/eine Verschwörung
un chauffeur [ɛ̃ʃofœr]	ein Fahrer/Chauffeur
un chauffeur de taxi	ein Taxifahrer
contre [kõtr]	gegen
échanger qc contre qc [eʃɑ̃ʒe ...] Le chauffeur *a échangé* la mallette du Flamand contre une autre.	etw. gegen etw. austauschen
peut-être [pœtɛtr] Je ne dis pas «oui», je ne dis pas «non», je dis «*peut-être*».	vielleicht
ou alors Je passe chez toi aujourd'hui, *ou alors* demain.	oder aber/oder auch
les affaires *(f, plur)* [lezafɛr] Tu as mis *tes affaires* dans ta valise?	die Sachen
un(e) interprète [ɛ̃/ynɛ̃tɛrprɛt] Il/Elle fait la traduction, p.ex. d'allemand en français.	ein(e) Dolmet-scher(in)
faire l'interprète faire la traduction	dolmetschen
bizarre [bizar] Je ne comprends pas l'histoire: elle est *bizarre.*	merkwürdig/seltsam
espérer (que) [ɛspere] *j'espère* [ʒɛspɛr], *nous espérons* [nuzɛsperõ], *ils espèrent* [ilzɛspɛr]; *j'ai espéré* [ʒeɛspere] – Il va venir? – *J'espère./J'espère qu'*il va venir.	hoffen(, daß)
un commissariat (de police) [ɛ̃kɔmisarja ...] On a volé ma valise. Je vais *au commissariat* de police.	ein (Polizei-)Revier

Exercices

2 **la poste** — die Post
Je vais à *la poste.*
tout droit [tudrwa] — geradeaus
– La poste, s.v.p.?
– Vous allez *tout droit.*
jusque [ʒysk] — bis *(Präposition)*
J'ai attendu *jusqu'*à 8 heures.
le général de Gaulle [ləʒeneraldəgol] — *frz. General und Staatsmann*
Charles de Gaulle (1890–1970)
traverser qc [travɛrse] — etw. überqueren/über etw. gehen
Regarde à droite et à gauche quand *tu traverses* une rue.
sur votre droite — zu Ihrer/eurer Rechten
à droite, à votre droite
prier qn de faire qc [prije ...] — jdn. (höflich) darum bitten, etw. zu tun
demander à qn de faire qc
Je vous en prie. [ʒəvuzɑ̃pri] — Bitte. *(als Antwort; Sie-Form)*
– Merci.
– *Je vous en prie.*
Je t'en prie. — Bitte. *(als Antwort; Du-Form)*
la cathédrale St-Sauveur [lakatedralsɛ̃sovœr] — *romanische Kathedrale in Aix-en-Provence (5.–16. Jh.)*
l'Hôtel de Ville *(m)* — das Rathaus
– Pardon, jeune homme, *l'Hôtel de Ville*, s.v.p.?
un casino — eine Spielbank
On y joue de l'argent.
la place Bellegarde [... bɛlgard] — *Name eines Platzes in Aix-en-Provence*
le nom d'une place d'Aix-en-Provence

3 **tenir une conférence avec qn** — mit jdm. eine Besprechung abhalten
parler avec qn d'une question importante

4 **le lac de Bimont** [ləlakdəbimõ] — *See am Fuß des Berges „Ste-Victoire"*
un lac au pied de la montagne de la Sainte-Victoire
Notre-Dame-de-Sainte-Victoire — *Kirche am Berg „Ste-Victoire"*
une église dans la montagne de la Sainte-Victoire
le sommet [ləsɔmɛ] — der Gipfel
Nous sommes montés à la montagne, jusqu'*au sommet.*
Jésus-Christ [ʒezykri] — Jesus Christus
en 123 avant *Jésus-Christ*
un Teuton [ɛ̃tøtõ], **une Teutonne** [yntøtɔn] — ein Teutone, eine Teutonin
Les Teutons arrivent à Aix en 102 avant Jésus-Christ.
une bataille [ynbataj] — eine Schlacht
la bataille d'Aix, entre les Teutons et les Romains
Marius [marjys] — *römischer General und Politiker (157–86 v. Chr.)*
un général romain

C Cézanne aide la police.

Zurich [zyrik] — Zürich
une ville de Suisse
l'ambiance *(f)* [lɑ̃bjɑ̃s] — die Stimmung/Atmosphäre
Tout le monde est content: il y a *une* bonne *ambiance.*
rendre qn triste — jdn. traurig machen
Mon copain est de mauvaise humeur: ça *me rend triste.*
à propos [aprɔpo] — übrigens
remercier qn pour qc [rəmɛrsje ...] — jdm. für etw. danken
dire merci à qn pour qc

un roman [ɛ̃rɔmɑ̃]	ein Roman
vers [vɛr]	*hier:* gegen/ ungefähr um
il est venu (venir) [... vny] Quand est-ce qu'*il est venu* au stand?	er ist gekommen
visiter qc →un(e) visiteur, -euse	etw. besuchen/ besichtigen
il a voulu (vouloir) [... vuly] Antoine n'*a* pas *voulu* venir.	er hat gewollt
un détail [ɛ̃detaj] C'est *un détail*, ce n'est pas important.	ein Detail/eine Einzelheit
C'est fermé. [... fɛrme] ≠ C'est ouvert.	Es ist geschlossen.
remplacer qc par qc échanger qc contre qc	etw. durch etw. ersetzen
bientôt [bjɛ̃to] dans peu de temps	bald
A bientôt! – *A bientôt*, Evelyne! – Oui, c'est ça. *A bientôt!*	Bis bald!

Exercices

1 **un commissaire** [ɛ̃kɔmisɛr] Il travaille dans un commissariat.	ein Kommissar
Trimage [trimaʒ] un nom de famille	*Familienname*
4 **faire sa valise** mettre ses affaires dans sa valise	seinen Koffer packen
un mark [ɛ̃mark] de l'argent allemand; p.ex. un billet de 100 *marks*.	eine Mark
5 **cher, chère** [ʃɛr] 100 F le verre! C'est *cher*.	teuer
une petite cuillère, des petites cuillères une cuillère pour boire le café, p. ex.	ein Kaffeelöffel/ Löffelchen, Kaffeelöffel/Löffelchen

Perfectionnement

Lecture – Astérix et Obélix à Massilia

Obélix [ɔbeliks] l'ami d'Astérix	*frz. Comicfigur*
une bande dessinée [ynbɑ̃ddesine] «Astérix» est *une bande dessinée.*	ein Comic Strip
Idéfix [idefix] le chien d'Obélix et d'Astérix	*Hund aus der Asterixserie*
la Gaule [lagol]	Gallien
rapporter qc revenir avec qc	etw. *(z.B. von einer Reise)* mitbringen
une spécialité [ynspesjalite] Le bœuf bourguignon est *une des spécialités* de la Bourgogne.	eine Spezialität
chaque [ʃak] *Chaque* hiver, nous faisons du ski.	jede(r,s)
partout [partu] J'ai cherché mon livre *partout*: dans la cuisine, la salle de séjour et la salle à manger.	überall
la bouillabaisse [labujabɛs] une des spécialités de Marseille	die „Bouillabaisse" *(eine Art Fischsuppe)*
enfin – Luc est arrivé? – Oui, *enfin*!	endlich
un Gaulois [ɛ̃golwa], **une Gauloise** [yngolwaz] un(e) habitant,e de la Gaule	ein Gallier, eine Gallierin
maigrichon *(fam)* [megriʃɔ̃], **maigrichonne** [megriʃɔn] Obélix n'est pas *maigrichon*.	mager *(ugs.)*
un Gaulois qui n'est pas maigrichon un Gaulois; il n'est pas maigrichon	ein Gallier, der nicht mager ist

une armée — eine Armee
toute l'armée [tutlarme] — die ganze Armee
Toute l'armée romaine arrive.
Jules César [ʒylsezar] — Julius Caesar *(römischer General und Kaiser)*
un général romain (101–44 avant Jésus-Christ)
Té! — provenzalischer Ausruf der Überraschung
Tiens!
Passez par là. — Geht/Gehen Sie da lang!
Prenez la rue, là.
arrêter qn — jdn. an-/aufhalten
J'ai arrêté qn dans la rue pour lui demander l'heure.
Dégagez! *(fam)* [degaʒe] Partez! — Macht/Machen Sie Platz/den Weg frei!
un(e) criminel,-elle [ɛ̃/ynkriminɛl] — ein(e) Kriminelle(r)
le bouchon [ləbuʃõ] — *beim „Boulespiel": kleine hölzerne Zielkugel*
tirer [tire] — *beim „Boulespiel": die Kugel des Gegners anspielen, um sie wegzustoßen*
pointer une boule [pwɛ̃te ...] — *beim „Boulespiel": die Zielkugel anspielen, um möglichst nahe an sie heranzukommen*
Tu tires ou *tu pointes?*
Allez! On y va! — Los! Wir gehen durch!
Allez! Nous allons passer!
toucher qc — etw. berühren
ici: mettre la main sur qc
une révolution [ynrevɔlysjõ] — eine Revolution
la révolution de 1789
un massacre [ɛ̃masakr] — ein Massaker/Gemetzel
La bataille a été *un massacre.*
gros, grosse [gro, gros] — dick/groß
≠ maigrichon,-onne

une catastrophe [ynkatastrɔf] — eine Katastrophe
La bataille a été *une catastrophe* pour les Romains.
Peuchère! [pøʃɛr] — Oje! *(provenzalischer Ausruf)*
Malheureux,-euse!
fada *(fam)* [fada] — verrückt *(ugs.; provenzalischer Ausdruck)*
Il/Elle n'est pas très malin,e: il/elle est *fada.*
la douceur [ladusœr] — die Sanftmut/das Zartgefühl
avec douceur — *hier:* mit Gefühl
d'après — nach/gemäß
Il a écrit son roman *d'après* une histoire vraie.

Compréhension orale – L'Ecole des femmes

une femme [ynfam] — eine Frau
≠ un homme
L'Ecole des femmes — *Theaterstück von Molière (1622–1673)*
Marillac [marijak] — *Familienname*
un nom de famille
un voyage [ɛ̃vwajaʒ] — eine Reise
– Je pars demain à Paris.
– Bon *voyage*!
une agence de voyages [ynaʒɑ̃s ...] — ein Reisebüro
On y va quand on veut faire un grand voyage.
une période [ynperjɔd] — eine Periode/Zeitspanne
la période bleue — *Zeitspanne für verbilligte Bahnfahrkarten*
Les Marillac vont voyager *en période bleue.*
25 % [vɛ̃tsɛ̃(k)pursɑ̃] — 25 Prozent
vingt-cinq pour cent
une réduction [ynredyksjõ] — eine Ermäßigung
25 % de *réduction*
le T.G.V. [ləteʒeve] **le train à grande vitesse** — der „T.G.V." *(Hochgeschwindigkeitszug)*

une réservation [ynrezɛrvasjõ] Sur le T.G.V., il faut *des réservations.*	eine Reservierung/(Vor-)Bestellung
réserver qc [rezɛrve] → une réservation	etw. reservieren/(vor-)bestellen
le «Timhôtel» [lətimotɛl] un hôtel de Paris	*Name eines Hotels in Paris*
Montmartre [mõmartrə] L'hôtel des Marillac est à *Montmartre.*	Montmartre *(Stadtteil von Paris)*
une douche Tu as pris *ta douche?*	eine Dusche

Révision de grammaire

1 **un écrivain** [ɛ̃nekrivɛ̃] Il/Elle écrit des livres.	ein(e) Schriftsteller(in)

Alphonse Daudet [alfõsdodɛ] un écrivain provençal (1840–1897)	*Schriftsteller aus der Provence*
un poète [ɛ̃pɔɛt]	ein(e) Dichter(in)
Frédéric Mistral [frederikmistral] un poète provençal (1830–1914)	*Dichter aus der Provence*
Maillane [majan] un village près d'Avignon	*Dorf in der Nähe von Avignon*
Calendal [kalɑ̃dal] un livre de Frédéric Mistral	*Name eines Buches von Mistral*

Révision

● *A l'hôtel*

– **Je voudrais une chambre pour deux personnes, s.v.p.**	– Ich möchte bitte ein Zimmer für zwei Personen.
– **Avec *douche** *(f)* **ou avec salle de bains?**	– Mit Dusche oder mit Bad?
– **Avec douche, s.v.p.**	– Mit Dusche, bitte.
– **C'est pour combien de *nuits?**	– Für wieviele Nächte?
– **Pour une nuit.**	– Für eine Nacht.
– **Bon. Alors, je vous donne la chambre numéro 12.**	– Gut. Dann gebe ich Ihnen das Zimmer Nummer 12.
– **Elle fait combien?**	– Was kostet es?
– **190 francs.**	– 190 Francs.
– **Avec ou sans le petit déjeuner?**	– Mit oder ohne Frühstück?
– **Sans le petit déjeuner. Il fait 35 francs.**	– Ohne Frühstück. Es kostet 35 Francs.

● *Prendre un taxi*

– **Hep! Taxi!** [ɛp ...]	– Taxi!
– **Bonjour, madame. Attendez. Je vais mettre vos valises dans *le coffre. Vous montez derrière, s.v.p.**	– Guten Tag. Warten Sie! Ich lege Ihre Koffer in den Kofferraum. Steigen Sie bitte hinten ein!
– **Je voudrais aller 10, rue Martin.**	– Ich möchte in die „rue Martin", Nr. 10.
– **Nous y voilà.**	– Da wären wir.
– **Ça fait combien, s.v.p.?**	– Was macht das, bitte?
– **55 francs.**	– 55 Francs.
– **Voilà. Et voilà pour vous.**	– Bitte sehr. Und das ist für Sie.

* *Wörter, die hier zur Vervollständigung zusätzlich eingeführt werden*

● *Prendre son billet à la gare*

***un aller (simple)**	eine einfache Fahrkarte	**Ça fait 330 francs.**	Das macht 330 Francs.
***un aller-retour**	eine Rückfahrkarte	– **Le train pour Cannes est à quelle heure, s.v.p.?**	– Bitte, wann fährt der Zug nach Cannes ab?
– ***Un aller deuxième classe pour Cannes, s.v.p.**	– Eine einfache Fahrkarte nach Cannes, 2. Klasse, bitte.	– **A 18 heures 51.** [... sɛ̃kɑ̃teyn]	– Um 18 Uhr 51.
– **Voilà, mademoiselle/jeune homme.**	– Hier haben Sie Ihre Fahrkarte, Fräulein/junger Mann.		

● *L'accord du participe passé avec «avoir» (après un pronom objet direct)*

– Où est-ce que M. Vandervelde a mis **son billet de train**?	– Il	**l'**	a	mis	dans sa mallette.
– Et **sa mallette**?	– Il	**l'**	a	gardé**e**	avec lui.
– Et **sa valise**?	– Il	**l'**	a	mis**e**	à la consigne.
– Où est-ce que tu as acheté **tes livres**?	– Je	**les**	ai	acheté**s**	chez M. Marchand.
– Tu as regardé **les photos**?	– Oui, je	**les**	ai	trouvé**es**	très joli**es**.

● *Aller voir, visiter*

Tu es allé(e) voir Evelyne?	Hast Du Evelyne besucht?	**J'ai visité le musée Granet.**	Ich habe das Granet-Museum besucht.
Tu es allé(e) voir l'exposition Cézanne?	Hast Du die Cézanne-Ausstellung besucht?		

● *Attention!* aller voir **qn/qc**, *mais* visiter **qc**!

**Wörter und Ausdrücke, die hier zur Vervollständigung zusätzlich eingeführt werden*

Leçon 9

A Une maison en Lozère

un département [ɛ̃departəmɑ̃] La France a 96 *départements.*	ein Departement *(frz. Verwaltungsbezirk)*
une départementale une route départementale	*kleinere Straße, die vom Departement unterhalten wird*
la Lozère [lalɔzɛr] le département de *la Lozère:* un département du centre de la France	*Departement in Zentralfrankreich*
vieux [vjø], **vieil, vieille** [vjɛj] ≠ jeune; un *vieux* village, de *vieux* villages; un *vieil* arbre, de *vieux* arbres; une *vieille* maison, de *vieilles* maisons	alt
facile J'ai fait l'exercice en cinq minutes: il est très *facile.*	leicht/einfach
avoir la vie facile Les habitants de la Lozère n'*ont* pas *la vie facile.*	ein leichtes Leben haben
les Cévennes *(f, plur)* [lesevɛn] des montagnes en Lozère	Die Cevennen *(Gebirge im Departement Lozère)*
qn/qc demande beaucoup à qn/qc Nous n'avons pas la vie facile: notre professeur nous *demande beaucoup.*	jd./etw. fordert/verlangt viel von jdm./etw.
un moteur [ɛ̃mɔtœr] La voiture d'Antoine a *un* vieux *moteur.*	ein Motor
le bruit [ləbrɥi] Les enfants crient: ils font beaucoup de *bruit.*	der Lärm/das Geräusch
devoir [dəvwar] *je dois* [ʒədwa], *tu dois* [tydwa], *il doit* [ildwa], *nous devons* [nudəvõ], *vous devez* [vudəve], *ils doivent* [ildwav]; *j'ai dû* [ʒedy] Les jeunes *doivent* crier: il leur faut crier.	müssen
Il doit faire chaud à Aix. Je pense qu'il fait chaud à Aix.	Es ist bestimmt heiß in Aix.
quel, quelle [kɛl], **quels, quelles** [kɛl]	
1. *Quel* est votre nom?	was/welches
2. Tu prends *quel* bus?	welche(r,s)
3. *Quel* vieux moteur!	was für ein(e)
Ça fait cinq ans que je ne suis pas venu(e) ici. Je ne suis pas venu(e) ici depuis cinq ans.	Seit 5 Jahren bin ich nicht mehr hierhergekommen.
Le Bleymard [ləblɛmar] un village des Cévennes	*Dorf in den Cevennen*
tourner *tourner* à gauche: prendre une rue/route à gauche	abbiegen
beau, beaux [bo], **bel, belle** [bɛl] ≠ laid,e; un *beau* paysage, de *beaux* paysages; un *bel* arbre, de *beaux* arbres; une *belle* voiture, de *belles* voitures	schön
rude [ryd] Le paysage est beau, mais *rude.*	rauh
l'air *(m)* [lɛr]	
1. *L'air* est bon.	die Luft
2. Evelyne a *l'air* contente.	die Miene/das Aussehen

pauvre [povr] ≠ riche — arm

la pierre [lapjɛr] — der Stein
Avec *la pierre,* on fait des maisons.

naturel,-elle [natyrɛl] — natürlich/echt
la pierre *naturelle:* la vraie pierre

en — *hier:* aus
une maison *en* pierre naturelle

un mètre [ɛ̃mɛtr] — ein Meter
→un kilo*mètre*

Qu'est-ce qu'il fait chaud! — Wie heiß es ist!
Il fait très chaud!

une vitre [ynvitr] — eine (Fenster-) Scheibe/ein Fenster *(in Fahrzeugen)*
Une vitre est en verre.

mal — schlecht *(als Adverb)*
La vitre ferme *mal.*

Je suis désolé,e. [ʒəsɥidezɔle] — Es tut mir leid.
Oh! J'ai cassé mon verre. *Je suis déso-lé(e).*

le Massif Central [ləmasifsɑ̃tral] — das Zentralmassiv
une grande montagne dans le centre de la France

faire une randonnée — eine Wanderung machen
faire des kilomètres à pied

Serviès [sɛrvjɛs] — *kleines Dorf in den Cevennen*
un petit village des Cévennes

le Mont Lozère [ləmɔ̃lɔzɛr] — *höchster Berg der Cevennen*
une des montagnes des Cévennes (1699 m)

Rajol [raʒɔl] — *Familienname*
un nom de famille

Il a dû les entendre arriver. — Er hat sie wohl ankommen hören.

une clé — ein Schlüssel
un instrument pour ouvrir une porte

un escalier [ɛ̃nɛskalje] — eine Treppe
Tu as pris *l'escalier* pour monter?

vraiment [vrɛmɑ̃] — wirklich *(als Adverb)*
– Qu'est-ce qu'il fait chaud!
– Oui, il fait *vraiment* chaud.

simple [sɛ̃pl] — schlicht/einfach
La maison est *simple,* mais belle.

un lavabo [ɛ̃lavabo] — ein Waschbecken

une cheminée [ynʃəmine] — ein Kamin/Schornstein
On a fait du feu dans *la cheminée.*

l'ensemble *(m)* [lɑ̃sɑ̃bl] — die Gesamtheit/*hier:* der Gesamteindruck

Exercices

1 **le C.R.O.U.S.** [ləkrus] — das Studentenwerk
le Centre régional des Œuvres universitaires et sociales

Nanterre [nɑ̃tɛr] — *Stadt im Großraum Paris*
une ville de la région de Paris

Christiane [kristjan] — *weibl. Vorname*
un prénom féminin

une adresse [ynadrɛs] — eine Adresse/Anschrift
Quelle est votre adresse?

la Marne [lamarn] — *Fluß in Frankreich*
une rivière

Champigny [ʃɑ̃piɲi] — *Stadt im Großraum Paris*
une ville de la région de Paris

le Val-de-Marne [ləvaldəmarn] — *Departement im Großraum Paris*
un des départements de la région de Paris

B Un tour à Mende

● *Les vêtements* (die Kleidung)

un vêtement [ɛ̃vɛtmɑ̃]	ein Kleidungsstück
un anorak [ɛ̃nanɔrak]	ein Anorak
une chemise [ynʃəmiz]	ein Hemd
un chemisier [ɛ̃ʃmizje]	eine Bluse
un pull-over [ɛ̃pylɔvɛr]	ein Pullover
un pull *(fam)*	ein Pulli *(ugs.)*
la laine [lalɛn]	die Wolle
une veste (de laine) [ynvɛstədəlɛn]	eine (Woll-/Strick-) Jacke
un imperméable [ɛ̃nɛ̃pɛrmeabl]	ein Regenmantel
un imper *(fam)*	ein Regenmantel *(ugs.)*
un pantalon [ɛ̃pɑ̃talɔ̃]	eine Hose
une chaussure [ynʃosyr]	ein Schuh
des chaussures de randonnée	Wanderschuhe

Mende [mɑ̃d] une ville du département de la Lozère	*Stadt im Departement Lozère*
long, longue [lɔ̃, lɔ̃g] On a fait une *longue* randonnée: 30 km!	lang
la Margeride [lamarʒərid]	*Gebirge nördlich von Mende*
se lever [sələve] *je me lève* [ʒəməlɛv], *tu te lèves* [tytəlɛv], *il se lève* [ilsəlɛv], *nous nous levons* [nunuləvɔ̃], *vous vous levez* [vuvuləve], *ils se lèvent* [ilsəlɛv]; *ici:* quitter son lit	aufstehen
se lever le premier/la première se lever avant les autres	als erste(r) aufstehen
se laver Evelyne *se lave* au lavabo, dans la cuisine.	sich waschen
s'habiller [sabije] Evelyne se lève, se lave, puis *s'habille.*	sich anziehen
aller chercher qc aller pour prendre qc	etw. holen
une ferme [ynfɛrm] la maison d'un paysan	ein Bauernhaus/Bauernhof
se préparer → préparer qc	sich vorbereiten/*hier:* sich fertig machen
Attention! *Attention!* Tu vas casser ton assiette.	Achtung!/Aufgepaßt!
ce, cet, cette, ces (...-là) [sə, sɛt, sɛt, se (la)] *ce* livre, *ces* livres; *cet* arbre, *ces* arbres; *cette* porte, *ces* portes	dieser, dieses, diese (... da)
ce matin le matin d'aujourd'hui	heute morgen/heute vormittag
Mince alors! [mɛ̃salɔr] *Mince alors!* J'ai oublié mon livre à la maison.	Verflixt noch mal!
possible [pɔsibl] C'est *possible.* = Peut-être.	möglich
se calmer [səkalme] Voyons, Antoine, *calme-toi.*	sich beruhigen
se fâcher [səfaʃe] Ne *te fâche* pas.	sich ärgern/wütend werden
mettre (un pull) Il fait froid: *mets* ton pull de laine.	(einen Pulli) anziehen
Vas-y! [vazi] *Vas-y!* Mets le pull.	Los!/Komm!

Allons-y! [alõzi] On part? Oui? *Allons-y!*	Laßt uns gehen!/ Also los!
essayer qc [eseje] *j'essaie* [ʒesɛ], *nous essayons* [nuzesejõ], *ils essaient* [ilzesɛ]; – Cet imper me plaît beaucoup. – *Essayez-le,* madame.	etw. (an-/aus-)probieren
essayer de faire qc	versuchen, etw. zu tun
la taille [lataj] – Quelle est *votre taille,* madame? – Trente-six.	die (Kleider-/Körper-)Größe
Ce pull n'est pas à ma taille. Ce pull est trop grand ou trop petit pour moi.	Dieser Pulli hat nicht meine Größe/paßt mir nicht.
large [larʒ] Le pull de Manfred est trop long et trop *large* pour Nadine.	weit/breit
un mouton [ɛ̃mutõ] *Le mouton* nous donne la laine.	ein Schaf
se taire [sətɛr] *je me tais* [ʒəmətɛ], *tu te tais* [tytətɛ], *il se tait* [ilsətɛ], *nous nous taisons* [nunutɛzõ], *vous vous taisez* [vuvutɛze], *ils se taisent* [ilsətɛz]; ≠ parler	schweigen
avoir l'air de qc Tu *as l'air* d'un mouton!	wie etw. aussehen
plaire [plɛr] *je plais* [ʒəplɛ], *tu plais* [typlɛ], *il plaît* [ilplɛ], *nous plaisons* [nuplɛzõ], *vous plaisez* [vuplɛze], *ils plaisent* [ilplɛz]; *j'ai plu* [ʒeply] J'aime bien cette veste de laine; *elle* me *plaît* beaucoup.	gefallen
nouveau, nouveaux [nuvo], **nouvel, nouvelle(s)** [nuvɛl] ≠ vieux, vieil, vieille(s)	neu/neuartig
une mode [ynmɔd] Elle te plaît, *la* nouvelle *mode*?	eine Mode
une couleur [ynkulœr] Le bleu, le jaune et le blanc sont *des couleurs.*	eine Farbe
aller bien avec qc Le jaune *va bien avec* le bleu.	zu etw. gut passen
une façon [ynfasõ] De quelle *façon*? = Comment?	eine Art/Weise
de toute façon [dətutfasõ] – Tu ne peux pas venir avec nous au théâtre, alors? – *De toute façon*, je n'aime pas bien le théâtre.	sowieso/wie dem auch sei/auf jeden Fall
coûter [kute] Ça *coûte* combien? = Ça fait combien?	kosten
une fortune [ynfɔrtyn] beaucoup d'argent	ein Vermögen
proposer qc à qn → une proposition	jdm. etw. vorschlagen
le Lot [ləlɔt] une rivière	*Fluß in Frankreich*
s'intéresser à qc → intéresser qn	sich für etw. interessieren
une banque [ynbɑ̃k] Je vais chercher de l'argent à *la banque.*	eine Bank *(Geldinstitut)*
un eurochèque [ɛ̃nørɔʃɛk] N'oublie pas *tes eurochèques.*	ein Euroscheck
encaisser un chèque [ɑ̃keseɛ̃ʃɛk] à la banque: faire un chèque pour avoir de l'argent	einen Scheck einlösen

un timbre [ɛ̃tɛ̃br] Tu as mis *un timbre* sur la lettre?	eine Briefmarke
s'acheter qc →acheter qc	sich etw. kaufen
un film [ɛ̃film] Il me faut acheter *un film* pour faire des photos.	ein Film
se retrouver →retrouver qn	sich treffen
se promener [səprɔmne] *je me promène* [ʒəməprɔmɛn], *nous nous promenons* [nunuprɔmnõ], *ils se promènent* [ilsəprɔmɛn]; faire un petit tour	spazierengehen
des provisions *(f, plur)* [deprɔvizjõ] à manger et à boire	Vorräte

Exercices

1 **J'ai chaud.** Il fait chaud: *j'ai chaud.*	Es ist mir warm/ heiß.
J'ai froid. ≠ J'ai chaud.	Es ist mir kalt.
2 **se trouver** être; →trouver	sich befinden
s'offrir qc Oh! Qu'est-ce qu'il fait chaud! *Je m'offre* une glace.	sich etw. kaufen/ leisten
5 **les soldes** *(m, plur)* Ce magasin fait *des soldes.*	der Ausverkauf

C M. Rajol

se rendre chez qn aller chez qn	sich zu jdm. (nach Hause) begeben
Je vous dois combien? Je dois vous donner combien d'argent?	Wieviel schulde ich Ihnen?
se payer qc Marcel *s'est payé* un anorak.	sich etw. kaufen/ leisten
se dire qc Marcel/Evelyne *s'est dit*: «...»	sich etw. sagen/ etw. denken
un causse [ɛ̃kos]	ein Kalkplateau *(im Zentralmassiv)*
un désert [ɛ̃dezɛr] Le Sahara [saara] est *un désert.*	eine Wüste
mystérieux [misterjø], **mystérieuse** [misterjøz]	mysteriös/ geheimnisvoll
Tu parles! *(fam)* – Je vais m'acheter une voiture. – *Tu parles!* Tu n'as pas d'argent.	Hör bloß auf! *(ugs.)*
se mettre à faire qc commencer à faire qc *Il s'est mis* à pleuvoir.	anfangen/beginnen, etw. zu tun
s'ouvrir →ouvrir qc La porte *s'est ouverte.*	sich öffnen/aufgehen
s'inquiéter [sɛ̃kjete] avoir peur; ≠ se calmer Les filles *se sont inquiétées.*	sich beunruhigen/ sich Sorgen machen
le brouillard [ləbrujar] Il y a *du brouillard* ce matin: on voit très mal.	der Nebel
s'arrêter en voiture: se mettre au bord de la route *Nous nous sommes arrêté(e)s.*	anhalten/stehenbleiben
une cave *ici: une* très grande *cave* dans la pierre	*hier:* eine Höhle
énorme [enɔrm] très grand,e	riesig
un aven [ɛ̃navɛn] une énorme cave naturelle	eine Tropfsteinhöhle
Armand [armɑ̃] un nom de famille	*Familienname*
Méjean [meʒɑ̃] le nom d'un causse	*Name eines Kalkplateaus in Zentralfrankreich*

à part ça [aparsa] J'ai un peu chaud, mais *à part ça,* ça va.	abgesehen davon
une gorge [yngɔrʒ]	eine Schlucht/ein Canyon
les gorges du Tarn	die Tarnschluchten
difficile [difisil] ≠ facile, simple Il est *difficile* de faire cet exercice.	schwer/schwierig
se marier [səmarje] Est-ce que Jean-Luc va *se marier* avec Martine?	heiraten
une femme [ynfam] ≠ un homme	eine Frau
une bête Un chien est *une bête.*	ein Tier/*hier:* ein Untier/eine Bestie
le Gévaudan [ləʒevodɑ̃] une région du centre de la France	*Gegend nordwestlich von Mende*
se passer Où est-ce que cette histoire *s'est passée?*	passieren/geschehen
un pays [ɛ̃pei]	ein Land
il y a *il y a* un an = l'an dernier	*hier:* vor *(mit Zeitangabe)*
la nuit [lanɥi] ≠ le jour	die Nacht
Bonne nuit!	Gute Nacht!

Exercices

3 **aboyer** [abwaje] Le chien *aboie.*	bellen
4 **Louis** [lwi] un prénom masculin	*männl. Vorname*
Le Rozier [lərɔzje] un village près du causse Méjean	*Dorf in der Nähe des „Causse" Méjean*
un trou [ɛ̃tru] Attention! Tu vas tomber dans *le trou.*	ein Loch
Edouard [edwar] un prénom masculin	*männl. Vorname*

Perfectionnement

Lecture: Contes et légendes – La bête du Gévaudan

un conte une histoire; →raconter	eine Erzählung/ein Märchen
une légende [ynleʒɑ̃d]	eine Legende
une vache [ynvaʃ] *La vache* nous donne le lait.	eine Kuh
extraordinaire [ɛkstraɔrdinɛr] une histoire *extraordinaire*	außergewöhnlich
la forêt de Mercoire [... mɛrkwar] une des forêts de la Margeride	*Wald im Margeride-Gebirge*
garder des bêtes La paysanne *garde* ses vaches.	Tiere hüten
un loup [ɛ̃lu] une bête	ein Wolf
se jeter sur qn [səʒətesyr] La bête *se jette* sur la paysanne.	sich auf jdn. werfen/stürzen
la tête *La tête* de la bête est très grande.	der Kopf
la gueule [lagœl] La bête a *une gueule* énorme.	das Maul
le corps [ləkɔr] *le corps* de l'homme: les pieds, les mains, la tête, etc.	der Körper
attaquer qn se jeter sur qn	jdn. angreifen
tuer qn [tɥe] La fille est morte: la bête l'*a tuée.*	jdn. töten
sur *ici:* au bord de	am/am Ufer von
l'Allier *(m)* [lalje] une rivière	*längster Nebenfluß der Loire*
Masméjean [masmeʒɑ̃] un village au bord de l'Allier	*Dorf am Fluß Allier*

la nature [lanatyr] Quelle est *la nature* de cette bête?	die Natur/Art
sauter [sote] se jeter en l'air	springen
dévorer qn/qc [devɔre] manger qn	jdn./etw. fressen/ verschlingen
la force [lafɔrs] La bête porte les gens: elle a *une* très grande *force.*	die Kraft/Stärke
un saut [ɛ̃so] → sauter	ein Sprung
de son côté	auf seiner/ihrer Seite
un chasseur [ɛ̃ʃasœr] Il tue des bêtes.	ein Jäger
la chasse Un chasseur fait *la chasse* à des bêtes.	die Jagd
un soldat [ɛ̃sɔlda], **une soldate** [ynsɔldat]	ein Soldat, eine Soldatin
un roi, une reine [ɛ̃rwa, ynrɛn] p.ex.: *le roi* d'Espagne, *la reine* d'Angleterre	ein König, eine Königin
Louis XV [lwikɛ̃z] Il a été roi de France de 1715 à 1774.	Ludwig XV. *(frz. König)*
Beauterne [botɛrn] un nom de famille	*Familienname*
Versailles [vɛrsaj] aujourd'hui: une ville près de Paris	*hier:* das Schloß Versailles
un massacre [ɛ̃masakr] La bataille a été *un massacre.*	ein Massaker/ Gemetzel
fantastique [fɑ̃tastik] extraordinaire	fantastisch
un homme-loup [ɛ̃nɔmlu], **des hommes-loups** [dezɔmlu] C'est un homme, et c'est aussi un loup.	ein Werwolf, Werwölfe
Chastel [ʃastɛl] un nom de famille	*Familienname*

le Mont Mouchet une montagne dans la Margeride	*Berg im Margeride-Gebirge (1465 m)*
commander qn Le roi *commande* ses soldats.	jdm. befehlen
Notre-Dame-de-Beaulieu [nɔtrədamdəboljø] une église, au pied du Mont Mouchet	*Kirche am Fuß des Mont Mouchet*
Dieu [djø] le père de Jésus-Christ	Gott
la messe [lamɛs] On va à l'église pour entendre *la messe.*	die (heilige) Messe
une prière [ynprijɛr] faire *une prière* à Dieu = lui demander qc	ein Gebet
un fusil [ɛ̃fyzi] Un chasseur tue les bêtes avec *son fusil.*	ein Gewehr
tirer [tire] Chastel *a tiré* avec son fusil.	schießen
peser [pəze] 1. La bête *pèse* 53 kilos.	wiegen
2. qc *pèse* sur qn	lasten auf
un centimètre [ɛ̃sɑ̃timɛtr] → un kilomètre, un mètre	ein Zentimeter
une pièce [ynpjɛs] p.ex.: *une pièce* de théâtre	ein Stück/Spiel
une pièce radiophonique [... radjɔfɔnik] une pièce à la radio	ein Hörspiel

Compréhension orale – Spots publicitaires à la radio

un spot publicitaire [ɛ̃spɔtpyblisitɛr] un spot de publicité	ein Werbespot

Spot n° 1

une discothèque [yndiskɔtɛk] On y va pour danser.	eine Diskothek
la Méditerranée [lameditɛrane] une mer	das Mittelmeer
une plage [ynplaʒ] Il fait chaud aujourd'hui: on va à *la plage*?	ein Strand
nager [naʒe] On va à la plage pour *nager* et prendre des bains de soleil.	schwimmen
la voile [lavwal] *Les voiles* blanches sur la mer, c'est joli.	das Segel/der Segelsport
faire de la voile Tu sais *faire de la voile?*	segeln
la planche à voile [laplɑ̃ʃavwal] Luc s'est acheté *une planche à voile.*	das (Wind-)Surfbrett/Windsurfen
faire de la planche à voile Je ne sais pas *faire de la planche à voile.*	windsurfen
C'est le pied! *(fam)* C'est super!/C'est formidable!	Das ist toll! *(ugs.)*

Spot n° 2

un loup [ɛ̃lu] une bête	ein Wolf
un parc [ɛ̃park] Les loups sont dans *un parc* fermé.	ein Park
Marvejols [marvəʒɔl] une ville dans le Gévaudan	*Stadt im Gévaudan*
une statue [ynstaty] Où se trouve *la statue* de Vercingétorix?	eine Statue
la nature [lanatyr] J'aime bien me promener dans *la nature.*	die Natur
national,e [nasjɔnal] **nationaux, -ales** [nasjɔno, nasjɔnal]	national/National-
un Parc National *le Parc National* des Cévennes	ein Nationalpark
protéger qc [prɔteʒe] Nous voulons *protéger* la nature.	etw. schützen
une plante Dans la nature, il y a des bêtes et *des plantes.*	eine Pflanze
une activité [ynaktivite]	eine Beschäftigung

Révision de grammaire

un hôpital [ɛ̃nɔpital], **des hôpitaux** [dezɔpito] Quand on est malade, on va chez le docteur ou à *l'hôpital.*	ein Krankenhaus, Krankenhäuser
les Templiers *(m, plur)* [letɑ̃plije]	*frz. religiöser und militärischer Orden des Mittelalters*
Le Pont-de-Montvert [ləpɔ̃dəmɔ̃vɛr] un village près du Mont Lozère	*Dorf in der Nähe des Mont Lozère*
une ruine [ynrɥin] Dans cette ville, il y a *de* belles *ruines* romaines.	eine Ruine

Savoir se débrouiller - Ecrire des lettres officielles

officiel,-elle [ɔfisjɛl]	offiziell/amtlich
Florac [flɔrak] une ville en Lozère	*Stadt im Departement Lozère*
une avenue [ynavny] une grande et belle rue	eine (breite und schöne) Straße/Allee
Monestier [mɔnɛstje] un nom de famille	*Familienname*
chercher à faire qc essayer de faire qc	versuchen, etw. zu tun

se loger [səlɔʒe] eine Unterkunft finden

prier qn de bien vouloir faire qc jdn. (höflich) darum bitten, etw. zu tun *(in einem offiziellen Brief)*
demander à qn de bien vouloir faire qc

indiquer qc à qn [ɛ̃dike] jdm. etw. nennen/angeben
donner à qn le nom de qc

une maison de jeunes ein Jugendhaus

la documentation [ladɔkymɑ̃tasjɔ̃] die Unterlagen
des documents

un chemin [ɛ̃ʃmɛ̃] ein Weg
Regarde, ce n'est pas large: ce n'est pas une route, c'est *un chemin.*

un chemin de grande randonnée (un G.R.) [ɛ̃ʒeɛr] *numerierter Fernwanderweg*
Cet été, j'ai fait *le G.R.* 67, autour du Mont Lozère.

par le train mit dem Zug
– Tu es venu(e) *par le train*/en train?
– Non, je suis venu(e) en voiture.

un car [ɛ̃kar] ein (Reise-)Bus
C'est comme un bus, mais il va d'une ville à une autre.

un remerciement [ɛ̃rəmɛrsimɑ̃] ein Dank
→remercier qn pour qc

recevoir qc [rəsəvwar] etw. bekommen/empfangen

Recevez l'expression de mes sentiments distingués. Mit freundlichen Grüßen *(Schlußformel in einem offiziellen Brief)*

un refuge [ɛ̃rəfyʒ] eine Schutzhütte
une maison sur une montagne

Bagnols-les-Bains [baɲɔllebɛ̃] *Stadt in der Nähe des Mont Lozère*
une ville près du Mont Lozère

une suite [ynsɥit] eine Fortsetzung
Quelle est *la suite* de l'histoire?

ct = courant, courante [kurɑ̃, kurɑ̃t] d.M. = des Monats
le 18 *courant*: le 18 du mois indiqué

informer qn que ... jdn. informieren/jdm. mitteilen, daß ...
→une information

loger qn [lɔʒe] jdn. unterbringen

individuel,-elle [ɛ̃dividɥɛl] individuell/Einzel-
une chambre *individuelle*: une chambre à un lit

un dortoir [ɛ̃dɔrtwar] ein Schlafsaal
une grande chambre avec beaucoup de lits

Le Pont-de-Montvert [ləpɔ̃dəmɔ̃vɛr] *Dorf in der Nähe des Mont Lozère*
un village près du Mont Lozère

un prix [ɛ̃pri], **des prix** [depri] ein Preis, Preise
Ce pull coûte 200 francs: c'est *son prix.*

suivant,e [sɥivɑ̃, sɥivɑ̃t] folgende(n)
Nos prix sont *les suivants*: ...

le chauffage [ləʃofaʒ] die Heizung
Quand il fait froid, on met *le chauffage.*

une réservation [ynrezɛrvasjɔ̃] eine Reservierung/(Vor-)Bestellung
Tu as fait *la réservation* pour la chambre?

verser qc à qn [vɛrse] jdm. etw. zahlen
payer qc à qn

pour cent Prozent
30%: trente *pour cent*

des arrhes *(f, plur)* [dezar] eine Anzahlung
l'argent à payer avec une réservation

accepter qc [aksɛpte] etw. annehmen
dire oui pour qc

Nous vous prions de croire à nos sentiments les meilleurs.	Mit freundlichen Grüßen *(Schlußformel in einem offiziellen Brief)*	**Reversat** [rəvɛrsa] un nom de famille	*Familienname*

Révision

● *Adverbes de temps*

aujourd'hui	heute	**déjà**	schon/bereits
demain	morgen	**encore**	noch
hier	gestern		
		quelquefois	manchmal
alors	dann/also; nun	**souvent**	oft
maintenant	jetzt	**toujours**	immer/immer noch
avant	vorher		
bientôt	bald	● *Attention!*	
d'abord	zuerst/zunächst	**avant le repas**	vor dem Essen
puis	dann/darauf	**il y a trois ans**	vor drei Jahren
ensuite	anschließend	**devant l'hôtel**	vor dem Hotel
après	danach	**après le repas**	nach dem Essen
peu après	etwas später	**derrière l'hôtel**	hinter dem Hotel
tout à coup	plötzlich	**ce soir**	heute abend
tout de suite	sofort/sogleich	**ce soir-là**	an jenem Abend

● *Homonymes* (Gleichlautende Wörter)

à Autun il/elle **a**	[a]	in Autun er/sie hat
cent francs **sans** beurre	[sɑ̃]	hundert Francs ohne Butter
cet homme **sept** hommes **cette** amie **C'est** un livre.	[sɛt]	dieser Mann sieben Männer diese Freundin Das ist ein Buch.
un verre **d'eau** le **dos**	[do]	ein Glas Wasser der Rücken
eh bien Evelyne **et** Marcel	[e]	nun Evelyne und Marcel
Je suis **entré(e).** **entrer**	[ɑ̃tre]	Ich bin eingetreten. eintreten
les **gens** *(m, plur)* **Jean** **J'en** achète une bouteille.	[ʒɑ̃]	die Leute *männl. Vorname* Ich kaufe eine Flasche davon.
l'heure *(f)* **leurs** chaussures	[lœr]	die Uhrzeit/Stunde ihre *(Pl.)* Schuhe
le mois de **mai** **mais**	[mɛ]	der Monat Mai aber
le **marché** **marcher**	[marʃe]	der Markt laufen/zu Fuß gehen
le/la **même** Il/Elle **m'aime.**	[mɛm]	der-, die-, dasselbe Er/Sie liebt mich.
la **mère** la **mer**	[mɛr]	die Mutter das Meer

▸▸

un **mètre** **mettre**	[mɛtr]	ein Meter stellen/legen/hängen/hineintun	**son** pull ils/elles **sont**	[sõ]	sein/ihr Pulli sie sind
un **mois** C'est **moi**.	[mwa]	ein Monat Ich bin es.	la **terre** se **taire**	[tɛr]	die Erde/der Boden schweigen
Où vas-tu? Moi **ou** toi?	[u]	Wohin gehst du? Ich oder du?	le **vent** Il **vend** du vin.	[vɑ̃]	der Wind Er verkauft Wein.
peu d'argent Je ne **peux** pas.	[pø]	wenig Geld Ich kann nicht.	un **verre** **vert**	[vɛr]	ein Glas grün
un **prix** Je vous en **prie.** il/elle a **pris** qc.	[pri]	ein Preis Bitte. *(als Antwort)* er/sie hat etw. genommen	le **vin** **vingt**	[vɛ̃]	der Wein zwanzig

Leçon 10

A Que savez-vous sur Paris?

tester qc [tɛste] — etw. testen

des connaissances *(f, plur)* [dekɔnɛsɑ̃s] — Kenntnisse
Testez *vos connaissances* sur Paris.

une capitale [ynkapital] — eine Hauptstadt
Paris est *la capitale* de la France.

international,e [ɛ̃tɛrnasjɔnal] — international
internationaux,-ales [ɛ̃tɛrnasjɔno, ɛ̃tɛrnasjɔnal]

un étranger [ɛ̃netrɑ̃ʒe], — ein Ausländer,
une étrangère [ynetrɑ̃ʒɛr] — eine Ausländerin
Pour un Français, un Allemand est *un étranger.*

construire qc [kõstrɥir] — etw. bauen
je construis [ʒəkõstrɥi], *tu construis* [tykõstrɥi], *il construit* [ilkõstrɥi], *nous construisons* [nukõstrɥizõ], *vous construisez* [vukõstrɥize], *ils construisent* [ilkõstrɥiz]; *j'ai construit* [ʒekõstrɥi]

une tour [yntur] — ein Turm; ein Hochhaus

universel,-elle [ynivɛrsɛl] — allumfassend/Gesamt-

une exposition universelle — eine Weltausstellung

la hauteur [laotœr] — die Höhe
Cette maison a 10 mètres *de hauteur.*

un symbole [ɛ̃sɛ̃bɔl] — ein Symbol/Wahrzeichen

s'appeler — heißen
→appeler; avoir comme nom

un Parisien [ɛ̃parizjɛ̃], — ein Pariser,
une Parisienne [ynparizjɛn] — eine Pariserin
un(e) habitant,e de Paris

qui — der, die, das/welche(r, s) *(Relativpronomen)*
C'est une tour; elle a 320 m de hauteur. →C'est une tour *qui* a 320 m de hauteur.

une île [ynil] — eine Insel
p.ex.: un pays sur la mer

l'île de la Cité — Seineinsel *(ältester Stadtteil von Paris)*
une île à Paris

que C'est une cathédrale; les touristes aiment la visiter. →C'est une cathédrale *que* les touristes aiment visiter.	den, die, das/ welche(n, s) *(Relativpronomen)*
une flèche [ynflɛʃ]	ein Pfeil; *hier:* eine Turmspitze
Victor Hugo [viktɔrygo]	*frz. Schriftsteller (1802–1885)*
un bâtiment [ɛ̃batimɑ̃] Une maison ou un immeuble sont *des bâtiments.*	ein Bauwerk/ Gebäude
où C'est un bâtiment; on y voit beaucoup de livres. →C'est un bâtiment *où* on voit beaucoup de livres.	wo/in der, in dem, in denen *(Relativpronomen)*
un tableau, des tableaux Au musée Granet d'Aix-en-Provence, il y a *des tableaux* de Cézanne.	ein Bild/Gemälde, Bilder/Gemälde
une cinémathèque [ynsinematɛk] une salle de cinéma; on peut y voir de vieux films.	eine Kinothek *(Filmarchiv)*
une bibliothèque [ynbiblijɔtɛk]	eine Bibliothek
le monde →tout le monde	die Welt
entier,-ière [ɑ̃tje, ɑ̃tjɛr] le monde *entier*: les pays du monde	ganz/vollständig
un président [ɛ̃prezidɑ̃],	ein Präsident,
une présidente [ynprezidɑ̃t] p.ex.: le chef d'un pays	eine Präsidentin
une république *la République* fédérale d'Allemagne	eine Republik
un quartier [ɛ̃kartje] J'aime bien *les* vieux *quartiers* de Paris.	ein Stadtviertel/ Stadtteil
Beaubourg [bobur] un quartier de Paris	*Stadtteil in Paris*
une guillotine [yngijɔtin]	eine Guillotine/ein Fallbeil
un(e) révolutionnaire [ɛ̃/ynrevɔlysjɔnɛr]	ein(e) Revolutionär(in)
la tête J'ai mal à *la tête.*	der Kopf
l'Egypte *(f)* [leʒipt] un pays	Ägypten
une étoile [ynetwal] La nuit, il y a *des étoiles* dans le ciel.	ein Stern
la place de l'Etoile une place à Paris	*Platz in Paris*
la place de la Concorde [... kõkɔrd] une place à Paris	*Platz in Paris (wörtl.: Platz der Eintracht)*
une pièce [ynpjɛs] *ici:* une pièce de théâtre	ein Stück/*hier:* ein Theaterstück
Molière [mɔljɛr] Il a écrit des pièces de théâtre très importantes.	*Theaterschriftsteller (1622–1673)*
un siècle [ɛ̃sjɛkl] p.ex.: le vingtième/ le vingt et unième *siècle*	ein Jahrhundert
un voyage [ɛ̃vwajaʒ] Je vais de Lyon à Paris: je fais *un voyage.*	eine Reise/Fahrt
une chose [ynʃoz] →quelque chose	ein Ding/eine Sache
Il vous reste des choses à apprendre.	Sie haben noch Dinge zu lernen.
découvrir qc [dekuvrir] *je découvre* [ʒədekuvr], *nous découvrons* [nudekuvrõ], *ils découvrent* [ildekuvr]; *j'ai découvert* [ʒedekuvɛr] voir qc pour la première fois	etw. entdecken

adorer qc aimer beaucoup qc	etw. sehr lieben/toll finden

Photos

le métro	die Metro
la Goutte-d'Or [lagutdɔr] un quartier de Paris	*Stadtteil von Paris*
arabe [arab] La Goutte-d'Or est un quartier *arabe*.	arabisch
la tour Eiffel [laturɛfɛl] le symbole de Paris	der Eiffelturm *(erbaut 1889 nach Plänen des frz. Ingenieurs Gustave Eiffel)*
Montparnasse [mõparnas] un quartier de Paris	*Stadtteil von Paris*
la tour Montparnasse un immeuble de 210 m de hauteur	*Bürogebäude in Paris*
Notre-Dame de Paris [nɔtrədamdəpari] une cathédrale qui se trouve dans l'île de la Cité	*gotische Kathedrale in Paris (erbaut 1163–1245)*
le Sacré-Cœur [ləsakrekœr] une grande église à Paris	*Basilika in Paris (erbaut 1876–1910)*
Georges Pompidou [ʒɔrʒpõpidu] Il a été Président de la République française de 1969 à 1974.	*frz. Politiker (1911–1974)*
national,e nationaux,-ales ≠ international,e	national/National-
l'art *(m)* [lar] J'ai acheté un livre *d'art* sur Cézanne.	die Kunst
la culture [lakyltyr]	die Bildung/Kultur
le Louvre [ləluvr] un grand musée de Paris	*bedeutendes Museum in Paris*
à travers qc [atravɛr]	durch etw. (hindurch)
une pyramide [ynpiramid]	eine Pyramide
la Pyramide (du Louvre)	*Pyramide aus Glas, die vor dem „Louvre" steht*
la place Charles-de-Gaulle la place de l'Etoile	*seit 1971 Name der „Place de l'Etoile"*
la Comédie-Française [lakɔmedifrɑ̃sɛz] un très vieux théâtre à Paris	*Theater in Paris, das auf klassische Stücke spezialisiert ist; von Molière 1680 gegründet*
le Théâtre du Soleil un théâtre à Paris	*Theater in Paris, das sich in einer ehemaligen Waffenfabrik („la Cartoucherie") befindet*
un acteur [ɛ̃naktœr], **une actrice** [ynaktris] Il y a *des acteurs* de théâtre et *des acteurs* de cinéma.	ein Schauspieler, eine Schauspielerin
se maquiller [səmakije]	sich schminken

Exercices

1 **un questionnaire** [ɛ̃kɛstjɔnɛr] un ensemble de questions	ein Fragebogen
2 **connu,e** [kɔny]	bekannt
la «Joconde» [laʒɔkõd] un tableau qu'on peut voir au Louvre	die Mona Lisa *(Gemälde von Leonardo da Vinci)*
le bois de Vincennes [ləbwadvɛ̃sɛn]	*großer Park im Südwesten von Paris*
un directeur [ɛ̃dirɛktœr], **une directrice** [yndirɛktris]	ein Direktor, eine Direktorin/ein Leiter, eine Leiterin
Ariane Mnouchkine [arjanmnuʃkin] la directrice du Théâtre du Soleil	*frz. Regisseurin*

une révolution [ynrevɔlysjõ] →un,e révolutionnaire	eine Revolution
la Révolution française une révolution qui s'est passée en France de 1789 à 1799	*die frz. Revolution (1789–1799)*
un auteur [ɛ̃notœr] p.ex.: Victor Hugo ou Molière	ein(e) Autor(in)
3 **les Grands Boulevards** [... bulvar]	*große Geschäftsstraßen in Paris*
le Quartier Latin [ləkartjelatɛ̃] un très vieux quartier de Paris	*sehr altes, römisches Viertel in Paris (um die Universität gelegen)*
un roi [ɛ̃rwa], **une reine** [ynrɛn] p.ex.: *le roi* d'Espagne, *la reine* d'Angleterre	ein König, eine Königin
Louis VII [lwisɛt] Il a été roi de France de 1137 à 1180.	*König von Frankreich (von 1137 bis 1180)*
le public [ləpyblik] les gens; *ici:* les habitants de Paris et les touristes	das Publikum
Montmartre [mõmartr] un quartier de Paris	*berühmter Stadtteil von Paris, mit der Kirche „Sacré-Cœur"*
les Thermes *(m, plur)* [letɛrm]	*Reste römischer Badeanlagen, die im „Quartier Latin" entdeckt wurden*
Napoléon III [napɔleõtrwa]	*Kaiser von Frankreich (von 1852 bis 1870)*

B Des conseils pour votre séjour à Paris

les Champs-Elysées *(m, plur)* [leʃɑ̃zelize] une très belle rue à Paris	*Prachtstraße in Paris*
un conseil [ɛ̃kõsɛj] Je donne *un conseil* à qn: je lui dis ce qu'il doit faire.	ein Rat(-schlag)
un séjour Je passe une semaine à Paris: je fais *un séjour* dans la capitale.	ein Aufenthalt
une émission [ynemisjõ] On écoute *des émissions* à la radio, ou on en regarde à la télévision.	eine Sendung *(im Radio/Fernsehen)*
Elisabeth [elizabɛt] un prénom féminin	*weibl. Vorname*
connaître qc [kɔnɛtr] *je connais* [ʒəkɔnɛ], *tu connais* [tykɔnɛ], *il connaît* [ilkɔnɛ], *nous connaissons* [nukɔnɛsõ], *vous connaissez* [vukɔnɛse], *ils connaissent* [ilkɔnɛs]; *j'ai connu* [ʒekɔny] →des connaissances	kennen
même Il se lève toujours à 7 heures, *même* le dimanche!	sogar
qui est-ce que – *Qui est-ce que* tu as vu en ville? – J'ai rencontré Florence.	wen *(als Interrogativpronomen)*
qui est-ce qui – *Qui est-ce qui* est déjà allé à Paris? – Moi, j'y suis déjà allé(e).	wer *(als Interrogativpronomen)*
qu'est-ce qui – *Qu'est-ce qui* t'intéresse? – Le sport. Le sport m'intéresse.	was *(als Interrogativpronomen, Subjekt)*
qu'est-ce que – *Qu'est-ce que* tu fais comme sport?	was *(als Interrogativpronomen, direktes Objekt)*
se loger [səlɔʒe]	eine Unterkunft finden
bon marché ≠ cher, chère; une chemise bon marché	billig *(unveränderliches Adjektiv)*
à bon marché pour peu d'argent	zu einem günstigen Preis

renseigner qn sur qc [rɑ̃seɲesyr] donner à qn un renseignement sur qc	jdn. über etw. informieren
exister [ɛgziste] être; qc *existe*: il y a qc	bestehen/existieren
un moyen [ɛ̃mwajɛ̃]	ein Mittel
le transport [lətrɑ̃spɔr]	der Transport/die Beförderung
un moyen de transport L'avion, la voiture, le train, le bus, le métro, etc. sont *des moyens de transport.*	ein Verkehrsmittel
pratique [pratik]	praktisch
pour pas cher pour peu d'argent	für wenig Geld
un camping [ɛ̃kɑ̃piŋ] Tu es à l'hôtel ou *au camping*?	ein Campingplatz
un hôtel deux étoiles [... døzetwal] un hôtel qui a deux étoiles	ein Zweisternehotel
le Ritz [ləritz] un grand hôtel très cher, à Paris	*Luxushotel in Paris*
le Centre d'Accueil des Jeunes en France	*Büro in Paris, das Jugendlichen günstige Unterkünfte vermittelt*
un hébergement [ɛ̃nebɛrʒəmɑ̃] là où on peut habiter, se loger	eine Unterkunft
un prix [ɛ̃pri], **des prix** [depri] – Quel est *le prix* de ce livre? – Il coûte 120 francs.	ein Preis, Preise
être à un prix intéressant	einen günstigen Preis haben
réserver qc [rezɛrve] *J'ai réservé* une chambre dans cet hôtel.	etw. reservieren/ (vor-)bestellen
s'adresser à qn [sadrese] demander à qn	sich an jdn. wenden

parisien,-ienne de Paris	von/aus Paris
ce qui On me demande *ce qui* me plaît à Paris. *Ce qui* me plaît, c'est l'ambiance de la ville.	(das,) was *(als Subjekt)*
ce que On me demande *ce que* je veux. *Ce que* je veux, c'est faire un séjour en France.	(das,) was *(als direktes Objekt)*
briller [brije] Le soleil *brille.*	scheinen/glänzen
l'or *(m)*	das Gold
Tout ce qui brille n'est pas d'or.	Es ist nicht alles Gold, was glänzt.
connu,e → connaître	bekannt
un «fast food» [ɛ̃fastfud], **des «fast foods»** [defastfud] un restaurant où on peut manger vite et pour pas cher	ein Schnellimbißrestaurant, Schnellimbißrestaurants
bouffer qc *(fam)* [bufe] manger qc	etw. essen *(ugs.)*
un «bouffe-vite» *(fam)* un «fast food»	ein Schnellimbißrestaurant *(humoristische Anlehnung an den englischen Ausdruck; ugs.)*
un menu [ɛ̃məny] au restaurant: une carte	*hier:* eine Speisekarte
une brasserie [ynbrasri] un grand café-restaurant	*ein großes Café-Restaurant, in dem man kalt und warm essen kann*
un croque-monsieur [ɛ̃krɔkməsjø], **des croque-monsieur**	*ein mit Schinken und Käse überbackenes Toastbrot*
une saucisse [ynsosis] Passe à la charcuterie pour acheter *des saucisses.*	eine Wurst/ein Würstchen *(zum Braten oder Heißmachen)*

une saucisse frites *une saucisse* avec *des* (pommes) *frites (f)*	eine Wurst mit Pommes frites
le jambon [ləʒɑ̃bɔ̃] On fait les croque-monsieur avec *du jambon* et du fromage.	der Schinken
un sandwich au jambon Tu aimes *les sandwich(e)s au jambon?*	ein Sandwich mit Schinken
un jambon beurre *(fam)* un sandwich au jambon, avec du beurre	ein Sandwich mit Schinken und Butter *(ugs.)*
un centimètre [ɛ̃sɑ̃timɛtr] 1 cm	ein Zentimeter
six centimètres sur trois 6 cm de long et 3 cm de large	sechs mal drei Zentimeter
le papier [ləpapje] *Vos papiers,* s.v.p.!	das Papier
circuler [sirkyle] Avec le métro, on peut *circuler* dans Paris pour pas cher.	verkehren/fahren
il s'agit de qc [ilsaʒidə] on parle de qc	es handelt sich/geht um etw.
quoi – De *quoi* s'agit-il? – Qc me fait peur. – *Quoi* donc? Qu'est-ce qui te fait peur?	was *(als Interrogativpronomen; mit Präpositionen und in Sätzen ohne Verb)*
un ticket de métro [ɛ̃tikɛdmetro] un billet de métro	eine Metro-Fahrkarte
un carnet [ɛ̃karnɛ] p.ex.: *un carnet* de tickets de métro	ein Notizblock/*hier:* ein Fahrscheinblock
le tabac [lətaba] Dans cette région, on cultive *le tabac.*	der Tabak
un bureau [ɛ̃byro], **des** bureaux [debyro] M. Martin prend le métro pour aller *au bureau.*	ein Büro
un bureau de tabac Dans *les bureaux de tabac*, en France, on peut acheter des timbres.	ein Tabakgeschäft
plusieurs [plyzjœr] – Tu vas rester *plusieurs* jours à Paris? – Oui, trois ou quatre jours.	mehrere
un billet Paris-Sésame [... sezam] Avec *un billet Paris-Sésame,* on peut circuler à bon marché dans la capitale.	*spezieller Fahrausweis für die Pariser Verkehrsmittel, der vor allem für Touristen günstig ist*
un nombre [ɛ̃nɔbr] Huit est *un nombre.*	eine Zahl/Anzahl
illimité,e [ilimite] un nombre *illimité* de voyages: un très grand nombre de voyages	unbegrenzt
une direction [yndirɛksjɔ̃] Il faut prendre *quelle direction*?	eine Richtung
oublier de faire qc → oublier	vergessen, etw. zu tun
changer [ʃɑ̃ʒe] *nous changeons* [nuʃɑ̃ʒɔ̃];	
1. *changer* de l'argent	wechseln
2. *changer* de train/de métro	umsteigen
la bonne station la station où on doit descendre/monter/changer	die richtige Station
car	denn *(Konj.)*
une découverte [yndekuvɛrt] → découvrir	eine Entdeckung
compter qc [kɔ̃te] dire: «1, 2, 3, 4, 5, etc.»	etw. zählen
ne ... rien [nərjɛ̃], **rien ne** ≠ tout; Je *ne* dis *rien. Rien ne* m'intéresse.	nichts

un château [ɛ̃ʃato], **des châteaux** [deʃato]	ein Schloß/eine Burg, Schlösser/Burgen
Versailles [vɛrsaj] une ville près de Paris	*Stadt in der Nähe von Paris*
le château de Versailles	das Schloß von Versailles *(erbaut 1668 für den frz. König Ludwig XIV.)*
ne ... jamais [nəʒamɛ] ≠ toujours	nie/niemals
presque [prɛsk] – Tu as fini tes devoirs? – Oui, je les ai *presque* finis.	fast/beinahe
les villes nouvelles Les Durand habitent dans *une ville nouvelle.*	*neue Städte, vor allem im Großraum Paris, mit einer ausgewogenen Versorgung: Arbeit, Wohnen, Freizeit am selben Ort*
un architecte [ɛ̃narʃitɛkt]	ein(e) Architekt(in)
l'environnement *(m)* [lɑ̃virɔnmɑ̃] La pollution de l'air est un des grands problèmes de *l'environnement.*	die Umwelt
Marne-la-Vallée [marnlavale] une ville nouvelle	*Ansiedlungsort einer „ville nouvelle", östlich von Paris*
ne ... personne [nəpɛrsɔn], **personne ne** ≠ tout le monde; Il *ne* parle à *personne.* *Personne ne* lui plaît.	niemand
un cimetière [ɛ̃simtjɛr]	ein Friedhof
un arrondissement [ɛ̃narɔ̃dismɑ̃]	ein (Stadt-)Bezirk *(einer Großstadt)*
une science [ynsjɑ̃s]	eine Wissenschaft
la «Cité des Sciences et de l'Industrie»	*Technik- und Wissenschaftsmuseum in Paris*
la «Géode» [laʒeɔd] un très grand cinéma dans la «Cité des Sciences et de l'Industrie»	*Kino in der „Cité des Sciences et de l'Industrie". (Die Leinwand erstreckt sich bis in die Kuppel.)*
la fête du 14 juillet la fête nationale, en France	*frz. Nationalfeiertag, der an die frz. Revolution erinnert: Sturm auf die Bastille (ehemaliges Staatsgefängnis in Paris) am 14. Juli 1789*
le tour de France *Le tour de France* arrive à Paris en juillet.	*berühmtes frz. Radrennen*
imaginer qc [imaʒine] voir qc, penser qc	sich etw. vorstellen
une course Le tour de France est *une course.*	ein Wettrennen; *hier:* ein Radrennen
un coureur [ɛ̃kurœr] qn qui fait une course	*hier:* ein Radrennfahrer
un maillot [ɛ̃majo] le pull que portent les coureurs	ein Trikot
le maillot jaune	*der Träger des gelben Trikots (jeweils erster der täglichen Gesamtwertung der „Tour de France")*
remonter sur qc monter de nouveau sur qc	wieder auf etw. steigen
un vélo [ɛ̃velo] Le tour de France est une course *de vélos.*	ein Fahrrad
un(e) champion, -ionne [ɛ̃ʃɑ̃pjɔ̃, ynʃɑ̃pjɔn] p.ex.: *le champion/la championne* de France/d'Allemagne/d'Europe	ein(e) Meister(in)/ein Champion

Exercices

3 **Justin** [ʒystɛ̃] un nom de famille	*Familienname*

5	**un(e) Marseillais, -aise** [ɛ̃marsɛjɛ, ynmarsɛjɛz]	*ein(e) Bewohner(in) von Marseille*
	le maire [lemɛr]	der/die (Ober-) Bürgermeister(in)
	Jean Jaurès [ʒɑ̃ʒorɛs]	*frz. sozialistischer Politiker (1859–1914)*
	la place Jean-Jaurès une place à Marseille	*Platz in Marseille*
7	**un(e) collègue** [... kɔlɛg] *mon/ma collègue:* qn qui travaille avec moi	ein Kollege, eine Kollegin
9	**la Bastille** [labastij] la place de la Bastille	*ehemaliges Staatsgefängnis in Paris, das nach dem Sturm auf die Bastille (14.7.1789) abgebrochen wurde; heute Name eines großen Platzes, gleichzeitig Metrostation*
10	**un portefeuille** [ɛ̃pɔrtəfœj] Mets ton argent dans *ton portefeuille.*	eine Brieftasche
	perdre qc [pɛrdr] ≠ trouver qc	etw. verlieren

Perfectionnement

Lecture – La queue de l'âne

faire une farce à qn	jdm. einen Streich spielen
un écrivain [ɛ̃nekrivɛ̃] qn qui écrit des livres	ein(e) Schriftsteller(in)
Roland Dorgelès [rɔlɑ̃dɔrʒəlɛs] un écrivain français	*frz. Schriftsteller (1885–1973)*
une queue [ynkø]	ein Schwanz/Schweif
un âne [ɛ̃nan]	ein Esel
une colline une petite montagne	ein Hügel
une butte une petite colline	eine Anhöhe
une basilique [ynbazilik] une cathédrale, une église	eine Basilika
inspirer qn [ɛ̃spire] donner des idées à qn	jdn. inspirieren
un peintre [ɛ̃pɛ̃tr] qn qui fait des tableaux	ein(e) Maler(in)
attirer qn Beaucoup de touristes viennent dans ce quartier: *il attire* les touristes.	jdn. anziehen/anlocken
une année [ynane] *L'année* commence le 1er janvier et finit le 31 décembre.	ein Jahr *(in seinem Verlauf gesehen)*
les années 1900 les années où le XXe siècle a commencé	*die ersten Jahre des 20. Jahrhunderts*
rencontrer qn	jdm. begegnen
Pablo Picasso [pablopikaso] un peintre espagnol	*berühmter spanischer Maler (1881–1973)*
la peinture le travail du peintre	die Malerei
se moquer de qn	sich über jdn. lustig machen/jdn. verspotten
une toile là où le peintre met la couleur	eine Leinwand *(in der Malerei)*
un(e) snob [... snɔb]	ein Snob
un critique [ɛ̃kritik]	ein(e) Kritiker(in)
le «Lapin agile» [ləlapɛ̃aʒil] un café de Montmartre	*„Café" in Montmartre; zu Beginn des 20. Jahrhunderts Künstlertreffpunkt*
Lolo [lolo] *ici:* le nom d'un âne	*hier: Name eines Esels*
fixer qc à qc [fikse]	etw. an einer anderen Sache befestigen

un pinceau [ɛ̃pɛ̃so], **des** pinceau**x** [depɛ̃so] l'instrument de travail du peintre	ein Pinsel, Pinsel
au bout de [obudə] à la fin de	am Ende von
une carotte [ynkarɔt] un légume	eine Karotte/Möhre
remuer la queue Quand un chien est content, *il remue* la queue.	mit dem Schwanz wedeln
un coucher de soleil	ein Sonnenuntergang
l'Adriatique *(f)* [ladrijatik] une mer	die Adria
un(e) artiste	ein(e) Künstler(in)
un aliboron [ɛ̃nalibɔrõ] qn qui ne sait rien et qui dit qu'il sait tout	*Name, den man einer eingebildeten Person gibt*
avoir lieu [avwarljø]	stattfinden
le Salon des Indépendants [ləsalõdezɛ̃depɑ̃dɑ̃] une exposition de peinture qui a lieu une fois par an à Paris	*bekannte frz. Gemäldeausstellung, die 1884 für den Nachwuchs und die Avantgarde gegründet wurde (wörtl.:* „die Ausstellung der Unabhängigen")
admirer qc [admire] trouver qc très beau	etw. bewundern
une critique p.ex.: faire *une critique* sur qc/qn	eine Kritik
un connaisseur [ɛ̃kɔnɛsœr] qn qui connaît bien qc	ein Kenner
un titre Quel est *le titre* de ce tableau? = Comment s'appelle ce tableau?	ein Titel
s'amuser	sich amüsieren/lachen

Compréhension orale – La complainte de l'heure de pointe (Chanson)

une complainte [ynkõplɛ̃t]	ein Klagelied
l'heure de pointe *(f)*	die Hauptverkehrszeit/Stoßzeit
dépasser qc	etw. überholen
une auto [ynɔto] une voiture	ein Auto/Wagen
la place des Fêtes **la place Clichy** [... kliʃi] **la place de la Bastille** **la place de la République** des places à Paris	*Plätze in Paris*
rouler Cette voiture peut *rouler* très vite.	fahren
un pas Quand on marche, on fait *des pas.*	ein Schritt
rouler au pas Il y a beaucoup de voitures: *on roule au pas.*	Schritt fahren
assiéger qc [asjeʒe]	etw. belagern
un danger [ɛ̃dɑ̃ʒe]	eine Gefahr
être en danger	in Gefahr schweben
se mettre au vert	ins Grüne fahren *(sowie Anspielung auf den Wechsel nach Grün bei einer Ampel)*
l'Opéra *(m)* [lɔpera]	die Oper *(gleichzeitig Metrostation)*
l'air *(m)*	
1. le grand *air*	die frische Luft
2. *l'air* qu'on chante à l'opéra	die Arie
Cambronne [kɑ̃brɔn]	*Metrostation in Paris*
avoir des mots avec qn se fâcher, crier	sich mit jdm. streiten

la gare d'Austerlitz [... dosterlits] une des six gares de Paris	*Bahnhof in Paris (gleichzeitig Metrostation)*
Waterloo [waterlo]	*Ort in Belgien, an dem 1815 Napoleon von den Engländern und den Preußen entscheidend geschlagen wurde*

Révision de grammaire

le Printemps un grand magasin à Paris	*berühmtes Kaufhaus in Paris*
une discothèque [yndiskɔtɛk]	eine Diskothek
le Balajo [ləbalaʒo] une discothèque à Paris	*Diskothek in Paris*

Révision

● *Exprimer le contentement, la joie, l'enthousiasme (m)*
(Zufriedenheit, Freude, Begeisterung ausdrücken)

Je suis très/bien content,e.	Ich bin sehr zufrieden.
Je suis très heureux, -euse.	Ich bin sehr glücklich.
Je suis de bonne humeur.	Ich habe gute Laune.
J'ai de la chance!	Ich habe Glück!
Cela tombe bien.	Das trifft sich gut.
Ah! C'est une bonne idée.	Ach! Das ist eine gute Idee.
Je trouve que c'est une très bonne idée.	Ich finde, das ist eine sehr gute Idee.
L'idée me plaît.	Die Idee gefällt mir.
C'est bien/beau!	Das ist gut/schön!
Je trouve ça bien/beau!	Ich finde das gut/schön!
Bravo!	Bravo!
Ça me plaît bien/beaucoup.	Das gefällt mir gut/sehr.
C'est très intéressant.	Das ist sehr interessant.
J'aime bien/beaucoup.	Ich mag das gerne/sehr.
C'est formidable!	Das ist toll!
C'est super! *(fam)*	Das ist super! *(ugs.)*
C'est magnifique!	Das ist herrlich!
J'adore!	Ich liebe das sehr!
cela m'intéresse de faire qc	es interessiert mich, etw. zu tun

● *Exprimer la tristesse, le regret, l'indifférence (f)*
(Trauer, Bedauern, Gleichgültigkeit ausdrücken)

Je suis très triste.	Ich bin sehr traurig.
Ça me rend vraiment triste.	Das macht mich wirklich traurig.
Je suis très malheureux,-euse.	Ich bin sehr unglücklich.
Est-ce que je fais un mauvais rêve?	Träume ich schlecht?/Habe ich einen Alptraum?
Je n'ai vraiment pas de chance!	Ich habe wirklich kein Glück!
C'est horrible!	Das ist gräßlich/grauenhaft!
J'ai (très) mal.	Es tut mir (sehr) weh.
Qu'est-ce que je vais faire maintenant?	Was soll ich jetzt machen?
Je regrette.	Ich bedaure.
Je suis désolé,e.	Es tut mir leid.
Ça ne m'intéresse pas.	Das interessiert mich nicht.
Je ne m'intéresse pas à ces choses-là.	Ich interessiere mich nicht für solche Sachen.
Ce n'est pas une très bonne idée.	Das ist keine sehr gute Idee.

▸▸

***Ça ne me dit rien.**	Ich habe keine Lust dazu.	**Bof!** *(fam)*	*Ausdruck der Gleichgütigkeit und des Überdrusses (ugs.)*
***Ça m'est égal.**	Das ist mir gleichgültig.		

● *Exprimer la surprise et le mécontentement*
(Überraschung und Verärgerung ausdrücken)

Ah bon?	Ach so?	**C'est toujours la même chose!**	Das ist immer dasselbe!
Ah oui?	Ach ja?	**La barbe!** *(fam)*	So ein Mist! *(ugs.)*
Mais, qu'est-ce que c'est?	Was ist das denn?	**Je ne suis vraiment pas content,e!**	Ich bin wirklich nicht zufrieden!
C'est vrai?	Stimmt das?	**Je suis de mauvaise humeur.**	Ich habe schlechte Laune.
Ce n'est pas vrai! / **Ce n'est pas possible!**	Das darf doch nicht wahr sein!	**ce n'est pas un plaisir de faire qc**	es ist kein Vergnügen, etw. zu tun
Ça alors!	Na so was!	**Quand je vois des choses comme ça, je me fâche!**	Wenn ich so was sehe, werde ich wütend!
Mince alors!	Verflixt noch mal!	**Je suis très fâché,e.**	Ich bin sehr verärgert.
Ah non!	Das gibt's doch wohl nicht!		
Je n'aime pas ça!	Ich mag das nicht!		

**Ausdrücke, die hier zur Vervollständigung zusätzlich eingeführt werden*

Tour Eiffel (Poème)

le cœur [ləkœr]	das Herz
l'acier *(m)* [lasjɛ]	der Stahl
du haut de qc [dyodə]	von der Spitze einer Sache
une antenne [ynɑ̃tɛn]	eine Antenne; *(hier: Anspielung auf die Fernsehantennen auf dem Eiffelturm)*
saluer qn	jdn. grüßen
la Seine [lasɛn]	die Seine *(Fluß, der durch Paris fließt)*
la rive	das Ufer
riveter qc [rivte]	etw. vernieten
mince	dünn/schlank
un squelette [ɛ̃skəlɛt]	ein Skelett
ériger qc	etw. errichten
séduisant,e [sedɥizɑ̃,ɑ̃t]	verführerisch
étrange	seltsam
la beauté	die Schönheit
garder qc	etw. bewachen/behüten
l'identité *(f)* [lidɑ̃tite]	die Identität
grâce à qc [grasa]	dank einer Sache

John (Chanson)

Bramah [brama]	*hinduistische Gottheit*
Jéhovah [ʒeɔva]	*Gott der Juden*
un(e) Indien,-ienne [ɛ̃nɛ̃djɛ̃, ynɛ̃djɛn]	ein(e) Inder(in)
un(e) Sibérien, -ienne [ɛ̃siberjɛ̃, ynsiberjɛn]	ein(e) Bewohner(in) Sibiriens
un(e) Géorgien, -ienne [ɛ̃ʒeɔrʒjɛ̃, ynʒeɔrʒjɛn]	ein(e) Bewohner(in) Georgiens

Dieu [djø]	Gott
Allah [ala]	Allah
Y'a ... [ja] = **Il y a** ...	Es gibt ...
un drapeau [ɛ̃drapo], **des** drapeau**x** [dedrapo]	eine Fahne/Flagge, Fahnen/Flaggen
une couronne [ynkurɔn]	eine Krone
une faucille [ynfosij]	eine Sichel
un marteau, **des** marteau**x**	ein Hammer, Hämmer
Qu'importe! [kɛ̃pɔrt]	Es ist gleichgültig!
John est mort.	John ist gestorben.
un vol	ein Flug
plein,e [plɛ̃, plɛn]	voll
en plein vol	mitten im Flug
au large de	vor der Küste/auf der Höhe von
Hanoï [anɔj]	*Hauptstadt Vietnams*
Madrid [madrid]	*Hauptstadt Spaniens*
une flamme [ynflam]	eine Flamme
au sud de [osyddə]	südlich von
Bagdad [bagdad]	*Hauptstadt Iraks*
Port-Saïd [pɔrsaid]	*Stadt in Ägypten*
l'amour *(m)* [lamur]	die Liebe
C'était il y a mille ans. [setɛ ...]	Das war so vor 1000 Jahren.
le Loir-et-Cher [ləlwareʃɛr]	*Departement in Zentralfrankreich*
une tente [yntɑ̃t]	ein Zelt
Berlin [bɛrlɛ̃]	Berlin
Pékin [pekɛ̃]	*Hauptstadt Chinas*
Vishnou [viʃnu]	*hinduistische Gottheit*
le Mékong [ləmekɔ̃g]	*Fluß in Vietnam*
au nord de [onɔrdə]	nördlich von
une rizière [ynrizjɛr]	ein Reisfeld
Haïphong [aifɔ̃g]	*Stadt in Vietnam*

Liste des mots

- Die Zahlen und Buchstaben verweisen auf das erstmalige Vorkommen der Wörter und Wendungen, z. B. **une adresse 9 A** 96,1 = Leçon 9 A, Seite 96, Exercice 1.
- P = Perfectionnement; HV = Hörverstehenstext (Compréhension orale).
- ⟨ ⟩ = Diese Wörter und Wendungen kommen in den Liedern und Gedichten vor.
- Die Wörter und Wendungen, die in den Texten des Perfectionnement, in den Hörverstehenstexten sowie in den Liedern und Gedichten vorkommen, werden in den folgenden Lektionen nicht als bekannt vorausgesetzt. Sie werden deshalb beim zweiten Auftreten erneut aufgeführt.
- *f = féminin; m = masculin; pl = pluriel.*

A

à 1 B 13
montrer un prospectus à un monsieur **2 A** 17
donner des informations aux touristes **2 A** 17
A qui? **3 B** 29
Il pense à elle. **7 A** 72
réfléchir à qc **7 A** 75, 5
retour à Autun **1 B** 13
travailler à l'office de tourisme **2 A** 17
être au lycée **2 A** 17
habiter à Autun **2 A** 17
travailler à Autun **2 A** 17
arriver à la maison **2 A** 17
au Creusot **2 B** 22
rester au lit **2 B** 22
rester à la maison **2 B** 22
être à la retraite **2 P** 25
habiter à ... km (de...) **4 B** 39
aller à/chez **4 B** 39
être à table **5 C** 54
venir à **7 B** 76
tourner à gauche **9 A** 95
Au revoir. **1 B** 15, 5
à minuit **2 B** 22
à quelle heure **2 B** 22
à onze heures **2 B** 22
à midi **2 B** 22
de...à **2 B** 23, 2
A demain! **3 B** 29
à la fin **3 C** 32
au mois de/d'... **4 B** 39
au printemps **5 B** 51
du matin au soir **5 C** 54
A bientôt! **8 C** 90
C'est à toi? *(Gehört das dir?)* **4 B** 43, 4
une bouteille à ... francs **5 A** 49
C'est à vous? *(Sind Sie dran?)* **6 B** 62
aller à pied **8 B** 86
Il n'est pas à ma taille. **9 B** 97
à bon marché **10 B** 111
être à un prix intéressant **10 B** 112
rouler au pas **10 HV** 119
jouer à (un jeu) **3 P** 35; **7 B** 77
j'ai qc à faire **4 B** 39
inviter qn à faire qc **5 A** 49
apprendre à faire qc **5 B** 51
aider qn à faire qc **5 B** 51
C'est intéressant à ... **7 B** 77
continuer à faire qc **8 B** 87
se mettre à faire qc **9 C** 100
chercher à faire qc **9 P** 106
il vous reste qc à faire **10 A** 107
au milieu de **8 B** 86
à côté de **8 B** 86
à droite de **8 B** 86
à gauche de **8 B** 86
à travers **10 A** 109
au bout de **10 P** 118
au bord de **5 P** 58; **7 B** 77
une machine à phrases **2 A** 21, 4
une machine à écrire **4 B** 42, 1
un moule à tarte **6 A** 60
une tarte au citron **6 A** 60
une salle à manger **6 C** 65
une omelette au fromage **6 P** 69
un œuf à la crème **6 P** 69
un verre à eau **7 HV** 82
un sandwich au jambon **10 B** 112
le coq au vin **5 P** 58; **6 P** 69
à part ça 9 C 100
à peu près 5 B 51
aboyer 9 C 102, 3
accepter qc 9 P 106
accompagner qn 6 C 65
l'accordéon *m* **3 P** 35
l'accueil *m* **8 A** 84
acheter qc 6 B 62
s'acheter qc **9 B** 97
l'acier *m* ⟨120⟩
un acteur/une actrice 10 A 109
une activité 9 HV 105
l'addition *f* **6 P** 69; **7 A** 72
admirer qn 10 P 118
adorer qc 10 A 107
une adresse 9 A 96, 1
s'adresser à qn 10 B 112
un/une adulte 3 A 26
un aéroport 8 B 86
une affaire ⟨71⟩
les affaires *f (pl)* **8 B** 87
l'âge *m* **3 A** 26
une agence 8 HV 94
une agence de voyages **8 HV** 94
un agent 8 B 87
un agent de police **8 B** 87
il s'**agit** de **10 B** 112
Ah! 1 B 13
Ah non! **1 B** 13
Ah bon? **3 B** 29
Ah non, alors! **3 P** 35
aider qn 5 A 50, 2
aider qn à faire qc **5 B** 51
l'ail *m* **6 B** 62
aimer qn/qc 2 P 25; **3 A** 26
aimer bien **4 A** 38, 3
aimer faire qc **3 A** 26
aimer mieux **3 B** 29
aimer mieux faire qc **3 B** 31, 6
l'air *m (das Aussehen/die Luft)* **9 A** 95
avoir l'air pauvre *m* **9 A** 95
avoir l'air de qc *m* **9 B** 97
un air *(eine Arie)* **10 HV** 120
ajouter qc à qc 5 B 51
un aliboron 10 P 118
un Allemand/une Allemande 3 HV 36; **8 A** 84
allemand/allemande 8 A 85, 1
en allemand **3 A** 27, 2
un exercice d'allemand **3 A** 27, 2
l'allemand *(Unterrichtsfach)* **4 C** 40
faire de l'allemand **5 B** 51
savoir l'allemand **5 B** 51
aller 4 A 37
Ça va? **1 B** 13
Comment ça va? **1 P** 16
aller en Allemagne **4 B** 39
aller à/chez **4 B** 39
aller faire qc *(futur composé)* **5 C** 54
aller mieux **6 B** 62
aller voir qn/qc **8 A** 84
aller à pied **8 B** 86
Allez! On y va! **8 P** 93
Vas-y!/Allons-y! **9 B** 97
aller chercher qc **9 B** 97
Le jaune va bien avec le bleu. **9 B** 97
Allô? 3 B 29
alors 2 B 22
Ah non, alors! **3 P** 35
Ça alors! **5 C** 54
ou alors **8 B** 87
Mince alors! **9 C** 100
l'ambiance *f* **8 C** 90
un ami/une amie 1 A 10
être très amis **3 B** 29
amicalement 5 B 51
l'amour *m* ⟨120⟩
s'amuser 10 P 118
un an 3 A 26
un âne 10 P 118
un Anglais/une Anglaise 8 A 84
anglais/anglaise 4 P 46; **8 A** 84
en anglais **4 P** 46
une année ⟨71⟩; **10 P** 118
un anniversaire 6 A 60
Bon anniversaire! **6 B** 62
une annonce 2 A 17
annoncer qc 2 P 25
un anorak 9 B 97
une antenne ⟨120⟩
août *m* **4 A** 37
un apéritif 5 C 54
un appartement 2 B 22
appeler qn/qc *(anrufen/rufen/nennen)* **6 C** 65
je m'appelle **1 P** 16
s'appeler **10 A** 107
l'appétit *m* **6 C** 64
Bon appétit! **6 C** 64

apporter qc 2 B 22
apprendre qc 5 B 51
apprendre à faire qc **5 B** 51
un apprentissage 4 P 47
après 4 A 37
un après-midi 4 B 39
à propos 8 C 90
arabe 10 A 108
un arbre 7 A 72
un architecte 10 B 113
l'argent *m* **7 A** 72
avoir des problèmes d'argent **7 A** 72
une armée 8 P 93
un arrêt 8 B 86
un arrêt de bus **8 B** 86
arrêter qc *(mit etw. aufhören)* **4 A** 37
Arrêtez-vous. ⟨71⟩
arrêter qn 8 P 93
s'arrêter **9 C** 100
les arrhes *f (pl)* **9 P** 106
arriver 2 A 17
arriver à la maison **2 A** 17
un arrondissement 10 B 113
l'art *m* **10 A** 109
un article 4 A 37
un artiste 10 P 118
assez 6 A 61, 1
assez de **6 A** 61, 1
assiéger qc 10 HV 120
une assiette 1 B 13
une assiette de charcuterie **6 P** 69
l'athlétisme *m* **3 P** 35
attaquer qn 9 P 104
attendre qn/qc 4 C 40
l'attention *f* **9 B** 97
attirer qn 10 P 118
au total 5 A 49
une auberge de jeunesse 3 A 28, 5
aujourd'hui 2 B 22
aussi 1 A 10
moi aussi **2 B** 22
un auteur 10 A 110, 2
une auto 10 HV 120
l'automne *m* **5 B** 51
en automne **5 B** 51
une autoroute 5 P 58
autour de 6 C 64
autre
un autre monument **2 A** 19
un autre/une autre/les autres **4 A** 37
en d'autres mots **4 P** 46
un Autrichien/
une Autrichienne 8 A 84
autrichien/autrichienne 8 A 85, 1
avant 4 B 39
avec 1 A 10
Et avec ça? **6 B** 62
Le jaune va bien avec le bleu. **9 B** 97
un aven 9 C 100
une avenue 9 P 106
un avion 8 A 84
avoir 3 A 26
avoir le temps **3 B** 29
avoir le temps de faire qc **3 B** 29
avoir le téléphone **3 B** 31, 6
avoir peur **3 C** 32
avoir mal **3 C** 32
Vous avez l'heure? **3 C** 33, 3
avoir classe **4 B** 39
avoir le bonjour de qn **4 B** 39
j'ai qc à faire **4 B** 39
avoir faim **6 C** 64
avoir soif **6 C** 67, 8
avoir une petite heure **7 A** 72
avoir de la chance **7 A** 73
avoir chaud **9 B** 98, 1
avoir des mots *(sich streiten)*
10 HV 120
avoir lieu **10 P** 118
avril *m* **4 B** 43, 6

B

un baccalauréat 4 P 47
un bac **4 P** 47
un baccalauréat d'enseignement général **4 P** 47
un baccalauréat technologique **4 P** 47
une baguette 2 B 22
un bain 5 P 59
une banane 6 P 69
une bande dessinée 8 P 92
une banque 9 B 97
le bar 2 P 25
une barbe 2 B 22
La barbe! **2 B** 22
une basilique 3 HV 36; **5 P** 59; **10 P** 118
une bataille 8 B 89, 4
un bâtiment 10 A 107
beau/bel/belle 9 A 95
Il fait beau. **5 C** 54
beaucoup 4 B 39
beaucoup de **6 A** 60
la beauté 5 P 59; ⟨120⟩
C'est d'une beauté! **5 P** 59
un Belge/une Belge 8 A 84
belge 8 A 85, 1
une bête 9 C 100
le beurre 6 A 60
un jambon beurre **10 B** 112
beurrer qc 6 A 60
une bibliothèque 10 A 107
bien 1 B 13
aimer bien **2 P** 25; **4 A** 38, 3
c'est bien d'avoir... **3 C** 32
Je veux bien. **5 B** 53, 4
être bien content/contente **7 B** 77
Cela tombe bien. **8 A** 84
Le jaune va bien avec le bleu. **9 B** 97
un garçon très bien **5 B** 51
C'est bien ça? **4 A** 37
Eh bien! **4 C** 40
bien sûr 4 B 43, 6
bientôt 8 C 90
A bientôt! **8 C** 90
la bière 6 A 61, 1
un billet *(Eintrittskarte/Fahrschein/Geldschein)* **7 B** 80, 5
bizarre 8 B 87
blanc/blanche 7 B 77
un vin blanc **5 A** 49
bleu/bleue 7 B 77
un bœuf/des bœufs 5 P 58; **6 B** 62
le bœuf bourguignon **6 B** 62
Bof! 2 B 22
boire qc 6 C 64
une boisson 6 A 61, 1
une boîte 6 B 62
une boîte de **6 B** 62
bon/bonne 7 A 72
Ah bon? **3 B** 29
Bon rétablissement! **3 B** 30, 3
Bon anniversaire! **6 B** 62
Bon appétit! **6 C** 64
Bonne nuit! **9 C** 100
sentir bon **7 P** 82
la bonne station *(die richtige Station)* **10 B** 113
bon marché 10 B 111
à bon marché **10 B** 111
Bonjour. 1 B 13
avoir le bonjour de qn **4 B** 39
donner le bonjour à qn **5 B** 51
le bord 7 B 77
au bord de **5 P** 58; **7 B** 77
une boucherie 6 B 62
une boucherie-charcuterie **6 B** 62
le bouchon *(Zielkugel)* **8 P** 93
bouffer qc 10 B 112
un «bouffe-vite» **10 B** 112
la bouillabaisse 8 P 93
bouillir 6 A 60
faire bouillir **6 A** 60
une boulangerie 6 B 62
une boulangerie-pâtisserie **6 B** 62
une boule 6 A 60
(eine Boulekugel) **7 B** 77
un boulevard 10 A 111, 3
les Grands Boulevards **10 A** 111, 3
le bourgogne *(Weinsorte)* **5 A** 49
au bout de 10 P 118
une bouteille 5 A 49
une bouteille de vin **5 A** 49
une brasserie 10 B 112
Bravo! 3 C 32
un BEP 4 P 47
briller 10 B 112
une brosse à dents 7 P 82
le brouillard 9 C 100
un bruit 9 A 95
brûler 7 B 77
un bureau/des bureaux 10 B 113
un bureau de tabac **10 B** 113
un bus 8 B 86
un arrêt de bus **8 B** 86
une butte 10 P 118

C

ça 1 B 13
Ça va? **1 B** 13
Comment ça va? **1 P** 16
Comme ci, comme ça. **1 P** 16
Ça sonne. **2 HV** 25
C'est ça. **3 B** 30, 1
Ça commence. **3 C** 32
C'est bien ça? **4 A** 37
Ça alors! **5 C** 54
comme ça **5 P** 58
Ça fait combien? **6 B** 62
Et avec ça? **6 B** 62
Ça a très bien marché. **8 A** 84
le café *(der Kaffee/das Wirtshaus)*
2 P 25; **6 A** 61, 1
le «Café des écoles» **2 P** 25
un cahier 1 P 16
la caisse 6 B 62
se calmer 9 B 97
un/une camarade 4 A 37
une caméra 3 C 32
une caméra vidéo 4 A 38, 2
un camping 3 P 36; **7 HV** 82; **10 B** 112
un canal/des canaux 5 P 58
un canoë 1 A 10
un centre de canoë **1 A** 10
une cantine 4 B 39
la capitale 10 A 107
un car 3 HV 36; **9 P** 106
car 10 B 113
une carafe 6 P 69; **7 HV** 82
un carnet 10 B 112
la carrosserie 4 P 47

une carotte 10 P 118
un carrefour 5 P 58
une carte 1 P 16; **4 A** 38, 3
une carte postale 7 HV 82
les cartes *f (pl) (Kartenspiel)* **3 P** 35
un casino 8 B 88, 2
casser qc 5 C 54
le cassis 6 C 64
une catastrophe 8 P 93
une cathédrale 2 A 19
un causse 9 C 100
une cave *(ein Keller/ein Weinkeller)* **5 A** 49
une cave *(eine Höhle)* **9 C** 100
ce 1 A 10
c'est **1 A** 10
ce sont **1 A** 10
Qui est-ce? **1 A** 11, 1
moi, c'est **1 P** 16
est-ce que **2 B** 22
c'est nous **3 A** 26
Qu'est-ce que vous faites? **3 A** 26
c'est moi **3 B** 29
C'est ça. **3 B** 30, 1
c'est pourquoi **3 HV** 36
C'est pas mal. **3 P** 35; **8 A** 84
C'est bien ça? **4 A** 37
C'est à toi? *(Gehört das dir?)* **4 A**, 4
Bernard, c'est moi. **4 C** 41
C'est tout? **6 B** 62
C'est à vous? *(Sind Sie dran?)* **6 B** 62
ce que **10 B** 112
ce qui **10 B** 112
ce/cet/cette/ces (...-là) 9 B 97
cela 5 A 49
Cela tombe bien. **8 A** 84
cent 5 A 49
un centimètre 9 P 104; **10 B** 112
un centre 1 A 10
un centre de canoë **1 A** 10
le centre d'Autun **2 HV** 25
le centre de la France **3 A** 26
le Centre d'Accueil des Jeunes en France **10 B** 112
le centre-ville 6 B 62
une chaise 1 P 16
une chambre 2 B 22
un champ 7 A 73
un champion/une championne 10 B 113
la chance 7 A 73
avoir de la chance **7 A** 73
changer *(umsteigen)* **10 B** 113
une chanson ⟨71⟩
chanter qc 3 A 26
chaque 8 P 93
une/la charcuterie 6 B 62
une boucherie-charcuterie **6 B** 62
une assiette de charcuterie **6 P** 69
la chasse 9 P 104
un chasseur 9 P 104
un chat/une chatte 5 B 51
un château/des châteaux 10 B 113
chaud/chaude
il fait chaud **5 C** 54
avoir chaud **9 B** 98, 1
le chauffage 9 P 106
chauffer qc 6 A 60
un chauffeur 8 B 87
un chauffeur de taxi **8 B** 87
une chaussure 9 B 97
des chaussures de randonnée **9 B** 97
un chef 4 A 37
une rédactrice en chef **4 A** 37

un chemin 9 P 106
un chemin de grande randonnée (G.R.) **9 P** 106
une cheminée 9 A 95
une chemise 9 B 97
un chemisier 9 B 97
cher/chère *(lieb)* **5 B** 51
cher/chère *(teuer)* **8 C** 92, 5
pour pas cher **10 B** 112
chercher qn/qc 2 A 17
aller chercher qc **9 B** 97
chercher à faire qc **9 P** 106
chez 2 A 17
travailler chez Neyrat **2 A** 17
chez les Leroux **2 B** 22
aller à/chez **4 B** 39
un chien 1 A 10
choisir qc 7 A 72
une chose 10 A 107
ci 1 P 16
Comme ci, comme ça. **1 P** 16
le ciel 5 C 54
un cimetière 10 B 113
le cinéma 4 B 39
une cinémathèque 10 A 107
la cinquième *(Klasse)* **4 B** 39
circuler 10 B 112
une cité 2 A 17
un citron 6 A 60
une tarte au citron **6 A** 60
une classe 1 P 16; **2 B** 23, 2
travailler en classe **2 B** 23, 2
avoir classe **4 B** 39
une clé 9 A 95
un client/une cliente 2 P 25; **5 A** 49
un client d'Allemagne **5 A** 49
un club 4 A 37
un club journal **4 A** 37
le cœur ⟨120⟩
un collège 2 A 17
un/une collègue 6 HV 70; **10 B** 116, 7
une colline 10 P 118
combien 3 A 26
combien de **3 A** 26
On est/Nous sommes/C'est le combien,aujourd'hui? **4 B** 42, 1
Ça fait combien? **6 B** 62
commander qc *(etw. bestellen)* **5 A** 49
commander qn *(jdm. befehlen)* **9 P** 104
comme
Comme ci, comme ça. **1 P** 16
comme ça **5 P** 58
comme toujours **2 P** 25
comme ton père **5 B** 51
Qu'est-ce que vous faites comme danses? **3 A** 26
comme ça nous plaît **5 B** 51
commencer qc 6 C 64
ça commence **3 C** 32
commencer par qc **6 C** 64
comment 4 B 39
Comment ça va? **1 P** 16
un commissaire 8 C 91, 1
un commissariat 8 B 87
une complainte 10 HV 120
complet 3 HV 36
un complot 8 B 87
comprendre qn/qc 4 P 46; **5 B** 51
compter qc 10 B 113
un concert 7 B 80, 5
un concours 4 P 47
une conférence 8 A 84
tenir une conférence avec qn **8 B** 89, 3

la confiture 6 HV 70
un congrès 8 A 84
le Palais des Congrès **8 A** 84
un/une congressiste 8 A 84
un connaisseur 10 P 118
des connaissances *f (pl)* **10 A** 107
connaître qn/qc 10 B 111
connu/connue 10 A 110, 2
un conseil 10 B 111
la consigne 8 B 87
construire qc 10 A 107
contacter qn 3 A 26
un conte 9 P 104
content/contente 7 B 77
être content de (faire) qc **7 B** 77
continuer qc 5 B 51
continuer à faire qc **5 B** 51
contre 8 B 87
un copain/une copine 4 A 37
un coq 5 P 58; **6 P** 69
le coq au vin **5 P** 58; **6 P** 69
un cornet 6 B 62
un cornet de **6 B** 62
le corps 9 P 104
un(e) correspondant(e) 4 C 40
corriger qc 4 B 39
un costume 3 B 29
en costume **3 C** 32
un costume du dimanche **4 HV** 46
un costume de l'époque **5 HV** 59
une côte
la Côte de Beaune/la Côte de Nuits **5 A** 49
la côte d'Azur **7 B** 76
à côté de 8 B 87
une côtelette 1 B 13
une côtelette de porc **6 P** 69
un coucher de soleil 10 P 118
une couleur 9 B 97
un coup 3 B 29
un coup de téléphone **3 B** 29
donner les trois coups **5 HV** 59
une cour 5 C 54
courant/courante (ct) 9 P 106
un coureur 10 B 113
une couronne ⟨120⟩
un cours 4 B 39
une heure de cours **4 B** 39
un cours *(Straße)* **7 A** 72
une course *(ein Wettrennen)* **10 B** 113
les courses *f (pl)* **6 B** 62
faire des/les courses **6 B** 62
un couteau/des couteaux 6 C 65
coûter 7 HV 82; **9 B** 97
un couvert *(ein Gedeck/ein Besteck)* **6 C** 64
cracher qc 5 A 49
la crème 6 A 60
la crème de cassis **6 C** 64
un œuf à la crème **6 P** 69
la crème solaire **7 P** 82
une crêpe 6 A 61, 2
crier 3 C 32
un criminel/une criminelle 8 P 93
une critique *(eine Kritik)* **10 P** 118
un critique *(ein Kritiker/eine Kritikerin)* **10 P** 118
un croissant 6 HV 70
un croque-monsieur 10 B 112
une cuillère 6 A 60
une cuillère de **6 A** 60
une cuisine 1 B 13
un cuisinier/une cuisinière 4 P 47
cultiver qc 7 A 73
la culture 10 A 109

D

E

l' eau *f* **1 A** 10
l'eau minérale *f* **6 A** 61, 1
un échange 4 A 37
échanger qc 8 B 87
les échecs *m (pl)* **3 P** 35
l'écho *m* **4 A** 37
éclater 5 C 54
une école 2 B 22
le «Café des écoles» **2 P** 25
l'école élémentaire **4 P** 47
l'école maternelle **4 P** 47
écouter qc/qn 2 B 22
écouter la radio **3 B** 30, 2
écrire qc à qn 4 A 37
écrire que **4 A** 37
une machine à écrire **4 B** 42, 1
un écrivain 8 P 94; **10 P** 118
une église 5 HV 59; **5 P** 59; **7 A** 73
Eh! 2 B 22
Eh bien,... **4 C** 40
Eh oui! **5 P** 58
un/une élève 1 P 16; **2 A** 17
elle 1 A 10, 1
elles 1 A 10
embrasser qn 6 B 62
une émission 10 B 111
en
être en vacances **1 A** 10
en France **1 A** 12, 3
en Bourgogne **2 A** 17
travailler en classe **2 B** 23, 2
en Allemagne **4 A** 37
aller en Allemagne **4 B** 39
descendre en Provence **5 P** 58
en (+ mois) **4 B** 39
en hiver **5 A** 49
en automne **5 B** 51
en été **5 B** 51
en allemand **3 A** 27, 2
en costume **3 C** 32
danser en groupe **3 C** 32
être en troisième **4 A** 37
avoir dix en français **4 C** 40
en anglais **4 P** 46
en d'autres mots **4 P** 46
en voiture **5 P** 58
en train **5 P** 58
en pierre naturelle **9 A** 95
être en danger **10 HV** 120
en face de **8 B** 86
une rédactrice en chef **4 A** 37
un mouchoir en papier **7 P** 82
il en prend **6 C** 64
il en parle **6 C** 65
J'en suis heureux. **7 B** 76
J'en sors. **7 B** 77
Je vous en prie. **8 B** 88, 2
encaisser qc 9 B 97
encore 2 B 22
un endroit ⟨71⟩
un/une enfant 2 B 22
enfin ⟨71⟩; **8 P** 93
énorme 9 C 100
un ensemble 9 A 95
ensemble 2 B 22
ensuite 4 P 47; **5 A** 49
entendre qn/qc 9 A 95
Il a dû les entendre arriver. **9 A** 95
entier/entière 10 A 107
entre 4 A 37
une entrée 6 B 62
une entreprise 4 P 47
entrer 2 B 22
l'environnement *m* **10 B** 113
une épicerie 6 B 62
une époque 2 A 18; **5 HV** 59
être de l'époque des Romains **2 A** 18
ériger qc ⟨120⟩
un escalier 9 A 95
un escargot 5 P 58; **6 B** 62
un Espagnol/une Espagnole 8 A 84
espagnol/espagnole 8 A 84
espérer qc 8 B 87
espérer que **8 B** 87
essayer qc 9 B 97
essayer de faire qc **9 B** 97
l'essence *f* **7 A** 73
l'essence de lavande **7 A** 73
s'essuyer 7 P 82
et 1 A 10
un étage 4 A 37
étaler qc 6 A 60
l'été *m* **5 B** 51
en été **5 B** 51
les vacances d'été **5 B** 51
étendu/étendue ⟨71⟩
une étoile 10 A 107
un hôtel une étoile **10 B** 112
étrange ⟨120⟩
un étranger/une étrangère 10 A 107
être
il est/ils sont **1 A** 10
c'est/ce sont **1 A** 10
Qui est-ce? **1 A** 11, 1
Qui est/sont...? **1 A** 11, 1
Où est/sont...? **1 A** 11, 1
je suis/tu es/nous sommes/vous êtes **1 B** 13
moi, c'est **1 P** 16
c'est moi **3 B** 29
c'est nous **3 A** 26
est-ce que **2 B** 22
Qu'est-ce que vous faites? **3 A** 26
C'est ça. **3 B** 30, 1
C'est bien ça? **4 A** 37
C'est à toi? *(Gehört das dir?)* **4 B** 43, 4
C'est à vous? *(Sind Sie dran?)* **6 B** 62
c'est pourquoi **3 HV** 36
C'est pas mal. **3 P** 35; **8 A** 84
C'est tout? **6 B** 62
On est/Nous sommes/ C'est le combien, aujourd'hui? **4 B** 42, 1
c'était... ⟨120⟩
les études *f (pl)* **4 C** 40
faire des études de ... **4 P** 47
faire des études de droit **5 B** 51
un étudiant/une étudiante 7 A 72
Euh! 4 B 39
un eurochèque 9 B 97
un Européen/une Européenne 8 A 85, 1
européen/européenne 8 A 84
un examen 4 P 47
une excursion 3 B 29
un exemple 3 B 29
par exemple **3 B** 29
exister 10 B 111
expliquer qc à qn 4 P 46; **8 A** 84
exporter qc 7 B 76
une exposition 8 B 86
une exposition universelle **10 A** 107
une expression 4 P 46
extraordinaire 9 P 104

F

fabriquer qc 2 A 17
en face de 8 B 86
se fâcher 9 B 97
facile 9 A 95
une façon 9 B 97
de toute façon **9 B** 97
fada 8 P 93
la faim 6 C 64
avoir faim **6 C** 64
faire 3 A 26
Ça fait combien? **6 B** 62
Ça fait...ans que... **9 A** 95
Que font...? **2 B** 22
Que fait...? **2 B** 22
faire de la danse **3 A** 26
faire des études de ... **4 P** 47
faire de l'allemand **5 B** 51
faire les vendanges **5 B** 51
faire des études de droit **5 B** 51
Le dos fait mal. **5 C** 54
faire bouillir **6 A** 60
faire des/les courses **6 B** 62
faire du ski **7 A** 73
faire un tour **7 B** 76
faire un mauvais rêve **7 B** 77
faire sa toilette **7 P** 82
Ne fais pas le malin! **8 A** 84
faire l'interprète **8 B** 87
faire sa valise **8 C** 92, 4
faire de la planche à voile **9 HV** 105
faire de la voile **9 HV** 105
Il fait beau. **5 C** 54
Il fait chaud. **5 C** 54
Il fait froid. **5 C** 55, 1
Quel temps fait-il? **5 C** 55, 1
Il fait un temps magnifique. **7 B** 76
falloir 6 A 60
il (me) faut (faire) qc **6 A** 60
une famille 5 B 51
une photo de famille **5 B** 51
fantastique 9 P 104
une farce 10 P 118
la farine 6 A 60
une faucille ⟨120⟩
féliciter qn 6 C 64
une femme 5 HV 59; **8 HV** 94; **9 C** 100
une fenêtre 3 C 34, 4
le fer 5 P 59
travailler le fer **5 P** 59
une ferme 9 B 97
fermer qc 4 HV 46; **6 C** 67, 8
un festival/des festivals 6 HV 70; **7 B** 80, 5
une fête 2 A 19; **6 A** 60
un repas de fête **6 A** 60
la fête du 14 juillet **10 B** 113
fêter qc 5 C 54
un feu/des feux 7 B 77
février *m* **4 B** 43, 6
une fille *(ein Mädchen)* **1 A** 10
la fille *(die Tochter)* **5 A** 49
un film 3 HV 36; **6 HV** 70; **9 B** 97
filmer qc/qn 3 C 32
la fin 3 C 32
à la fin **3 C** 32
finir qc 7 A 73
fixer qc à qc 10 P 118
un Flamand/une Flamande 8 B 87
une flamme ⟨120⟩
une flèche 10 A 107

G

H

I

J

K

Liste des mots

L

là 1 A 10
un lac 3 A 28, 4
laid/laide 7 B 77
la laine 9 B 97
une veste de laine 9 B 97
le lait 6 A 60
une lampe 1 P 16
une langue 4 P 47; 8 A 84
large 9 B 97
au large de ⟨120⟩
un lavabo 7 P 82; 9 A 95
la lavande 7 A 73
l'essence de lavande 7 A 73
se laver 7 P 82; 9 B 97
une légende 9 P 104
un légume 6 C 64
une lettre 5 B 51
leur/leurs *(Possessivbegleiter)* 4 B 39
se lever 9 B 97
se lever le premier/la première 9 B 97
le/la/l'/les *(Art.)* 1 A 10
le + Wochentag 4 A 37
le/la/l'/les *(Obj.pron.)* 5 A 49
le/la/les voilà 5 C 54
libre 8 A 84
avoir lieu 10 P 118
la limonade 6 A 61, 1
le linge ⟨71⟩
lire qc 4 B 39
un lit 2 B 22
rester au lit 2 B 22
un litre 6 A 60
un litre de 6 A 60
un livre 1 P 16; 4 B 39
une locomotive 5 P 59
loger
loger qn 9 P 106
se loger 9 P 106; 10 B 112
loin de 8 B 86
les loisirs *m (pl)* 4 A 37
long/longue 9 B 97
longtemps ⟨71⟩
un loup 9 HV 105; 9 P 104
lui/leur 5 A 49
lui/elle/eux/elles 7 A 72
un/le lundi 4 B 39
un lycée 2 A 17
être au lycée 2 A 17
un lycée professionnel 4 P 47
un lycée d'enseignement général/technique 4 P 47
le lycée viticole 5 B 51

M

une machine 2 A 21, 4
une machine à phrases 2 A 21, 4
une machine à écrire 4 B 42, 1
madame (Mme)/mesdames 1 B 13
mademoiselle (Mlle)/mesdemoiselles 1 B 13
un magasin 3 C 32
un magasin de journaux 3 C 32
magnifique 7 B 77
mai *m* 4 B 43, 6
maigrichon/maigrichonne 8 P 93
un maillot 10 B 113
le maillot jaune 10 B 113
une main 8 B 86
maintenant 3 A 26
le maire 10 B 115, 5
mais 1 B 13
une maison 2 A 17
à la maison 2 B 22
une maison de jeunes 9 P 106
mal 1 P 16
Pas mal. 1 P 16
C'est pas mal. 3 P 35; 8 A 84
avoir mal 3 C 32
Le dos fait mal. 5 C 54
La vitre ferme mal. 9 A 95
malade 2 B 24, 6
un malheur 5 C 54
Ne parle pas de malheur! 5 C 54
malheureux/malheureuse 7 A 72
un malin/une maline 8 A 84
Ne fais pas le malin! 8 A 84
une mallette 8 B 87
une maman 1 B 13
manger qc 6 C 64
une salle à manger 6 C 65
manquer ⟨71⟩
se maquiller 10 A 107
un marchand/une marchande 5 A 49
un marchand de vin 5 A 49
un marché 2 A 19
marcher 8 A 84
Ça a marché. 8 A 84
un/le mardi 4 A 37
le mari 2 P 25
se marier 9 C 100
un mark *(eine Mark)* 8 C 92, 4
mars *m* 4 B 43, 6
un(e) Marseillais(e) 10 B 115, 5
un marteau/des marteaux ⟨120⟩
un massacre 8 P 93; 9 P 104
les mathématiques *f (pl)* 4 C 40
les maths *(Schülersprache)* 4 C 40
le matin 4 B 39
du matin au soir 5 C 54
le matin du 8 octobre 5 C 54
mauvais/mauvaise 7 A 72
être de mauvaise humeur 7 A 72
faire un mauvais rêve 7 B 77
me/te/nous/vous 5 B 51
un mélange 6 A 60
mélanger qc et qc 6 A 60
même *(sogar)* ⟨71⟩; 10 B 112
même 7 A 72
le/la même + Nomen 7 A 72
un menu *(eine Speisenfolge)* 6 HV 70
un menu *(eine Speisekarte)* 6 P 69; 10 B 112
la mer 7 B 77
merci 1 B 13
un/le mercredi 4 B 39
la mère 1 B 13
une messe 9 P 104
un mètre 9 A 95
le métro 10 A 107
un ticket de métro 10 B 112
mettre qc 6 A 60
mettre la table 6 C 66, 3
mettre un pull 9 B 97
se mettre à faire qc 9 C 100
un meuble 3 B 29
la Foire du Meuble 3 B 29
midi *m* 2 B 22
à midi 2 B 22
mieux 3 B 29
aimer mieux 3 B 29
aimer mieux faire qc 3 B 31, 6
aller mieux 6 B 62
au milieu de 8 B 86
mille 5 A 49
un millimètre 7 P 83
un million 5 P 58
des millions de 5 P 58
mince ⟨120⟩
Mince alors! 9 B 97
le Minitel 4 C 40
minuit *m* 2 B 22
à minuit 2 B 22
une minute 2 B 22
Minute! 2 B 22
une mobylette 7 B 81, 7
la mode 9 B 97
moderne 3 A 26
moi 1 B 13
moi, c'est 1 P 16
c'est moi 3 B 29
Bernard, c'est moi. 4 C 41
moi aussi 2 B 22
pas moi 3 B 29
moins 2 B 22
Il est 8 heures moins le quart. 2 B 22
un mois 2 P 25; 4 B 39
au mois de/d'... 4 B 39
par mois 4 B 39
mon/ma/mes 4 A 37
le monde 10 A 107
monsieur (M.)/messieurs 1 B 13
m'sieur 2 P 25
une montagne 7 B 76
monter 5 P 58
monter à qc 7 A 73
montrer qc à qn 2 A 17
un monument 2 A 19
se moquer de qn 10 P 118
un morceau/des morceaux 6 C 64
un morceau de 6 C 64
mort/morte 7 B 77
un mot 4 P 46
en d'autres mots 4 P 46
avoir des mots *(streiten)* 10 HV 120
un moteur 9 A 95
se moucher 7 P 82
un mouchoir 7 P 82
un mouchoir en papier 7 P 82
un moule 6 A 60
un moule à tarte 6 A 60
un mouton 9 B 97
un moyen 10 B 111
un moyen de transport 10 B 111
un musée 8 B 87
la musique 3 A 26
un instrument de musique 3 B 31, 6
mystérieux/mystérieuse 9 C 100

N

nager 9 HV 105
la natation 3 P 35
national/nationale (-aux) 9 HV 105; 10 A 107
un Parc National 9 HV 105
la nature 9 P 104; 9 HV 105
naturel/naturelle 9 A 95
ne 3 B 29
ne...pas 3 B 29
ne...pas de 3 B 29
Ce n'est pas un problème. 3 C 32
ne...jamais 10 B 113
ne...rien ⟨71⟩; 10 B 113
Rien ne... 10 B 113
ne...personne 10 B 113
Personne ne... 10 B 113

la neige 7 P 83
neiger 5 C 55, 1
Il neige. 5 C 55, 1
Noël *m* 5 A 50, 3
noir/noire 7 B 77
un nom 4 P 47; 5 A 49
un nombre 10 B 113
non 1 B 13
Ah non! 1 B 13
Ah non, alors! 3 P 35
au nord de ⟨120⟩
notre/nos 4 A 37
nous 1 B 13
c'est nous 3 A 26
nouveau/nouvel/nouvelle 9 B 97
une ville nouvelle 10 B 113
novembre *m* 4 B 43, 6
un nuage 5 C 54
une nuit 9 C 100
Bonne nuit! 9 C 100
un numéro 4 A 37
un numéro spécial 4 A 37
un numéro de téléphone 4 B 43, 7

O

octobre *m* 4 A 37
un œuf/des œufs 6 A 60
un jaune d'œuf 6 A 60
un œuf à la crème 6 P 69
un office 2 A 17
un office de tourisme 2 A 17
officiel/officielle 9 P 106
offrir qc à qn 5 A 50, 3
s'offrir qc 9 B 98, 2
Oh! 1 B 13
une omelette 2 P 25; 6 P 69
une omelette au fromage 6 P 69
on *(man)* 2 A 17
on *(wir)* 2 B 22
Allez! On y va! 8 P 93
l'or *m* 10 B 112
un orage 5 C 54
l'orangina *m* 6 A 61, 1
un ordinateur 2 A 17
où 1 A 11, 1
Où est/sont...? 1 A 11, 1
Il est d'où? 1 B 14, 1
où *(Relativpronomen)* 10 A 107
ou 3 A 26
ou alors 8 B 87
oublier qc/qn 2 B 22
oublier de faire qc 10 B 113
oui 1 B 13
Eh oui! 5 P 58
ouvrir qc 2 B 22
s'ouvrir 9 C 100

P

une page 4 A 37
le pain 6 C 64
un palais 8 A 84
le Palais des Congrès 8 A 84
un pantalon 4 HV 46; 9 B 97
un papa 1 B 14, 2
le papier ⟨71⟩; 7 P 82; 10 B 112
un mouchoir en papier 7 P 82
Pâques *f (pl)* 7 A 73
par
par terre 1 P 16; 5 A 49
par exemple 3 B 29
par mois 4 B 39
par semaine 4 B 39
savoir qc par qn 5 B 51
passer par 5 P 58; 8 P 93
commencer par qc 6 C 64
remplacer qc par qc 8 C 90
par le train 9 P 106
un parapluie 2 A 17
un parc 9 HV 105
un Parc National 9 HV 105
parce que 3 A 26
Pardon! 4 P 46; 5 B 51
les parents *m (pl)* 2 HV 22; 4 C 40
un parfum 7 A 75, 6
une parfumerie 7 A 73
un Parisien/une Parisienne 5 P 58; 10 A 107
parisien/parisienne 10 B 112
un parking 6 B 62
parler de qc à qn 4 P 46; 5 A 49
parler de qc 4 HV 46
parler (le) français 5 B 51
Ne parle pas de malheur! 5 C 54
Tu parles! 9 C 100
partir (à) 7 A 72
partout 8 P 93
un pas 10 HV 120
rouler au pas 10 HV 120
pas
ne...pas 3 B 29
ne...pas de 3 B 29
Ce n'est pas un problème. 3 C 32
Pas mal. 1 P 16
C'est pas mal. 3 P 35; 8 A 84
Pas moi. 3 B 29
Pourquoi pas? 3 B 29
pour pas cher 10 B 112
passer *(verbringen)* 5 B 51
passer un concours 4 P 47
passer dans un magasin 6 B 62
passer qc à qn 6 C 64
se passer *(geschehen)* 9 C 100
passer par 5 P 58; 8 P 93
la pâte 6 A 60
une pâtisserie 6 B 62
une boulangerie-pâtisserie 6 B 62
la pâtisserie du jour 6 P 69
pauvre 9 A 95
payer qc 6 B 62
se payer qc 9 C 100
un pays 9 C 100
un paysage 7 A 73
un paysan/une paysanne 7 B 76
un peigne 7 P 82
se peigner 7 P 82
un peintre 10 P 118
la peinture 10 P 118
la pelouse ⟨71⟩
pendant 4 B 39
penser à qn/qc 3 B 29
Il pense à elle. 7 A 72
J'y pense. 7 B 77
perdre qc ⟨71⟩; 10 B 117, 10
le père 1 B 13
une période 8 HV 94
la période bleue 8 HV 94
une personne 3 A 26
Personne ne... 10 B 113
ne...personne 10 B 113
peser 9 P 104
la pétanque 3 P 35; 7 B 77
petit/petite 7 A 72
avoir une petite heure 7 A 72
le petit déjeuner 5 P 58; 6 HV 70; 7 B 79, 3
peu 6 A 60
un peu de 6 A 60
Peuchère! 7 HV 82; 8 P 93
la peur 3 C 32
avoir peur 3 C 32
avoir peur de qc 5 C 54
avoir peur pour qc 5 C 54
peut-être 8 B 87
une photo 2 A 17
une photo de famille 5 B 51
une phrase 2 A 21, 4
une machine à phrases 2 A 21, 4
le piano 3 P 35
une pièce *(ein Theaterstück)* 10 A 107
un pied 7 B 81, 7
aller à pied 8 B 86
C'est le pied! 9 HV 105
une pierre 9 A 95
en pierre naturelle 9 A 95
un pinceau/des pinceaux 10 P 118
un pique-nique 3 HV 36
une place 2 A 19
une place de secrétaire 2 B 22
une plage 9 HV 105
plaire à qn 9 B 97
L'idée me plaît. 5 B 51
le plaisir 3 A 26
un plaisir de faire qc 3 C 32
une planche à voile 9 HV 105
faire de la planche à voile 9 HV 105
une plante 9 HV 105
un plat 6 B 62
le plat principal 6 B 62
un platane 7 A 72
un plateau/des plateaux 6 C 64
un plateau de 6 C 64
plein/pleine
plein de ⟨71⟩
en plein vol ⟨120⟩
pleuvoir 5 C 54
la pluie 5 C 54
plus 4 C 40
travailler plus 4 C 40
(ne)...plus de 5 C 54
200 habitants de plus 5 C 54
plus de *(mehr als)* ⟨71⟩; 10 A 107
plusieurs 7 B 77
une poêle 6 A 61, 2
un poème ⟨71⟩
la poésie ⟨71⟩
un poète ⟨71⟩; 8 P 94
une pointe 8 A 84
une technologie de pointe 8 A 84
l'heure de pointe *f* 10 HV 120
pointer *(beim Boulespiel)* 8 P 93
une poire 6 P 69
un poisson rouge ⟨71⟩
la police 8 B 87
un agent de police 8 B 87
la pollution 8 B 86
une pomme 6 P 69
une pomme de terre 6 C 64
des pommes de terre nature 6 P 69
des pommes frites *f (pl)* 6 P 69
une saucisse frites 10 B 112
un pont 7 P 83; 9 B 97
le porc 6 P 69
une côtelette de porc 6 P 69
une porte 1 P 16; 2 A 18
un portefeuille 10 B 117, 10
porter qc 5 HV 59; 6 C 64
possible 9 B 97
la poste 8 B 88, 2
un post-scriptum (P.S.) 5 B 51

pour 2 B 22
pour une place de secrétaire **2 B** 22
pour faire qc **4 A** 37
avoir peur pour qc **5 C** 54
pour pas cher **10 B** 112
un pour cent *(ein Prozent)* **8 HV** 94; **9 P** 106
pourquoi 3 A 26
Pourquoi pas? **3 B** 29
c'est pourquoi **3 HV** 36
pouvoir faire qc 5 B 51
vous pourriez ⟨71⟩
pratique 10 B 111
préférer (faire) qc 6 C 64
premier/première 4 A 37
être de première qualité **5 A** 49
se lever le premier/la première **9 B** 97
la première *(Klasse)* **4 P** 47
prendre qc 5 A 49
prendre qc dans qc **6 A** 60
prendre une douche **7 P** 82
préparer qc 3 B 29
se préparer **9 B** 97
près de 7 P 83; **8 B** 86
présenter qn/qc à qn 4 C 44, 1
un président/une présidente 10 A 107
presque 10 B 113
prier qn 8 B 88, 2
Je vous en prie. **8 B** 88, 2
prier qn de faire qc **8 B** 88, 2
Je vous prie de bien vouloir... **9 P** 106
Nous vous prions de croire à nos sentiments les meilleurs. **9 P** 106
une prière 9 P 104
le printemps 5 B 51
au printemps **5 B** 51
un prix 7 A 74, 2
être à un prix intéressant **10 B** 112
un problème 3 B 29
avoir des problèmes d'argent **7 A** 72
une procession 5 A 49
prochain/prochaine 7 A 72
un produit 7 B 76
un professeur 1 P 16; **2 HV** 25; **4 B** 39
un/une prof **2 HV** 25
un/une prof (de français) **4 A** 37
une profession 4 P 47
un programme 4 P 47; **7 A** 75, 5
un(e) programmeur (-euse) 2 A 17
progresser 5 P 59
se promener 9 B 97
proposer qc à qn 9 B 97
une proposition 4 A 37
un/des prospectus 2 A 17
protéger qc 9 HV 105
provençal/provençale (-aux) 7 B 76
des provisions *f (pl)* **9 B** 97
le public 10 A 111, 3
la publicité 6 C 68, 9
puis 2 P 25; **3 B** 29
et puis **2 P** 25; **3 B** 29
un pull(-over) 9 B 97
une pyramide 10 A 109

Q

la qualité 5 A 49
être de première qualité **5 A** 49
quand? *(wann?)* **3 B** 29
quand *(Konj.)* **5 P** 58; **7 A** 72
un quart 2 B 22
Il est 7 heures et quart. **2 B** 22
Il est 8 heures moins le quart. **2 B** 22
un quart d'heure **5 HV** 59
un quart de **6 A** 60
un quartier 10 A 107
quatre 1 A 10
la quatrième *(Klasse)* **4 A** 37
que *(Was?)* **2 B** 22
Que fait...? **2 B** 22
Que font...? **2 B** 22
Qu'est-ce que vous faites? **3 A** 26
Qu'est-ce que c'est? **3 A** 26
Qu'est-ce qu'il doit faire chaud! **9 A** 95
Qui est-ce que ...? **10 B** 111
Qu'est-ce qui ...? **10 B** 111
que *(daß)* **4 A** 37
est-ce que **2 B** 22
écrire que **4 A** 37
dire que **4 A** 37
Ça fait...ans que... **9 A** 95
que *(Relativpronomen)* **10 A** 107
ce que **10 B** 112
quel/quelle 9 A 95
Quel âge ...? **3 A** 26
Quel journal? **4 HV** 46
Quel temps fait-il? **5 C** 55, 1
Quels beaux arbres! **9 A** 95
A quelle heure ...? **2 B** 22
Il est quelle heure? **3 C** 33, 3
Quelle heure est-il? **2 B** 23, 2
Quelle barbe! **4 HV** 46
quelquefois 4 B 39
quelques 5 C 54
quelqu'un 3 C 32
une question 3 A 26
un questionnaire 10 A 110, 1
une queue *(ein Schwanz)* **10 P** 118
qui *(Wer?)* **1 A** 11, 1
Qui est-ce? **1 A** 11, 1
Qui est/sont...? **1 A** 11, 1
A qui ...? **3 B** 29
Qui est-ce que ...? **10 B** 111
Qui est-ce qui ...? **10 B** 111
Qu'est-ce qui ...? **10 B** 111
qui *(Relativpronomen)* ⟨71⟩; **8 P** 93; **10 A** 107
ce qui **10 B** 112
quitter qc/qn 2 B 22
quoi 10 B 113
de/à quoi **10 B** 113
Qu'importe! ⟨120⟩

R

raconter qc 2 B 23, 2
une radio 2 B 23, 2
écouter la radio **3 B** 30, 2
le raisin 5 C 54
une randonnée 9 A 95
des chaussures de randonnée **9 B** 97
un chemin de grande randonnée (G.R.) **9 P** 106
rapporter qc 8 P 93
réagir 8 A 84
la réception 8 B 87
une recette *(ein Kochrezept)* **7 HV** 82
recevoir
Recevez,...,l'expression de mes sentiments distingués. **9 P** 106
la recherche 7 B 76
une récréation 4 B 39
un rédacteur/une rédactrice 4 A 37
une rédactrice en chef **4 A** 37
une rédaction 4 B 39
une réduction 8 HV 94
réfléchir 7 A 72
réfléchir à qc **7 B** 75, 5
un refrain ⟨71⟩
un refuge 9 P 106
regarder qc 2 A 17
regarder la télévision **3 B** 31, 6
se regarder **7 P** 82
une région 5 A 49
regretter qc 5 B 53, 4
un remerciement 9 P 106
Recevez,avec mes remerciements,l'expression de ... **9 P** 106
remercier qn 8 C 90
remonter sur qc 10 B 112
remplacer qc 8 C 90
remplacer qc par qc **8 C** 90
remuer qc 10 P 118
rencontrer qn 10 P 118
rendre qc à qn 6 B 62
rendre qn triste **8 C** 90
se rendre chez qn **9 C** 100
un renseignement 8 A 84
renseigner qn 10 B 111
la rentrée 2 B 22
rentrer 2 B 22
réparer qc 2 A 20, 2
un repas 6 A 60
un repas de fête **6 A** 60
répéter qc 4 P 46; **8 A** 84
répondre qc à qn 4 C 40
une réponse 3 A 26
un reporter 3 C 34, 5
une république 10 A 107
une réservation 8 HV 94; **9 P** 106
réserver qc 8 HV 94; **10 B** 112
un/une responsable 8 A 84
ressembler à qn/qc ⟨71⟩
un restaurant 4 C 40
rester 2 B 22
rester au lit **2 B** 22
il vous reste qc à faire **10 A** 107
le rétablissement 3 B 30, 3
Bon rétablissement! **3 B** 30, 3
un retard 5 B 51
un retour 1 B 13
être de retour **1 B** 13
retour à Autun **1 B** 13
retourner 2 B 22
retourner qc **6 A** 61, 2
la retraite 2 P 25
retrouver qn 6 B 62
se retrouver **9 B** 97
un rêve 6 C 64
faire un mauvais rêve **7 B** 77
revenir 7 B 81, 7
revoir
Au revoir. **1 B** 15, 5
un/une révolutionnaire 10 A 107
une révolution 8 P 93; **10 A** 110, 2
la Révolution française **10 A** 110, 2
riche 7 A 72
rien
ne...rien ⟨71⟩; **10 B** 113
Rien ne... **10 B** 113
rire ⟨71⟩
une rive ⟨120⟩
riveter qc ⟨120⟩
une rivière 1 A 9
une rizière ⟨120⟩
le rock 3 A 27, 3
un roi/une reine 9 P 104; **10 A** 111, 3
un Romain/une Romaine 2 A 18
être de l'époque des Romains **2 A** 18
un roman 8 C 90

rouge
  un vin rouge **5 A** 49
  un quart de rouge **6 P** 69
rouler 10 HV 120
  se rouler ⟨71⟩
  rouler au pas **10 HV** 120
une route 7 B 77
rude 9 A 95
une rue 3 A 26
une ruine 9 P 105

S

la salade 6 C 64
une salle 2 P 25
  une salle de séjour **1 B** 13
  une salle de bains **2 B** 22
  une salle à manger **6 C** 65
un salon 8 A 84
saluer qn ⟨120⟩; **2 P** 25
Salut. 1 B 13
samedi 3 HV 36
un/le samedi 4 B 39
un sandwich 7 B 77
  un sandwich au jambon **10 B** 112
sans 5 P 58; **5 HV** 59; **6 A** 60
  sans faire qc **6 A** 60
  sans + Nomen **6 C** 64
une saucisse 10 B 112
  une saucisse frites **10 B** 112
un saut 9 P 104
sauter 9 P 104
savoir qc 5 B 51
  savoir faire qc **5 B** 51
  savoir l'allemand **5 B** 51
  savoir qc par qn **5 B** 51
une savonnette 7 P 82
la science 10 B 113
le scrabble 3 P 35
la seconde *(Klasse)* **4 C** 40
un/une secrétaire 2 B 22
un secrétariat 8 A 84
séduisant/séduisante ⟨120⟩
un séjour 10 B 111
le sel 6 A 60
une semaine 4 A 37
  par semaine **4 B** 39
sentir 7 A 73
  sentir la lavande *(nach Lavendel riechen)* **7 A** 73
  sentir bon **7 P** 82
septembre *m* **2 B** 22
service compris 6 P 69
une serviette *(ein Handtuch)* **7 P** 82
servir qc à qn 7 A 72
seul/seule 7 B 76
seulement 4 C 40
Si. *(Doch.)* **3 B** 29
si *(wenn/falls)* ⟨71⟩
si *(ob)* **4 C** 40
un Sibérien/une Sibérienne ⟨120⟩
un siècle 7 P 83; **10 A** 107
s'il vous plaît/s'il te plaît 2 B 22
simple 9 A 95
la sixième *(Klasse)* **4 B** 39
le ski 3 P 35; **7 A** 73
  faire du ski **7 A** 73
un snob 10 P 118
une société 8 B 86
une sœur 1 A 10
la soif 6 C 67, 8
  avoir soif **6 C** 67, 8
un/le soir 4 B 39
  du matin au soir **5 C** 54
un soldat/une soldate 9 P 104
les soldes *m (pl)* **9 B** 99, 5
le soleil 5 C 54
un sommet 8 B 89, 4
son/sa/ses 4 B 39
sonner 3 B 29
  Ça sonne. **2 HV** 25
  sonner (les quarts d'heure) **5 HV** 59
sortir 7 A 72
  sortir de **7 A** 72
une soupe 6 HV 70
sous 2 A 18
souvent 4 P 47; **A** 49
une spécialité 6 P 69; **8 P** 93
un sport 3 A 27, 3
un spot publicitaire 9 HV 105
un squelette ⟨120⟩
un stand 8 B 86
  un stand d'information **8 B** 86
une station 8 B 86
  une station de taxis **8 B** 86
une statue 9 HV 105
le sucre 2 P 25; **6 A** 60
le Sud ⟨71⟩
le sud 5 P 58
  au sud de ⟨120⟩
un/une Suisse 8 A 84
suisse 8 A 85, 1
une suite 9 P 106
  suite à **9 P** 106
suivant/suivante 9 P 106
  Nos prix sont les suivants. **9 P** 106
un sujet *(ein Motiv)* **7 B** 80, 5
super 1 A 10
un supermarché 6 B 62
un supplément 6 P 69
sur 1 A 10
  8 sur 20 **4 C** 40
  avoir une (belle) vue sur **7 B** 77
  sur votre droite **8 B** 88, 2
  six centimètres sur trois **10 B** 112
sûrement ⟨71⟩
surtout 5 C 54
un symbole 10 A 107
sympathique 7 A 72

T

le tabac 10 B 113
  un bureau de tabac **10 B** 113
une table 1 P 16; **2 P** 25; **5 C** 54
  être à table **5 C** 54
  mettre la table **6 C** 66, 3
un tableau/des tableaux *(eine Wandtafel)* **1 P** 16
un tableau/des tableaux *(ein Gemälde)* **10 A** 107
la taille 9 B 97
  Il n'est pas à ma taille. **9 B** 97
se taire 9 B 97
une tarte 6 A 60
  un moule à tarte **6 A** 60
  une tarte au citron **6 A** 60
une tasse 7 A 75, 5
  une tasse de **7 A** 75, 5
un taxi 8 B 86
  une station de taxis **8 B** 86
  un chauffeur de taxi **8 B** 87
la technologie 4 C 40
  la techno *(Schulfach)* **4 C** 40
  une technologie de pointe **8 A** 84
un téléphone 3 B 29
  un coup de téléphone **3 B** 29
  avoir le téléphone **3 B** 31, 6
  un numéro de téléphone **4 B** 43, 7
téléphoner à qn 3 B 30, 1
la télévision 3 B 31, 6
  regarder la télévision **3 B** 31, 6
  la télé **3 HV** 36
le temps *(die Zeit)* **3 B** 29
  avoir le temps **3 B** 29
  avoir le temps de faire qc **3 B** 30, 3
le temps *(das Wetter)* **5 C** 55, 1
  Quel temps fait-il? **5 C** 55, 1
  Il fait un temps magnifique. **7 B** 76
tenir qc 8 B 86
  tenir une conférence avec qn **8 B** 89, 3
le tennis 3 P 35
une tente ⟨120⟩
la terminale *(Klasse)* **4 P** 47
terminer qc 4 B 39
une terrasse ⟨71⟩; **7 A** 72
la terre 1 P 16; **5 A** 49
  par terre **1 P** 16; **5 A** 49
tester qc 10 A 107
la tête 9 P 104; **10 A** 107
un Teuton/une Teutonne 8 B 89, 4
un texte 3 B 30, 3
le thé 6 A 61, 1
le théâtre 4 B 39
un ticket 10 B 112
  un ticket de métro **10 B** 112
un timbre 9 B 97
tirer *(schießen)* **8 P** 93; **9 P** 104
un titre 10 P 118
toi 1 B 13
une toile 10 P 118
la toilette 7 P 82
  faire sa toilette **7 P** 82
  un gant de toilette **7 P** 82
tomber 3 C 32
  Cela tombe bien. **8 A** 84
ton/ta/tes 4 A 37
une tortue ⟨71⟩
toucher qc 8 P 93
toujours 2 P 25; **4 A** 37
un tour 7 B 76
  faire un tour **7 B** 76
  le tour de France **10 B** 113
une tour 10 A 107
le tourisme 2 A 17
  un office de tourisme **2 A** 17
un/une touriste 2 A 17
tourner 9 A 95
  tourner à gauche **9 A** 95
tout 6 B 62
  C'est tout? **6 B** 62
  tout droit **8 B** 88, 2
  toute l'armée **8 P** 93
  de toute façon **9 B** 97
  tout ce qui **10 B** 112
tout à coup 5 C 54
tout de suite 2 B 22
tout le monde 5 C 54
un tracteur 5 B 51
la tradition 3 A 26
la traduction 8 B 87
un train 5 P 58; **8 A** 84
  en train **5 P** 58
  le T.G.V. **5 P** 58; **8 HV** 94
  par le train **9 P** 106
le transport 10 B 111
  un moyen de transport **10 B** 111
un travail/des travaux 2 A 17

Prénoms masculins

Prénoms féminins

Noms de famille

Noms de villes et de villages

Noms géographiques

Noms divers

Bildquellen

Archiv für Kunst und Geschichte, Berlin: 110.1 - Bayard Presse, Paris: 40.1–3 - Dr. Norbert Becker, Mainz: 22.1; 50.1; 58.3; 87.1 und 2; 103.2 - Studio Bénédet, Autun: 17.1–5; 18.2; 19.3; 29.1 und 2; 37.1; 39.1; 41.1–3; 49.1; 103.1 - Champollion, Paris: 54.1; 59.1; 108.2; 108.5; 109.5 und 6; 112.2 - Comité Départemental de Tourisme de la Côte-d'Or, Dijon: 49 (Synergence) - Comité du Festival, Aix-en-Provence: 80.1 - Diatec, Lyon: 14.1; 54.2; 97 - dpa, Frankfurt: Einband - Diogenes Verlag, Zürich:16.1; 46.1 und 2; 82.1; 119.1 - Explorer, Paris: 18.2 und 3; 27.1; 58.2; 59.2; 76.2; 77.2; 81.1; 101.1 und 2; 102.1; 108.3; 108.6; 109.4 - Gamma, Paris: 76.3; 113.2 - Editions Gévaudan-Cévennes, La Salle Prunet: 105 - Dr. Rudolf Hildebrandt, Stuttgart: 29.3; 37.1; 43.1; 52.1; 58.1 - Walter Hornung, Münster: 18.4 - Jerrican, Paris: 62.1; 108.4; 109.1 und 2 - Monique und Reinhard Lamp, Hamburg: 18.1; 19.1 - Librairie Larousse, Paris: 31.1; 46.1 - Georges Martin, Autun: 19.2; 19.4 - Gérard Matthieu, Paris: 47.1 - Les Morvandiaux, Autun: (Hubert Faroux), 26.1 - Museum of Art, Baltimore: 73.1 - Neumann und Zörlein, Stuttgart: 60; 70; 72.2; 85.1; 112.1 - Office de Tourisme de la Lozère, Mende: 95.2; 101.4 - Office de Tourisme, Paris: 111.1 - Guy Poupard, Paris: 63.1; 91.1 und 2 - Rapho, Paris: 9; 21.2; 25.1; 29.4; 34.1; 36.1; 62.2; 73.2; 77.3; 78.1; 81.2; 95.1; 101.5; 108.1; 109.3; 113.1; 116.1 - Rieger, Stuttgart: 71 - Sopexa, Düsseldorf: 65 - Agence Top, Paris: 18.3; 18.5; 72.1; 101.3 - Verrerie de Biot, Biot: 77.1 - J. Windenberger, Aix-en-Provence: 76.4; 88.1 und 2

Kartographie: Karl-F. Harig Verlag, Reinheim: Vorsatz vorne; 76; 100; XIV; XV - Klett-Kartographie/ Joachim Krüger, Scivos: Vorsatz hinten - Eugen Münzing, Renningen: 55.1–4; 86

Bourgogne

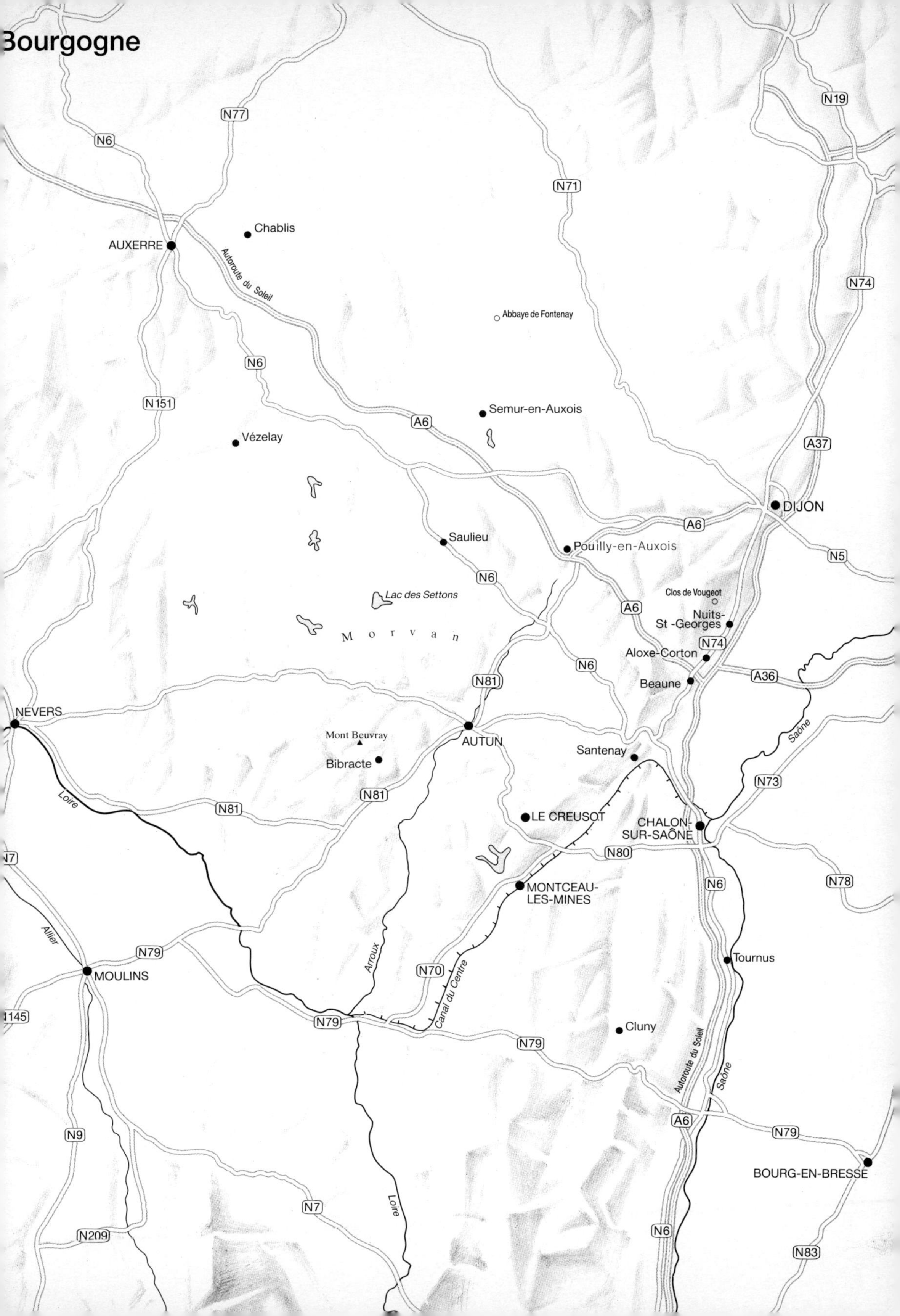
N77
N6
N19
N71
AUXERRE
Chablis
Autoroute du Soleil
N74
Abbaye de Fontenay
N6
N151
A6
Semur-en-Auxois
Vézelay
A37
DIJON
A6
Saulieu
Pouilly-en-Auxois
N5
N6
Lac des Settons
Clos de Vougeot
A6
Nuits-St -Georges
Morvan
N74
Aloxe-Corton
N6
A36
N81
Beaune
NEVERS
AUTUN
Mont Beuvray
Santenay
Saône
Bibracte
N73
N81
Loire
N81
LE CREUSOT
CHALON-SUR-SAÔNE
N7
N80
N78
N6
MONTCEAU-LES-MINES
Allier
N79
Tournus
Arroux
MOULINS
N70
Canal du Centre
N145
N79
Cluny
N79
Autoroute du Soleil
Saône
A6
N79
N9
BOURG-EN-BRESSE
N7
Loire
N209
N6
N83

Provence

MONTÉLIMAR
Nyons
Bollène
Vaison-la-Romaine
Mont Ventoux
Sisteron
ALÈS
ORANGE
CARPENTRAS
Châteauneuf-du-Pape
Plateau de Vaucluse
Uzès
Fontaine-de-Vaucluse
Lagarde-d'Apt
AVIGNON
Pont du Gard
Apt
Mourre Nègre
Montagne du Lubéron
Maillane
NÎMES
St-Rémy-de-Provence
Tarascon
Beaucaire
Alpilles
Les Baux
Basse Vallée de la Durance
ARLES
Salon-de-Provence
Montagne Ste -Victoire
Lac de Bimont
Croix de Provence
AIX-EN-PROVENCE
Camargue
Aigues-Mortes
Le Grau-du-Roi
La Grande Motte
Port-Camargue
Etang de Vaccarès
Stes-Marie-de-la-Mer
Etang de Berre
Fos-sur-Mer
Ste -Baume
MARSEILLE
AUBAGNE
LA CIOTAT
Ardèche
Rhône
Durance
Verdon
N102
N7
N86
A7
N75
N85
N106
N580
N96
N100
N571
N110
A9
N570
N113
N572
N109
N569
N568
N268
A51
A8
N112
A55
A52
N97

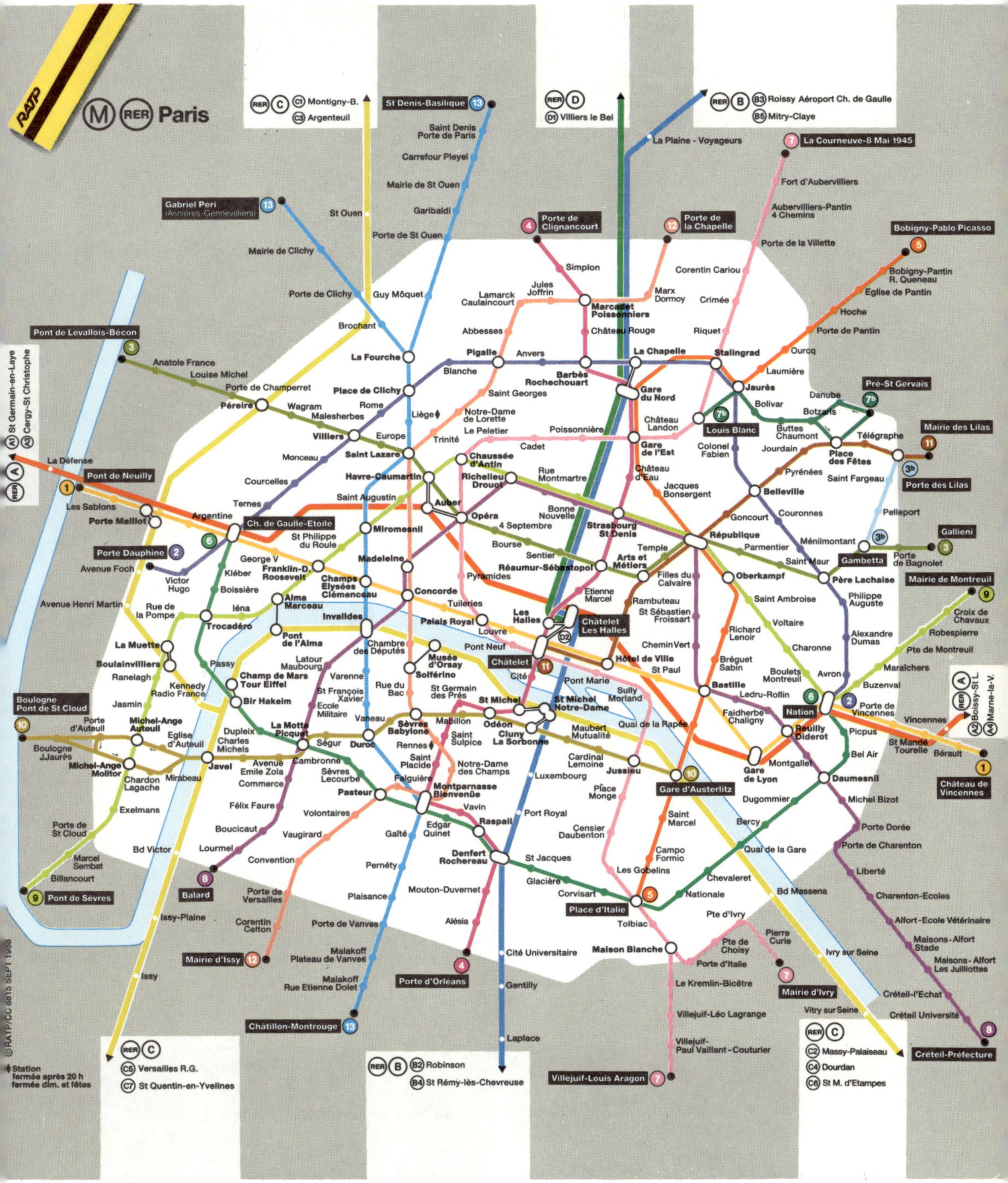

RATP
M RER Paris
RER C C1 Montigny-B. C3 Argenteuil
St Denis-Basilique 13
Saint Denis Porte de Paris
Carrefour Pleyel
Mairie de St Ouen
Garibaldi
Porte de St Ouen
Guy Môquet
La Fourche
Place de Clichy
Liège
Saint Lazare
Gabriel Péri (Asnières-Gennevilliers) 13
Mairie de Clichy
Porte de Clichy
St Ouen
Brochant
RER D D1 Villiers le Bel
RER B B3 Roissy Aéroport Ch. de Gaulle B5 Mitry-Claye
La Plaine - Voyageurs
7 La Courneuve-8 Mai 1945
Fort d'Aubervilliers
Aubervilliers-Pantin 4 Chemins
Porte de la Villette
4 Porte de Clignancourt
12 Porte de la Chapelle
Simplon
Marcadet Poissonniers
Château Rouge
Corentin Cariou
Crimée
Marx Dormoy
Jules Joffrin
Lamarck Caulaincourt
Abbesses
Pigalle
Anvers
Blanche
Barbès Rochechouart
La Chapelle
Gare du Nord
Stalingrad
Riquet
Jaurès
Ourcq
Laumière
Bobigny-Pablo Picasso 5
Bobigny-Pantin R. Queneau
Eglise de Pantin
Hoche
Porte de Pantin
Pré-St Gervais
7b
Danube
Botzaris
Bolivar
Louis Blanc
Buttes Chaumont
Place des Fêtes
Télégraphe
Mairie des Lilas 11
Porte des Lilas
3b
Saint Fargeau
Pelleport
Jourdain
Pyrénées
Belleville
Couronnes
Goncourt
Colonel Fabien
Château Landon
Gare de l'Est
Château d'Eau
Jacques Bonsergent
Poissonnière
Saint Georges
Notre-Dame de Lorette
Le Peletier
Cadet
Trinité
Pont de Levallois-Bécon 3
Anatole France
Louise Michel
Porte de Champerret
Péreire
Wagram
Malesherbes
Villiers
Rome
Europe
Monceau
Courcelles
Ternes
Havre-Caumartin
Chaussée d'Antin
Richelieu Drouot
Rue Montmartre
Saint Augustin
Auber
Opéra
Bonne Nouvelle
4 Septembre
Strasbourg St Denis
République
Parmentier
Ménilmontant
Gambetta
Porte de Bagnolet
Gallieni 3
Saint Maur
Père Lachaise
Mairie de Montreuil 9
A1 St Germain-en-Laye A3 Cergy-St Christophe
RER A
La Défense
Pont de Neuilly
1
Les Sablons
Porte Maillot
Argentine
Ch. de Gaulle-Etoile
Porte Dauphine 2
6
Avenue Foch
Victor Hugo
George V
St Philippe du Roule
Miromesnil
Madeleine
Bourse
Sentier
Réaumur-Sébastopol
Arts et Métiers
Temple
Filles du Calvaire
Oberkampf
Saint Ambroise
Philippe Auguste
Croix de Chavaux
Robespierre
Alexandre Dumas
Pte de Montreuil
Maraîchers
Buzenval
Avron
Kléber
Boissière
Franklin-D. Roosevelt
Champs Elysées Clémenceau
Pyramides
Concorde
Tuileries
Etienne Marcel
Rambuteau
St Sébastien Froissart
Richard Lenoir
Voltaire
Charonne
Avenue Henri Martin
Rue de la Pompe
Iéna
Alma Marceau
Trocadéro
Invalides
Palais Royal
Louvre
Les Halles
Châtelet Les Halles
D2
Chemin Vert
Bréguet Sabin
Boulets Montreuil
La Muette
Pont de l'Alma
Chambre des Députés
Musée d'Orsay
Solférino
Pont Neuf
Châtelet 11
Hôtel de Ville
St Paul
Boulainvilliers
Passy
Latour Maubourg
Ranelagh
Kennedy Radio France
Champ de Mars Tour Eiffel
Bir Hakeim
Varenne
Rue du Bac
St Germain des Prés
Cité
Pont Marie
Sully Morland
Bastille
Ledru-Rollin
6
Nation
2
Porte de Vincennes
Vincennes
RER A A2 Boissy-St L. A4 Marne-la-V.
Boulogne Pont de St Cloud
10
Jasmin
Porte d'Auteuil
Michel-Ange Auteuil
Eglise d'Auteuil
Dupleix
Charles Michels
La Motte Picquet
St François Xavier
Ecole Militaire
Vaneau
Sèvres Babylone
Mabillon
Odéon
St Michel
St Michel Notre-Dame
Cluny La Sorbonne
Maubert Mutualité
Quai de la Rapée
Faidherbe Chaligny
Reuilly Diderot
Picpus
St Mandé Tourelle
Bérault
Château de Vincennes 1
Boulogne J.Jaurès
Michel-Ange Molitor
Chardon Lagache
Mirabeau
Javel
Avenue Emile Zola
Ségur
Duroc
Rennes
Saint Sulpice
Saint Placide
Notre-Dame des Champs
Cardinal Lemoine
Jussieu
Gare d'Austerlitz 10
Gare de Lyon
Montgallet
Bel Air
Daumesnil
Cambronne
Sèvres Lecourbe
Commerce
Falguière
Montparnasse Bienvenüe
Luxembourg
Place Monge
Dugommier
Michel Bizot
Exelmans
Félix Faure
Pasteur
Volontaires
Vavin
Raspail
Port Royal
Saint Marcel
Bercy
Porte Dorée
Porte de Charenton
Porte de St Cloud
Boucicault
Vaugirard
Gaîté
Edgar Quinet
Denfert Rochereau
Censier Daubenton
Quai de la Gare
Liberté
Bd Victor
Lourmel
Convention
Pernéty
St Jacques
Campo Formio
Les Gobelins
Chevaleret
Marcel Sembat
Billancourt
9 Pont de Sèvres
8 Balard
Porte de Versailles
Plaisance
Mouton-Duvernet
Glacière
Corvisart
Place d'Italie
5
Nationale
Bd Masséna
Charenton-Ecoles
Issy-Plaine
Corentin Celton
Porte de Vanves
Alésia
Tolbiac
Pte d'Ivry
Pierre Curie
Pte de Choisy
Porte d'Italie
Alfort-Ecole Vétérinaire
Maisons-Alfort Stade
Maisons-Alfort Les Juilliottes
Mairie d'Issy 12
Malakoff Plateau de Vanves
Malakoff Rue Etienne Dolet
4 Porte d'Orléans
Cité Universitaire
Maison Blanche
Le Kremlin-Bicêtre
7 Mairie d'Ivry
Ivry sur Seine
Créteil-l'Echat
Créteil Université
Issy
Gentilly
Villejuif-Léo Lagrange
Vitry sur Seine
Châtillon-Montrouge 13
Laplace
Villejuif-Paul Vaillant-Couturier
8 Créteil-Préfecture
RER C C5 Versailles R.G. C7 St Quentin-en-Yvelines
RER B B2 Robinson B4 St Rémy-lès-Chevreuse
Villejuif-Louis Aragon 7
RER C C2 Massy-Palaiseau C4 Dourdan C6 St M. d'Etampes
Station fermée après 20 h fermée dim. et fêtes
©RATP/CG 8815 SEPT 1988

Courbevoie
Bd. de Verdun
Quai du Maréchal-Joffre
Seine
Quai Michelet
Île Grde. Jatte
Clichy
Bd. Jean-Jaurès
Bd. Victor-Hugo
Levallois-Perret
Rue V.-Hugo
Berthier
Avenue de Clichy
Boulevard Bineau
Neuilly
Île Puteaux
Bd. du Gén. Kœnig
Avenue Charles-de-Gaulle
Boulevard
Av. de Batignolles-
Monceau
Bd. Pereire
Bd. Villiers
Place Clichy
Bd. d. Batignolles
Hôtel Concorde - la Fayette
Av. des Ternes
Av. de Wagram
Bd. du Parc Monceau
Courcelles
Malesherbes
Gare St-Laz
Jardin d'Acclimatation
Porte Maillot
Av. de la Grande Armée
Arc de Triomphe
Rue du Faubourg
St-Augustin
Boulevard Haussmann
Bagatelle
Allée de Longchamp
Avenue Foch
Place Ch.-de-Gaulle
Avenue des Champs-
Élysée
St-Honoré
Madeleine
Bois
Victor-Hugo
Kléber
Av. Marceau
Palais de l'Élysée
Élysées
Pré Catelan
de
Lac Inférieur
Avenue
Avenue
Grand Palais
Place de la Concorde
Rue de R
New York
Quai d'Orsay
Palais de Chaillot
Palais-Bourbon
Bd. St-Germain
Musée d'Orsay
Boulogne
Tour Eiffel
Av. Bosquet
Palais-
Rue de Passy
Av. de
Parc du Champ-de-Mars
Hôtel des Invalides
Invalides
Champ de Courses d'Auteuil
Boulevard Suchet
Passy
Av. de
Bourbon
St-Germ des-P
Radio-France
Front de Seine
Bd. de Grenelle
École Militaire
Bd. des
Suffren
U.N.E.S.C.O.
Sèvres
Bd. du Luxem
Luxemb
Avenue de Versailles
Avenue Émile-Zola
Bd. Garibaldi
Rue de
Vaugirard
Tour Maine-Montparnasse
Rue de la
Bd. Exelmans
Lecourbe
Parc des Princes
Vaugirard
Gare Maine-Montparnass
Pl. de la Porte de St-Cloud
Rue de
Montparnas
Cimetière Montparna
Av. du Gén. Vaillant
Boulevard Victor
Convention
Rue
Boulogne-Billancourt
Palais des Sports
Vercingétorix
Av. du Maine
Observato
Seine
Quai du Point du Jour
Héliport
Parc des Expositions
Rue d'Alésia
Bd. Lefébvre
R. E. Renan
Île St-Germain
Quai de Stalingrad
Vanves
Boulevard Brune
Boulevard périphérique
Av. du Gén.
Av. de Verdun
Issy-les-Moulineaux
Malakoff
Av. P.-Brossolette
Av. A.-Briand
Montrouge